海派经济学

程恩富　顾海良　主编

上海财经大学出版社

图书在版编目(CIP)数据

海派经济学. 第 30 辑. /程恩富,顾海良主编 . —上海:上海财经大学
出版社,2010. 6

ISBN 978-7-5642-0927-8/F • 0927

Ⅰ. ①海… Ⅱ. ①程… ②顾… Ⅲ. ①经济学—丛刊 Ⅳ. ①F0-55

中国版本图书馆 CIP 数据核字(2010)第 237755 号

□ 特约编辑 徐永禄
□ 封面设计 周卫民

HAIPAI JINGJIXUE
海派经济学

程恩富 顾海良 主编

上海财经大学出版社出版发行
(上海市武东路 321 号乙 邮编 200434)
网 址:http://www.sufep.com
电子邮箱:webmaster @ sufep.com
全国新华书店经销
上海市印刷七厂印刷
宝山蔚村书刊装订厂装订
2010 年 6 月第 1 版 2010 年 6 月第 1 次印刷

787mm×1092mm 1/16 11.5 印张 218 千字
印数:0 001—1 500 定价:23.00 元

目 录

世界政治经济学学会第5届论坛专辑

致 词

论 文

综　述

学会文件

CONTENTS

A Special Issue of the Fifth Forum of the World Association for Political Economy

Address

Paper

Overview

WAPE Document

世界政治经济学学会第 5 届论坛开幕致词

[中]程恩富

各位专家学者、各位来宾：

大家上午好！由世界政治经济学学会、中国社会科学院马克思主义研究学部和中国人民大学共同举办的"资本主义危机与出路：21 世纪社会主义——世界政治经济学学会第 5 届论坛"正式开幕了。首先，请允许我代表学会向来自世界各国的专家学者、中国社会科学院和中国人民大学的领导以及所有来宾，表示热烈的欢迎，向具体筹办本次年会的中国人民大学、中国社会科学院和上海财经大学的同志们和志愿者们，表示由衷的感谢！

回顾历程，世界政治经济学学会从 2006 年开始已经成功举办了四届论坛。21 世纪，经济全球化成为世界经济发展的一个显著特征，在这个新的历史时期，现代马克思主义经济学如何在与西方主流经济学的互动和交锋中实现新的发展和超越，自然成为论坛创办首要解决的问题；工人阶级与资产阶级及其博弈仍然是现代社会的轴心，始终是马克思主义者关注的重点，而在经济全球化的背景下，当代劳资关系已成为一个世界性的、具有共性的问题，第二届论坛对此提供了政治经济学的观察视角；也是在经济全球化的背景下，世界范围内非科学的城市化、工业化以及自由市场化和私有化趋势不断发展，由此导致生存环境恶化、资源枯竭，对各国可持续发展造成威胁，因而从马克思主义立场出发，探讨人类社会的可持续发展，成为第三届论坛的关注焦点；不公正的经济全球化背景下，民族、国家的某些方面变得融合和模糊，而某些方面变得更加清晰和敏感，民族、国家之间的矛盾不消反长，如何实现全球经济政治的民主治理，便成为第四届论坛的主题。

近三年来，西方经济发达国家又一次爆发金融和经济危机，本届论坛的宗旨就是要结合危机的一般操作和机制层面，深究资本主义基本矛盾和制度根源，分析危机的根本出路不是从新自由主义政策和体制转型为凯恩斯主义政策和体制，而是用现代马克思主义经济学的政策和体制，或者说用科学的社会主义市场经济政策和体制替代陈旧落后的、弊端丛生的各种资本主义市场经

收稿日期：2010—5—30

作者简介：程恩富（1950—），世界政治经济学学会会长、中国社会科学院马克思主义研究学部主任、马克思主义研究院院长，教授、博导。

济政策和体制。

当前西方国家爆发严重的金融和经济危机是 1980 年以来新自由主义在全世界泛滥所导致的一个非常符合逻辑的结果。与马克思和列宁所处的时代相比,当今世界资本主义经济的基本矛盾是经济不断社会化和全球化,与生产要素的私人所有、集体所有和国家所有的矛盾,与国民经济的无政府状态或无秩序状态的矛盾。这个扩展了的全球基本经济矛盾,通过以下四种具体矛盾和中间环节导致次贷危机、金融危机和经济危机。

一是从微观基础分析,私有制及其企业管理模式容易形成高级管理层为追求个人巨额收入极大化而追求利润极大化,日益采用风险较大的金融工具以及次贷方式,从而酿成各种危机。

二是从经济结构分析,私有制结合市场经济容易形成生产相对过剩、实体经济与虚拟经济的比例失衡,从而酿成各种危机。

三是从经济调节分析,私有制垄断集团和金融寡头容易反对国家监管和调控,而资产阶级国家又为私有制经济基础服务,导致市场调节、国家调节和伦理调节三失灵,从而酿成各种危机。

四是从分配消费分析,私有制结合市场经济容易形成社会财富和收入分配的贫富分化,导致生产和供给的无限扩大与群众有支付能力需求相对缩小的矛盾,群众被迫进行维持生计的含次贷在内的过度消费信贷,从而酿成各种危机。

各位同仁,各种经济迹象和走势表明,西方经济发达国家可能陷入长期动荡甚至生存危机。其原因在于:

第一,危机凸显金融体系及其"有毒资产"难以根治,影响资本主义生存和发展。

2009 年 3 月在英国伦敦召开的 G20 峰会上,美欧各国领导人有意回避了银行体系的巨额"有毒资产"问题,尽管他们也承认不解决这一关键性问题,经济刺激计划难以推动全球经济的复苏。"有毒资产"指的是表面上仍有价值而实际上将会变成坏账、亏损的资产,如金融创新制造出的各种次贷相关衍生证券等,不同于正常经营中出现的不良资产。

2009 年 2 月 11 日,英国《每日电讯报》网站曾披露了欧盟委员会的一份内部报告的数据,显示欧盟区整个银行体系的"有毒资产"数额高达 25 万亿美元。美欧的金融衍生品规模高达 680 万亿美元,比较美国 14 万亿美元的国内生产总值高出近 50 倍,比较 50 万亿美元的全球国内生产总值总和还高出十多倍。正如斯蒂格利茨指出,美欧国家巨资救市仿佛"采取输血的办法挽救内脏大出血病人",将会导致巨额资金被银行"有毒资产"的黑洞白白浪费掉,导致缺乏资金的实体经济部门陷入更加资金匮乏的局面,无法促进物质生产的巨额注资将带来巨大通货膨胀压力。

金融创新促使资本主义剥削形式发生变化,大大扩展了剥削的对象、程度和时空范围,使之延伸到不同实体经济领域、地区和国家,牵涉各种社会阶层甚至未来几代人。华尔街通过金融创新制造出的金融衍生品泡沫,由于具有高杠杆性质使金融投机获得了广阔空间,摆脱了自有资本和政府金融监管的限制,可以依照金融资本的自由意志获得无束缚发展,大大加深了全球贫富分化和资本主义基本矛盾,最终成为诱发金融海啸和经济衰退的重要原因。

第二,危机凸显私有制公司治理的弊端,影响资本主义生存和发展。

当前西方不断进行金融衍生品创新的大环境下,以私有产权基础的股份公司治理结构正面临着巨大危机。西方的代议制民主政体架构,现代企业制度的公司治理架构,都无法抵御金融衍生品创新的诱惑腐蚀。近十年来华尔街花了 50 亿美元游说、贿赂美国国会议员,促使美国国会在明知金融衍生品有巨大风险的情况下,仍然通过了一系列放松监管的金融自由化法案,因此,美国媒体也承认"美国政府和华尔街勾结起来出卖了美国"。在这种金融衍生品创新的巨大诱惑力之下,股份公司的治理结构难以遏制来自内部的腐败。即使高层经理在股份公司里拥有比较大比重的股权,譬如 10%、20% 的股权,其一年收益也远远小于一次金融衍生品作弊收益。不拥有企业产权的政府,无论怎样监管也难以深入到公司内部,仅仅从外部监管不仅成本很高而且难以奏效。政府高官、美联储本身也是垄断财团利益的代理人,即使在风险充分曝光后仍继续纵容金融衍生品投机。

列宁曾指出"资本主义已发展到这样的程度,商品生产虽然依然'占统治地位',依然被看作全部经济的基础,但实际上已经被破坏了,大部分利润都被那些干金融勾当的'天才'拿去了"。① 列宁曾论述的金融资本垄断阶段的寄生性和腐朽性,在金融衍生品投机泛滥的新时期更加严重。

第三,危机凸显贫富分化的加剧,影响资本主义生存和发展。

20 世纪 80 年代以来,里根政府推行新自由主义造成了日益严重的贫富分化,国民财富增长的大部分都进入了少数富有阶层的口袋。2005 年,美国最富有的 1% 和 1‰ 的人所拥有的财富都达到了 1928 年以来的最高水平。最富有的 1‰ 的人口只有 30 万,他们的收入与最穷的 50% 的人口的总收入是相当的,而最穷的 50% 的人口有 1.5 亿。美国最富的 10% 的家庭财富占社会财富的比例高达 70%。② 由美国次贷危机引爆国际金融和经济危机的一个重要原因,就是美国的贫富差距拉大、负债经济难以为继。其他发达国家也面临同样的问题,英国、法国超过 10% 的富人占据社会财富的 50%,危机进一步增加了发达国家的贫困人口。

世界财富分配失衡和南北发展存在严重失衡。联合国大学世界经济发展

---

① 列宁. 帝国主义是资本主义的最高阶段(1916 年). 列宁全集[M]. 第 27 卷. 北京:人民出版社,1990,342.
② 程恩富. 金融风暴启示录[M]. 北京:中国法制出版社,2009,259.

研究所 2006 年 12 月发布了《世界家庭财富分配报告》,该研究报告显示:从人口分布看,全球最富有的 10% 的人拥有世界财富的 85%,世界底层的半数人口仅拥有世界财富的 1%。从区域分布看,世界上的财富主要集中在北美、欧洲和亚太地区部分经济发达的国家和地区,这些国家和地区的人拥有了世界上近 90% 的财富。可以说,财富分配不平衡是发展中国家消费不足的根本原因,也是此次全球性的金融和经济危机的一个重要原因。

美国等资本主义国家在危机中和危机后不从根本上解决本国财富和收入的贫富对立,继续保持南北之间的贫富等经济差距,就必然显露资本主义生存和发展的一系列问题和顽症,并引发替代资本主义的阶级博弈和制度变革。

第四,危机凸显国家调节的低效,影响资本主义生存和发展。

当前,尽管美国政府和央行不断出台规模庞大的各种救市计划,国债泡沫和美元债务泡沫膨胀达到空前规模,但是,美国经济尚未摆脱衰退并处于不稳定的震荡状态,即使今后债务泡沫膨胀刺激国内生产总值恢复增长,也不是实质上摆脱了经济衰退并进入经济复苏,而是从经济危机的"自然爆发状态"变成了"人为压抑状态",债务泡沫暂时压抑的需求不足矛盾仍在不断蓄积能量,债务清算期来临时就会以更加强烈的威力爆发。美国今后即便宣布国内生产总值恢复微弱增长,也不能说明美国经济真正康复了,而可能是又一次某种形式的经济风暴来临前的暂时平静时期。

西方垄断财团一方面竭力贬低维护社会利益的国家调节,一方面毫不犹豫操纵政府为其谋求私利。政治上资产阶级政党轮流执政和政治制度的低效率,精神上主张非为人民服务的"自私经济人"的理念和行为,必然导致市场失灵和伦理失灵基础上的国家调节失灵,从而影响资本主义的生存和发展。

最后应当指出,危机可能迫使美国继续采取各种新老手段维护全球霸权。基辛格曾说过:如果你控制了石油,你就控制了所有国家,如果你控制了粮食,你就控制了所有的人,如果你控制了货币,你就控制了全世界。美国重视利用各种经济和非经济杠杆等培育战略依赖性,通过贸易、金融、贷款、能源、粮食、网络、军售等筹码,形成维护美国全球霸权的新政策体系。随着西方资本主义经济陷入长期动荡和生存危机,如何回应美国等发达资本主义国家向全世界转嫁危机并维护霸权的非正义行为,如何将泛左翼思潮和运动发展为世界社会主义运动的复兴和高潮,将成为摆在一切进步人士和全世界人民面前的重大严肃问题。

各位同仁,本届年会还将颁发"第二届 21 世纪世界政治经济学杰出成果奖",首发学会主办的国际英文杂志《世界政治经济学评论》的创刊号,换届产生学会的第二届理事会并讨论今后 5 年的工作计划,会后还将参观上海世博会。相信在全体与会者的共同努力下,本届年会将又一次使大家获得学术和精神上的双丰收。谢谢。

国际金融危机在深化　马克思主义在复兴
——在世界政治经济学学会第5届论坛开幕式上的致词

[中]李慎明

女士们、先生们,各位专家学者:

因有其他公务,不能出席此次由世界政治经济学学会、中国社会科学院马克思主义研究学部和中国人民大学共同举办的"资本主义危机与出路:21世纪社会主义——世界政治经济学学会第5届论坛",特通过书面表示深深歉意并向世界政治经济学学会和本次论坛其他两个主办方——中国人民大学国际学院(苏州学院)和中国社科院马研学部的同仁表示祝贺!

世界政治经济学学会从2006年开始已经成功举办了四届论坛,参会国家和学者队伍不断壮大,发表了数百篇论文和几篇有影响的论坛宣言,并在2010年发行学会的英文国际刊物《世界政治经济学评论》,颁发第二届"21世纪世界政治经济学杰出成果奖"。世界政治经济学学会论坛在全球已具有一定的学术知名度和影响力。相信本次论坛也将圆满成功并取得进一步的成绩。

世界政治经济学学会自成立以来,始终坚持"用现代马克思主义经济学来观察和研究世界经济和各国经济"的宗旨,揭示规律,探讨对策,为更快、更好地提高全球人民的福祉服务。学会历届论坛的主题都是以马克思主义者的视角探讨世界和各国的经济社会重大问题,紧扣时代,把住脉络,极富意义,展现了马克思主义者的时代责任感。论坛每年在不同国家和城市召开,成员来自不同国家和地区,也体现了学会的世界性和开放性。

下面,我想就本届论坛的主题发表一些看法。

一、国际金融危机的直接和根本的原因

2008年9月由美国次贷危机蔓延至全球的国际金融危机已经给世界各国人民造成巨大灾难,这是没有疑义的。但是,这场危机的直接和根本的原因是什么? 答案依然呈众说纷纭之势。

收稿日期:2010—5—30

作者简介:李慎明,中国社会科学院副院长、研究员。

　　我个人认为,这场危机的直接和根本的原因,绝不仅仅是金融家的贪婪、银行监管制度的缺失和公众消费信心不足等,更不是诺贝尔经济学奖得主、美国普林斯顿大学教授保罗·克鲁格曼所说的美国消费方式和中国汇率与外贸政策的联姻。

　　这场国际金融危机的直接原因,是 20 世纪 80 年代末 90 年代初东欧剧变、苏联解体后,以美国为首的西方世界为主导的以新自由主义为主要推力的新一轮经济全球化。江泽民同志在 2000 年 11 月就明确指出,这一轮经济全球化是"发达国家的主导"。以发达国家为主导的这新一轮经济全球化无疑是一柄"双刃剑"。它的正面效应是推动了发展中国家 GDP 的高速增长等。但也要看到,冷战结束后,美国一家独大,以美国为首的西方强国才能够和敢于利用其在全球的经济、政治、文化以及军事、科技等强权,特别是其中的金融霸权,放手、放肆地掠夺他国,张着大嘴"巧吃"、"白吃"世界。正因如是,美国国内生活必需品的价格才长期出奇地低廉,加上美国文化霸权的大肆渲染,其所谓"民主制度"才能够在美国国内得到较多数民众的认可并得到较为稳定地维系,在国际上才能得到更多人的追捧。这反过来又进一步助长新自由主义价值观念和一系列政策在全球范围内的泛滥和推行。从一定意义上说,目前这场正在深化的国际金融危机,不仅是对美国这种强权政治和霸权主义特别是其中金融霸权肆意泛滥的绝地"报复",也是对新自由主义政策、理论的有力清算,更是对美国所谓"民主制度"的根本挑战。

　　这场国际金融危机的根本原因是什么呢? 马克思在《资本论》中说:"一切真正的危机的最根本的原因,总不外乎群众的贫困和他们的有限消费,资本主义生产却不顾这种情况而力图发展生产力,好像只有社会的绝对消费力才是生产力发展的界限。"①也正如列宁所说:"不是生产食物更加困难,而是工人群众取得食物更为困难。"②这也就是说,这场国际金融危机的根本原因是生产社会化甚至生产全球化与生产资料私人占有之间的矛盾、生产无限扩张与社会有限需求之间的矛盾在经济全球化条件下深入发展的必然结果。

　　如果说 20 世纪 30 年代的那场大危机和大萧条,迫使西方国家由自由放任的理论政策转向凯恩斯主义,推动国家垄断资本主义的兴起,并由此显现了以苏联为代表的社会主义制度及体制的优越性,促进了社会主义由一国到多国的发展;那么,这次国际金融危机也必然对西方国家的思想理论产生巨大的冲击,对资本主义社会的生存发展产生深刻的影响。如果我们对新的挑战应对得当,同时也必然会显现以中国为代表的社会主义制度及体制的优越性,给世界社会主义运动提供新的机遇。在国际金融危机仍未见底之时,我们运用

---

①　马克思恩格斯全集[M]. 第 25 卷. 北京:人民出版社,1979,548.
②　列宁全集[M]. 第 5 卷. 北京:人民出版社,1972.

马克思主义的基本原理,从宏观、战略、全局、前瞻的高度,进一步加强对国际金融危机现状、发展趋势以及危机对西方思想理论的冲击与资本主义走向等问题的研究,探讨正确应对的战略、策略和相关政策,无疑具有重要的理论意义和现实意义。

目前这场国际金融危机,已经给西方的经济社会生活造成巨大的困难,并对西方思想理论界以及资本主义走向和世界社会主义及左翼思潮都已经并正在产生着深刻的影响。可以说,从这次金融危机爆发开始直到 21 世纪前二三十年,乃至上半个世纪的世界格局,都可能处于一种激烈动荡、变动甚至跳跃的状态。从这种意义上讲,无论在国际还是在国内,我们都有着前所未有的机遇与世所罕见的挑战。

二、国际金融危机的现状和发展的趋势

现在国际国内的看法很不一致,甚至完全相左。国内外很多政要与学者认为,世界经济已开始出现复苏迹象;尽管复苏的步履缓慢,但其前景看好,不会出现第二次探底。也有人认为,目前国际金融危机已大体得到控制,受其涉及和拖累的世界经济也已显露各种复苏的迹象;但断言世界经济全面摆脱衰退、进入周期性复苏还为时过早。我个人认为,经济全球化正在深入发展,当前世界性的金融危机仍未见底,世界经济看似走出低谷,但新一轮更大的金融乃至经济危机极有可能就在这看似走出低谷中酝酿与积聚。这主要因为,世界各资本主义大国都在急遽降息、恶性增发货币,试图增加新的产能;而世界范围内的穷国穷人愈来愈穷、富国富人愈来愈富的两极分化局面非但没有缩小,反呈日趋加大之势;穷国穷人的相对需求仍在急剧下降。因此,生产社会化与生产资料私人占有之间的矛盾、生产无限扩张与社会有限需求之间的矛盾非但没有缓解,反而在加剧。从根本上说,这正是在为下一轮更大的金融乃至经济危机积蓄能量。2008 年 12 月 16 日,美联储公开市场委员会(FOMC)将联邦基金利率降到 0 到 0.25% 的区间。至此,美联储的这一目标利率已降至历史最低水平。现在世界各大国甚至各个国家仍都不敢轻言低利率退出政策,仅凭这一点,就足以证明当前世界经济复苏的脆弱性。因此,从辩证唯物主义和历史唯物主义更广阔的时空来看,从历史学和政治经济学的更广阔的视野来看,这场灾难还没有完,还在演进中,甚至极可能是刚刚开始,在世界范围内的更深刻更全面的经济社会危机极可能还在后头。正因为由“发达国家的主导”的经济全球化的灾难还没有“终结”,甚至是刚刚开始,所以,我们现在才面临着进一步说明科学社会主义其中包括中国特色社会主义有着无比光辉灿烂的希望和前景的绝佳机遇。

在世界格局中,一般来说,在两种情况下最危险:一是世界大国力量过分

悬殊时,"弱肉强食"的"丛林法则"讲的就是此时情势。二是超级大国处境极端困难时,"困兽犹斗"的"垂死挣扎"讲的是这种情况。我个人认为,当前仍未见底的自 20 世纪 30 年代以来的最为严重的国际金融危机,是被以美国为首的资本主义强国推迟多年和推迟多次不得不爆发的经济危机。美国这个超级大国正面临着 20 世纪 30 年代以来最为困难的时期。正因如此,在今后一些年内,各种国际力量特别是世界上的一些大国和强国,将会围绕金融、能源、粮食与主权等根本性问题,既有合作与竞争,更有博弈和较量。世界的经济格局、政治格局和文化格局正处在波诡云谲的剧烈变动的前夜。实践已经并将继续证明,中共十七大报告关于"当今世界正处在大变革大调整之中"的判断是完全正确的。

对资本主义发展的总趋势,从战略上看,我们要坚定这样的信心:资本主义社会和其他社会形态一样,必然有一个从产生、发展到衰亡的历史过程,社会主义必然要取得最终的胜利。对目前这场仍未见底的国际金融危机,我们要从战术上认真审慎研究对策。我们要充分认识到:在经济全球化深入发展的情况下,资本主义为了延缓其灭亡的命运,总要不断调整其对内对外政策,从而使国际垄断资本主义的剥削和统治形式发生不同程度的变化,进而缓解其周期性的经济危机和社会冲突。这次金融危机,是不是美国式的资本主义模式的总危机呢? 我还是原来的看法,有两种可能:一是以美国为首的西方国家必将利用其在经济、政治、文化和科技、军事等方面的优势,设法在其国内生产关系的范畴中进行各种最大的改良与调节,在世界经济、政治秩序和各大国之间作文章,以谋取最大的经济、政治利益。而广大发展中国家在各方面还都处于相当的弱势地位,特别是由于这些年来新自由主义在全球的泛滥,世界各国特别是广大发展中国家的人民在理论上的准备还远远不足,人们认识真理还有相当一个过程。因此,决不能排除美国式的资本主义模式经过成功调整,获得新的生机与活力。若如是,美国经济就会有新的强劲反弹,霸权主义和强权政治将会在世界范围内得到进一步巩固和加强,世界社会主义思潮和运动也可能会陷入新的更大的低潮。二是如果世界上其他大国强国应对正确,美国的经济危机就会进一步深化,从而使美国式资本主义模式和美国世界霸主地位从根本上得到动摇,也必然会引发全球经济秩序的深刻变化和全球政治格局的深刻变动。若如是,21 世纪前二三十年乃至上半个世纪,政治多极化和国际关系民主化将会得到真正的展示和彰显。

三、国际金融危机对西方国家的新自由主义、社会民主主义等思潮的冲击

对国际金融危机爆发以来资本主义可能发生的变化及其未来走向,我们马克思主义理论工作者应及时作跟踪研究和科学分析。这场金融危机首先引

起西方国家的政治动荡和思想震动,促使不同阶级阶层和不同政治派别的人们在认识金融危机的原因、性质和后果的过程中,对西方的各种社会思潮进行反思和批判。西方国家一些左翼学者批判了新自由主义理论和政策,认为新自由主义是导致金融危机的主要原因,金融危机给新自由主义特别是其集中体现的"华盛顿共识"以沉重打击,暴露了新自由主义意识形态和体制模式的局限,使其"在很大程度上失去了合法性"(美学者大卫·科茨语)。在此情势下,西方思想界和西方政要分别提出用凯恩斯主义或社会民主主义拯救自由资本主义的口号,试图通过一些改良资本主义的理论和政策,实现凯恩斯主义或社会民主主义的复兴。实践已经并将继续证明,不论是资产阶级右翼奉行的新自由主义或是凯恩斯主义,还是资产阶级中左翼所奉行的社会民主主义,都不能从根本上消除资本主义社会所固有的矛盾和危机,都不能改变资本主义衰颓的历史大趋势。及时了解国际金融危机对新自由主义、社会民主主义等西方思潮的影响和冲击,有助于我们把握西方思想理论的最新动向,划清马克思主义与西方各种社会思潮的界限,更好地坚持以马克思主义中国化的理论成果武装头脑、指导实践。

四、国际金融危机的深化必然导致 马克思主义和社会主义的复兴

马克思主义是指导人们批判资本主义旧世界,实现人类解放和每个人自由全面发展的科学理论。"它给人们提供了决不同任何迷信、任何反动势力、任何为资产阶级压迫所作的辩护相妥协的完整的世界观","它把伟大的认识工具给了人类,特别是给了工人阶级"[1]。金融危机爆发后,马克思的《资本论》在西方国家热销,马克思主义成为西方学术界研究的热点,越来越多的人希望通过马克思主义认识金融危机产生的原因,寻找克服这场危机乃至消除资本主义罪恶的现实途径和办法。例如,地处欧洲金融中心法兰克福的卡尔·马克思书店的顾客及销量大增,2009年《资本论》第1册的销量比2008年多5倍以上,该书店还将《马克思选集》等录成CD大量出售。据德国柏林专门出版马克思著作的卡尔迪次出版社总经理施特隆普夫介绍,2004年以前该社每年平均售出马克思全集100余套,但2009年的1天就销售马克思全集89套,而且征订数量直线上升。这位总经理谈到,马克思的《资本论》等著作重新热起来,反映了德国社会当前所面临的状况,"社会遇到的问题越多,就会有更多的人试图从马克思的著作中寻找答案"。英国的《泰晤士报》还以"马克思重新回到了欧洲"为标题发表评论说,金融危机使西方人突然重视马克思的《资本论》了。法国前总统密特朗的经济顾问雅克·阿塔利对马克思撰写《资

---

[1]　列宁全集[M]. 第2卷. 北京:人民出版社,1972.443.

本论》的情况作了详细的介绍,并指出:"马克思预见到了全球化的到来,预见到了世界金融危机的实质。"一些欧洲学者还认为,"今天马克思又成时尚了,比 30 年前的马克思热还热。"更加值得注意的是,马克思不仅在他生活和流亡的欧洲大陆再次"热"起来,而且他在大西洋彼岸的美国也成了不少媒体关注的焦点。2009 年 4 月,美国《大西洋月报》发表了一篇题为《卡尔·马克思的复仇》的文章,明确提出现在的危机是由资本主义固有的缺陷造成的。2009年 5 月,美国《外交政策》杂志刊登了印有马克思生前画像的封面文章,加拿大约克大学政治学教授利奥·帕尼奇在《十分时髦的马克思》一文中说,当美国的房地产泡沫崩溃时,对世界的影响是如此深远和惨烈;马克思会以此作为"资本主义像一个魔法师,无力控制自己召唤出来的魔鬼"的生动例证。

仅从技术经济学或经济管理学或公众心理学的角度,只能认识金融危机的某些现象,但都无法讲清它的实质和根源。只有从马克思主义政治经济学的角度,才能解释清楚这件大事的本质特征和根本原因。这也是《资本论》和马克思主义学说在西方重新获得青睐的主要缘由。我国的马克思主义理论工作者应该从中得到启示和鼓舞,增强运用马克思主义的立场、观点和方法分析解决重大理论和现实问题的自觉性和坚定性。

有人认为,现在西方的"马克思热"仅仅局限在学术界与学术层面,鲜有政治与社会层面。我认为,这种看法,不无道理。但是,我们也应看到,事物的发展和人们的认识都有一个必要、必须的过程。没有革命的理论,便没有革命的运动。而正确的理论是正确行动的先导。先进的理论一旦被人们所认识和掌握,正确的行动则是或早或晚的事。现在,一些西方的主要国家,工人动辄进行上百万人的大罢工,强烈谴责资本主义特别是新自由主义,呼唤公平与公正,这也是过去鲜见的现象。从一定意义上讲,西方国家的社会主义和左翼思想及其运动,决定了这次国际金融危机发展的广度与深度。如果广大发展中国家能正确应对,使以美国为首的西方国家无法大规模地从根本上向国外特别是发展中国家转嫁其危机,那么,这必将有助于世界社会主义和左翼思潮的复兴。世界社会主义和左翼思潮的复兴,必将有助于中国特色社会主义进一步发展壮大。

衷心祝愿此次论坛圆满成功。

21 世纪世界政治经济学杰出成果奖获奖感言

［中］刘国光

今天在这里非常荣幸地接受 21 世纪世界政治经济学杰出成果奖,对此我深表感谢。

我今年已经 87 周岁高龄了,经历了新中国社会主义建设事业的曲折过程,参与了改革开放 30 年来许多重大经济理论探讨,和一些决定改革开放前途命运的重大决策、中央文件和中长期规划的起草工作。我在这篇获奖论文《试用马克思主义哲学方法总结改革开放 30 年》一文中,以一个亲历者的身份运用马克思主义的基本观点、方法对中国改革开放 30 年作了全方位地思考,力求在总结实践经验中创新。我尝试从十一个方面将改革开放经验得失方方面面的问题涵盖进来,力求全面客观、言简意赅、说理透彻。

我在该文中提出,改革开放各项政策经历了一个否定之否定的正、反、合过程,只有不断地对一些新矛盾进行新的反正,才能在更高层次上转向新的综合。辩证地看待改革开放 30 年,我们既要充分肯定 30 年取得的伟大成就,也要正视存在的问题和潜在风险,包括生产力与生产关系之间的矛盾、经济基础与上层建筑之间的矛盾、生产力内部的矛盾、生产关系内部的矛盾,以及社会意识形态与社会存在的关系,等等。概括起来,就是要实现市场经济和社会主义的有机统一。关于社会主义市场经济体制,一方面是"社会主义",着眼于强调生产关系,另一方面是"市场经济",着眼于发展生产力,两者有机统一,不可偏废。改革的成败要看社会主义生产关系最终是巩固了没有,所谓改革的失败,不是指生产力的失败,而是指社会主义生产关系丧失了,两极分化,产生了什么新的资产阶级,邓小平同志说这是改革的失败。不是什么都讲姓"社"姓"资",如生产力就不能讲"社"姓"资",生产关系中一些共性的东西,也不必去问什么姓"社"姓"资"。但是,生产关系中非共性的东西,就不能不讲姓"社"姓"资",一定要具体分析,辩明是非。

我在该文中依照"否定之否定"规律和历史唯物论推进"改革在更高层次

收稿日期:2010—5—30

作者简介:刘国光(1923—),著名经济学家,中国社会科学院特邀顾问、教授。

上综合"，从新形势出发针对深化改革提出一系列基于马克思主义经济学的见解。

　　比如，计划与市场有机结合论。我始终坚持两点论而不是偏执于其中的一点，根据具体实际辩证地摆正两者关系。在改革开放初期，有些人将市场视作洪水猛兽，我是比较早地倡导市场取向改革的；而当市场经济体制基本建立，面对市场体系中出现的这样那样的问题，我则更加关注市场缺陷，坚持合理而有效的政府干预。我始终坚持计划与市场的结合论，认为尽管不同阶段侧重点不同，但目标都是指向让"看得见的手"和"看不见的手"相得益彰，各自发挥应有作用。单纯靠计划或者市场调节都是不完善的。市场作为资源配置的基础性方式，是历史的必然，但市场经济也有许多缺陷，不能迷信市场。在坚持市场取向改革的同时，政府必须实施合理而有效的宏观调控。社会主义市场经济是一个完整的概念，在继续坚持市场取向改革的同时，需要加强宏观计划调控的作用，强调国家计划在宏观调控中的指导作用。强调社会主义市场经济下也要加强国家计划在宏观调控中的作用，而且是十分必要的，不能把"计划性"排除在社会主义市场经济含义之外。

　　比如，公平与效率并重论。改革过程中围绕计划与市场争论而展开的另一条主线，就是如何协调公平和效率关系。在改革开放初期，在重公平、轻效率的大背景之下，我赞成效率优先的提法，以此改变吃"大锅饭"和平均主义的利益格局；而当改革进行了 30 年之后，当效率问题不如公平问题突出、公平问题愈益表现出影响效率和稳定的新形势下，我则极力呼吁效率与公平兼顾并重，更加重视社会公平。认为完全让"看不见的手"来调节，不能保证社会公正和协调发展。要防止因两极分化而导致改革失败。不强调社会主义，忽视共同富裕的根本方向，那么，在中国这样一个法治不完善的环境下建设市场经济，必然会是人们所称谓的权贵市场经济。

　　比如，所有制和分配关系统一论。在调整收入分配差距关系、缩小贫富差距时，从分配关系入手，特别是从财政税收、转移支付等再分配领域入手，完善社会保障，改善低收入者的民生状况，这些措施都是完全必要的，但是，光从分配和再分配领域着手是远远不够的，不能从根本上扭转贫富差距扩大的问题。还需要从所有制结构，从财产制度上直面这一问题，延缓"公"降"私"升速度和程度，阻止化公为私的所有制结构转换过程，从根本上阻止贫富差距扩大、向两极分化推进的趋势。

　　比如，解放思想与改革开放的辩证关系论。要看到有两种不同的思想解放观，一种是以马克思主义、科学社会主义为指导的思想解放，这是促进我们的改革开放向社会主义自我完善的方向前进的；另一种是以新自由主义、民主社会主义为指导的思想解放。不能天真地认为凡是思想解放都能正确引导推动我们的改革开放，要警惕有人想利用思想解放来误导改革开放。

　　辩证地看待改革、反思改革的得失、及时地总结改革的经验教训并不等于反改革,相反地,只有这样才能始终把握正确的改革方向,及时地消除隐患。消除隐患最好的、最聪明的办法就是防微杜渐、防患于未然,而不是掩盖错误或粉饰失误。30 年之后回来头来看,改革开放各项政策经历了一个否定之否定的正、反、合过程,现在到了对一些新的矛盾进行新的反正的时候了,正是着手解决现实的问题和矛盾,才能使得改革开放和社会主义建设事业在更高层次上达到新的综合。具体来说,关于经济运行机制,要继续坚持市场改革,同时要重新强调国家宏观计划调控的作用;关于所有制结构,要坚持多种所有制共同发展,同时要重新强调"公有制为主体",在此前提下毫不动摇地发展公私两种经济;关于分配关系,要从"让一部分人先富起来"转向"更加重视社会公平"。这可以说是中国经验、"北京共识"的应有之义。中国的成功已经表明了这种独特的经验、模式和道路之存在。

　　应该看到,改革开放的很长一段时期,我们只注意到了政治上的资产阶级自由化,没有从经济上解决资产阶级自由化,那时还没有发展到这一步。私有化的观点、完全市场化的观点、政府守夜人的观点,都是经济领域里资产阶级自由化的表现。防止经济领域资产阶级自由化,就是防止经济领域变质,经济领域如果变质,政治领域会跟着变质。这是经济基础决定上层建筑和社会存在决定社会意识的作用。那种认为经济领域没有意识形态问题,是政治上的幼稚。坚持正确的改革方向,当前最紧要的是要与新自由主义划清界限。新自由主义不是两点论,而是执其一端、即主张一切要由"纯粹的"、"看不见的手"来指挥,反对政府对市场的干预与管制。新自由主义的核心理论体系和价值观念是"三化",即市场化、私有化、自由化,与之相对应地,要达到"三个否定"的目的,即否定公有制,否定社会主义,否定国家干预。这种观念也被称为"市场原教旨主义"。其实践的结果又如何呢?它必然是导向权贵资本主义方向的"改革",贫富分化将会达到不堪忍受、难以收拾的地步。因此,新自由主义不是什么社会的福音,而是干扰改革的杂音,必须从改革的起步阶段就应努力加以抵制和反对。

　　新自由主义在国际战略政策方面推行市场的非调控化,国有企业的私有化,贸易和资本的无限制开放、自由化等。新自由主义主张以超级大国为主导的全球经济、政治、文化一体化,即全球资本主义化,因而成为了损害发展中国家和社会主义国家利益的理论工具和舆论工具。事实表明,新自由主义也没有给发展中国家带来福音。早在 20 世纪 90 年代就有拉美教训,许多国家搞自由化、私有化、放松国际金融管制最终都出了大问题,现在觉悟了,毅然决然地抛弃了"欧美自由市场经济模式"而向左转。俄罗斯过去听信新自由主义搞"休克疗法",结果一蹶不振,现在也跌醒了。诚如美国纽约大学教授塔布(William K. Tabb)所指出的,"新自由主义就其所许诺的目标而言,已经失败了。它没有带来快速的经济增长,没有消除贫困,也没有使经济稳定。事实上,在新自由主义霸权盛行的这些年代里,经济增长放慢,贫困增加,经济和金融危机成为流行病。"

这次由美国次贷危机引发的全球性金融危机就是自由放任政策给世界带来的恶果。西方大资本、金融资本、虚拟资本都需要自由放任的体制,美国等强国利用手中极其雄厚的资本对发展中国家的经济自由出入也需要这种"便利",自20世纪70～80年代以来,撒切尔夫人、里根陆续上台,开辟了长达近30年的主流经济学地位。这次大的金融危机,再次宣告了新自由主义的破产,不得不更多地乞灵于凯恩斯主义国家干预之类的手段,不得不借助于类似于社会主义国家的计划手段。当然,这并不意味着新自由主义的终结。一旦经济形势变暖,它还会死灰复燃。——只要大的垄断资本集团存在,特别是大金融资本存在,它们还会大肆鼓吹和利用新自由主义蛊惑人心。

在这次世界经济大动荡中,中国政府为稳定经济采取了诸多重大措施,取得了良好的实效,再次有力地证明了社会主义市场经济是不能离开国家宏观协调的。国民经济许多重要领域也都不能完全交给"看不见的手"的市场去管。如教育、卫生、住宅、社会保障、收入分配等民生领域,交通运输、资源开发、环境保护、农村设施等基本建设领域,以及扩大内需和调整结构,乃至宏观总量平衡等问题,都不能完全交给自由市场去调节,而不要国家的协调和安排。新自由主义关于市场万能的迷信、自由放任的神话,越来越多的人开始认识其本质、其用心而不再相信了。

马克思危机论与当前经济危机：大萧条或严重积累型结构危机？

【美】大卫·科茨

本文为第五届世界政治经济学会论坛与会论文。本届会议于 2010 年 5 月 28 至 30 日在中国苏州召开。Ann Werboff 参与了本项研究的协助工作。原文将于 2010 年 7 月发表在《科学与社会》杂志第 74 期,此为其修订本。

1. 引言

长期以来,经济危机理论在马克思主义思想中占据重要位置,很大程度上是因为我们相信,经济发生严重危机在资本主义向社会主义的过渡中起着关键作用。早期的一些马克思主义研究者致力于发展社会经济危机崩溃论,他们认为,资本主义的再生是社会主义道路上的一大障碍①。事实上,我们并不需要将经济危机看成是社会主义过渡的关键,因为持久的严重积累型危机很可能对过渡有利,虽然只是一种可能,而无法绝对保证②。

马克思主义分析家普遍赞同资本主义制度下存在两种截然不同的经济危机。一种是周期性的经济萧条。这种相对短暂的危机一般在资本主义经济体制归于正常后划上句号,第二次世界大战后期,政府通常实施货币与财政政策来加快结束经济萧条。另一种是旷日持久的经济危机,如果想要在资本主义内部和恢复资本积累的前提下化解危机,那就必须调整经济结构,进行制度上的改革。不过,尽管分析家们一致认为这两种危机属于不同类型,却还没有普遍认同的术语。在这里,本文使用"周期性萧条"和"积累型结构危机"来分别指代第一种和第二种经济危机。

最近,各大媒体经常用"大萧条"一词指代始于 2007 到 2008 年的经济危机。该词暗示了当前危机的性质是周期性萧条,只不过程度比较严重。如果此观点正确的话,那么,不需要任何结构上的大调整,问题就可以迎刃而解。在本文作者看来,目前的危机并不是周期性萧条,而是积累型结构危机。

历史表明,积累型结构危机的严重程度有高有低,下文将进行讨论。在这

收稿日期:2010—5—30

作者简介:大卫·科茨(David Kotz),美国马萨诸塞大学阿姆赫斯特分校(University of Massachusetts, Armherst)经济系政治经济学教授,世界政治经济学学会副会长。

① Sweezy (1970, ch. 11) 中对马克思主义社会崩溃论的叙述。

② 历史证明,法西斯主义也是严重经济危机的一种可能性产物。

里,我们的目标是分析造成严重危机的条件,因为只有严重的积累型结构危机才可能对资本主义的终结起着重要作用。一般认为,20 世纪 30 年代的经济大萧条就属于该类严重危机。我们目前这场危机,虽然还处于早期阶段,却已经显露出其严重性(见文章第二部分)。比较来说,20 世纪 70 年代的结构危机程度上要缓和一些,这一观点在下文中会有所阐释。文章将对目前的经济危机进行分析,比较前两次结构危机,并推断导致严重积累型结构危机的条件。

根据马克思主义理论,危机的本源来自于资本主义的内部体制,该体制反映出了资本主义进程中的矛盾。有关马克思主义危机论的文献对导致经济危机的内部原因进行了分析,传统上称为"危机因子",其中包括消费不足,由生产价值升高造成的利率降低,储备劳动大军减少带来的利润积压,过度投资或过度积累,等等。

传统的马克思主义危机因子是分析导致严重结构危机因素的必要出发点。但是,就本文的研究目的而言,对传统危机因子的一般性分析过于笼统。本文认为,严重结构危机通常源于某一特定的资本主义经济体制。如果只是一概而论地探讨资本主义的本质特征,那么,我们可以推导出各种危机因子,但是无法系统性地了解是否任何一种危机因子都可以导致轻微的或严重的经济危机①。

文章第二部分简要总结了资本主义危机下的积累型社会结构理论(SSA),指出该理论阐释的对象是结构危机,无法对严重结构危机的产生原因做出满意的解释。第三部分考察了当前经济危机的根源,重点放在危机的源头——美国经济上,同时得出结论,最近几十年盛行的自由资本主义制度是造成这次危机如此严重的原因。第四部分将当前危机与 20 世纪 30 年代和 70 年代的制度危机进行对比,指出当前危机与 30 年代危机的相同之处,以及与 70 年代危机的不同。最后,第五部分给出了总结性评论。

2. 积累型社会结构理论和严重结构危机

一般来说,在解释维持时间较长的严重经济危机时,传统马克思主义危机理论倾向于在对资本主义进行普遍分析的基础上,通过考察特殊的历史事件或国家政策来对特定的危机因子进行补充说明。然而,这种修补性的方法走向了主流经济学中的"危机外因论"误区。资本主义从来都不是"一般"存在的,它总是采取这样或那样具体的制度形式,因此在这里,我们提出一种替代性方法。

积累型社会结构学派认为,不管对于单个资本主义国家来说,还是将全球资本主义看作一个整体,我们都可以发现一些制度结构相对来说更为持久,一

①　简单来说,资本主义的本质特征指的是商品生产与雇佣劳动的关系。

般说来可以延续几十年(Gordon，Edwards，and Reich，1982；Kotz，McDon-ough，and Reich，1994；McDonough，Reich，and Kotz，2010)。这些制度结构都属于积累型社会结构(SSA)。每一种 SSA 都是一套促进资本积累的长期而连贯的体制。最终，当制度下的矛盾加剧，无法完成资本积累时，便会引发长期的结构危机，一直到新的 SSA 建立起来危机才会结束。

SSA 理论看起来解释了为什么会产生严重的积累型结构危机，但历史表明，SSA 文献中所列举的危机，如 20 世纪 70 年代危机，并不都是严重型危机。许多分析家指出，1973 年之后，高收入资本主义国家的宏观经济表现不如 1948～1973 年。1973 年第四季度到 1975 年第一季度，美国经济遭遇了大倒退，五个季度的 GDP 指数以每年 2.5％的速度下降。同样，70 年代后几年也是以低经济增长率，高通货膨胀率和失业率，以及国际货币体系的动荡为特征。也就是说，这一段时期是经济相对停滞与不稳定时期。

70 年代的资本主义经济制度代表了后第二次世界大战争时代的国家干预下的 SSA 结构。最终，这一体制由危机走向了终结，被 80 年代早期指导思想完全不同的新自由主义制度结构取代。然而，我们看到，在经历了 1974～1975 的经济倒退后，GDP 迅速增长，资本积累迅速复苏。SSA 文献认为 1973 到 1979 年是这场结构危机的主体时期，但事实上美国经济在这期间保持了增长势头，GDP 年平均增长率为 3.0％，国内私人投资为 3.4％[①]。失业率在 1975 年 6 月升至 8.8％，到 1979 年 5 月跌至 5.6％，除了在新自由主义早期即 1982 年底为 10.8％之外，从未达到两位数的比率。这一时期经济仍旧增长的原因是政府实施了目的明确的政策措施，比如，联邦储备系统采用了超紧缩的货币政策，将利率拉到 20％以上，目的是削弱劳动者对待遇问题讨价还价的能力，制止通货膨胀，促进美元升值。

20 世纪 70 年代危机与 30 年代经济大萧条不同，前者不属于严重的积累型机构危机类型。在 1929～1933 这三年半的时间里，美国的 GDP 指数下降了 30.5％，10 年后只恢复到 2.8％的水平，略高于 1929 年。1933 年商业固定投资额相当于 1929 年的 28.7％，10 年后的 1939 年仍然只有 1929 年的 57.7％。1933 年的失业率为 24.9％，1939 年维持在 17.9％。整个银行系统在 1933 年崩溃。相比来说，在 70 年代，并没有出现任何严重的金融危机。

大量数据证明，我们当前这场经济危机实际上属于严重的积累型结构危机，它与 20 世纪 30 年代危机有许多相似之处。虽然到 2008 年第三季度美国的 GDP 才开始持续下跌，但行业萎缩从 2007 年 12 月就正式开始了。金融行

---

① 除非特别说明，文中给出的 GDP、商业投资、失业率、利率、工资、劳动生产率和不平等收入等数据全部来自下列文献：*Economic Report of the President* 1967；U. S. Bureau of Economic Analysis, 2009 and 2010；U. S. Bureau of Labor Statistics，2009；U. S. Bureau of the Census，1960；and U. S. Federal Reserve System，2009a and 2009b.

业的危机势头更加猛烈。从 2008 年春夏开始积蓄能量,到 9 月突然爆发,美国与其他国家大部分金融巨头纷纷破产。联邦储备系统和财政部采取措施,以各种方式提供了大约 12.1 万亿美元的经济援助支持大型金融机构和整个金融市场,才使得整个金融系统破产的危险得以转移①。

最近的研究表明,就全球经济而言,当前危机的第一年里,工业生产和世界贸易的萎缩速度不亚于大萧条开始后第一年的速度(Eichengreen and O' Rourke,2009)。目前在许多主要资本主义国家里,GDP 和工业产值迅速下跌。一份来自联合国的报告预测,2009 年日本 GDP 将下跌 6.5 个百分点,德国下跌 6.1%(UNCTAD 2009,p. 2)。

在经历了 2008 年第二季度的下跌高峰之后,美国 GDP 指数次年降幅为3.8%。2009 年第一季度,商业固定投资额骤降 39.2%,速度之惊人,在第二次世界大战之后还从未出现过。到 2009 年 9 月,总就业率经历了 1945 年以来最严重的萎缩,降幅为 5.8%,对比 20 世纪 70 年代中期的 2.8% 和 80 年代早期的 3.1%(Norris,2009)②。同时,失业率上升,从 2008 年 2 月的 4.8%升至 2009 年 10 月的 10.3%,远远超过了 70 年代危机时期失业率的上涨速度。尽管政府在 2009 年 2 月通过了 7 870 万美元的政府刺激计划,上述经济迅速恶化的状况还是发生了。

那些认为这场危机即将结束的文献资料实际上没有把周期性萧条和结构危机区分开来。根据美国政府最新报告(2010 年 2 月 26 日),美国 GDP 在2009 年第二季度以后停止下跌,并在第三、四季度分别以 2.2% 和 5.9% 的年平均速度增长。然而,与通常周期性萧条后的经济复苏不同,这种经济回升的趋势非常缓慢。GDP 的增长很大程度上是由于商业清盘的速度在降低。忽略库存变化,在 2010 年刚刚过去的两个季度里,国内产品的出清速度分别为1.5% 和 1.9%。到目前为止,联邦政府庞大的刺激计划只是为经济复苏带来了些许的温度,失业率依然居高不下,维持在将近 10% 的水平。

这里的关键是,经济出现结构危机的时期通常都会发生周期性复苏,正如1933~1937 年,或者 1975~1979 年一样。如果说历史能够为我们指明出路的话,那么下一章将讨论的导致危机产生的矛盾只能通过体制重构来实现,这种重构进程现在还没有开始。

传统的 SSA 理论把 70 年代危机看成是和 30 年代危机同样的经济现象,因此,没有对引发严重积累型结构危机的因素进行分析。不过,SSA 理论重点讨论资本主义制度形式对经济危机的影响,这个大方向是正确的,它所不足

---

① 从 2009 年 4 月 1 号金融危机爆发开始,联邦政府就承诺向金融行业提供 7.7 万亿美元作为投资,2.3 万亿美元作为借款,2.1 万亿美元为金融业负债担保。在这 12.1 万亿美元承诺金中,2.5 万亿美元已于 4 月 1 日正式启动(纽约时报,2009)。

② 1945 年第二次世界战后期,由于军队复员和经济的重新调整,就业率下降了 10.1%。

的是没有对各个制度机构进行具体分析而将其作为整体看待。考察美国新自由主义下的制度结构如何引发这场新的严重危机,有助于我们分析造成这类型危机的关键因素。

3. 当前危机与自由主义制度结构

传统的 SSA 理论断言,每一个新的 SSA 体制在历史上都是独一无二的。但是,Kotz(2003a)、Wolfson 和 Kotz(2010)指出,资本主义的制度结构只有两种类型:自由式和干预式。国家干预下的制度结构主要特征如下:(1)国家积极干预经济,对商业和金融的进行调控;(2)资本家与劳动力,特别是大资本与劳动力,在很大程度上相互妥协;(3)大企业间的竞争有所节制;(4)主导思想强调国家调控的作用,资本与劳动间的合作,以及一种"文明合理的"竞争。相反,自由主义制度结构的主要特征为:(1)国家对经济、商业和金融的调控有限;(2)资本家追求对劳动力的完全掌控;(3)大公司间的竞争激烈残酷;(4)主导思想为自由市场或经典自由主义,认为国家是自由和效率的敌人,崇尚无节制的竞争①。

新自由主义在 1980 年左右兴起,美国、英国和许多其他国家的经济制度纷纷效仿。开始于 2007 年底的经济危机最早出现在美国,这场危机正是从美国及全球的新自由主义制度中萌生出来的。

通过考察当前危机产生的根源,我们可以推断出为什么自由主义制度结构会引发严重的积累型结构危机,而这一过程又是如何实现的②。文章分析的重点将放在当前危机的源头——美国经济上。总的来说,新自由主义指导下的美国资本主义在三个方面的发展直接导致了这场危机:(1)工资与利润不平等以及社会成员间的不平等加剧;(2)出现一系列资产泡沫现象;(3)金融行业逐渐深陷投机与冒险经济活动中。

2000~2007 年,随着新自由主义结构的成熟,不平等状况愈加严重。资料显示,从 1979~2007 年,每小时劳动产量增加了 69.8%,非管理人员每小时平均工资却降低了 1.1%,这表明所有劳动生产所得都流向了资本积累。2005 年左右,社会成员间的不平等程度达到了 1929 年以来的最高峰(Kotz,2009a)。

日益加剧的不平等现象造成利润无法实现的严重问题。上涨的利润刺激着资金的积累和产量的增加,然而,停滞不前甚至有所倒退的工资水平限制了消费需求的发展。收入向社会上层阶级倾斜并不利于消费需求的提高,因为对这些人来说,大部分收入不是用于消费。

不过,新自由主义制度结构的某些特征延缓了利润实现危机的爆发。高

---

① 自由主义 SSA 不反对大企业影响政府决策并从中获利,也不反对其争夺垄断权。
② 这段分析引自 Kotz(2009a),其文对当前危机的根源进行了详尽的分析。

利润引发的投资热潮一定程度上缓解了需求不足的压力,在一段时间内尚能促进经济的继续发展。但是,仅仅依靠投资远不能解决利润实现危机,失衡状况很快会再度发生。同时,新自由主义制度结构导致大量资产泡沫产生,使得应对这场危机成为一场持久战。

资产泡沫来自于对资产未来升值空间的预测,泡沫不断膨胀,导致资产价值高于实际价值。举例来说,如果金融投资者估计房地产在近期内会升值,那么他们就有了购买房产从中获利的动机。一旦这种资产升值带来的利润吸引越来越多的投资者,同时投资者的消费反过来又进一步推动资产升值,这样就形成了一个自给自足的循环体系。在美国,新自由主义时期经济的持续增长无不见证了资产泡沫的存在,例如,20 世纪 80 年代西南部的商业地产泡沫,90 年代的股票市场以及新千年的住房泡沫。

美国的新自由主义时期可以分为三个发展阶段:1982~1990 年,1991~2000 年,2001~2007 年。在这其中,资产泡沫起到了延长经济发展期的作用。具体来说,由于正在经历泡沫化的资产市场价值攀升,资产持有者的货币收入增加,消费力提高,从而暂时缓解了不平等引起的利润实现危机。

图表 1 显示,从 20 世纪 60 年代到 80 年代中期,消费额与税后收入的比率呈下降趋势。80 年代早期低迷的经济在中期开始复苏,此后比率飞速上升,一直持续到 2005 年。第一次影响到整个美国经济的新自由主义时期资产泡沫发生在 90 年代的证券市场。如图表 1 所示,1992 年之后,消费与收入的比率骤升,从 1992 年的 89.1% 升至 1999 年的 93.8%。2002 年住房泡沫出现后,比率进一步增大,2002 年为 93.9%,2005 年到达顶峰,为 95.9%[①]。1984 年消费与税后收入的比率为 86.0%,在随后的 20 年间,该比率升高了大约 10 个百分点。消费与 GDP 的比率则从 1981 年的 62.0% 升到 2008 年的 70.5%。[②]

消费与收入比率的增大虽然推迟了利润实现危机的发生,却使得这场危机在最后来临时更为猛烈。面对消费率持续上涨的经济环境,企业在固定资产上投入重金提高生产力。此外,资产泡沫使人们对房产投资的未来持乐观态度,刺激了投资的增加和生产的扩张。一旦泡沫破灭(这是所有资产泡沫的必然结果),消费率随之下降,投资者对利润的预期也将无法实现。消费和投资的突然萎缩使隐藏在泡沫膨胀背后过剩的生产力暴露无遗。在此后很长的一段时间内,投资低迷,持久而严重的投资过剩危机随之来临。

2000 年,美国股票市场泡沫破裂。在接下来的 2 年内,固定资产投资下

---

① 2005 年消费占可支配收入的 95.9% 并不意味着个人储蓄占到了大约 4%。因为部分可支配收入用于利息支付和转移支付,实际上 2005 年的个人储蓄百分比降到了 0.4%。
② 20 世纪 90 年代和 2000 年后资产泡沫对消费与总需求的影响分析请参见 Kotz(2003b and 2008)。

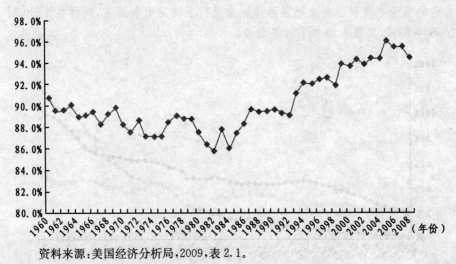

资料来源:美国经济分析局,2009,表 2.1。

图1　个人消费支出占个人可支配收入百分比

跌了 13.0%。但是,2002 年出现的另一个更大的泡沫——房地产泡沫转移了这场投资过剩的危机。之后,固定资产投资复苏。2002～2007 年间,投资额上涨了 29.1%;2007 年,房产经济开始崩溃;2008 年后半年,消费率以高于3% 的年平均速度骤降;2008 年第二季度固定资产投资率达到顶峰,从第四季度开始迅速萎缩,截至 2009 年第三季度,总共下降了 20.2%。

除了日益加剧的不平等现象和巨大的资产泡沫之外,金融行业的投机冒险活动也在当前经济危机中扮演了重要角色。众所周知,2000 年以后,美国金融业肆意从事投机活动,其中大部分与房地产投资有关。只要房地产泡沫还在继续膨胀,经济就持续升温。金融机构向住房购买者提供巨额贷款(其中包括信誉等级不足的顾客),从而使消费力迅速上升成为可能,但这种消费力的提高是以房价的升值为前提的①。如果人们愿意变卖升值的住房,房产泡沫可能不会继续。但是,金融机构的投机性贷款将泡沫越吹越大,房产的增值又进一步推动了房产持有者的消费。

这一过程导致金融系统越来越脆弱。美国金融行业承贷的上万亿美元不良资产化为乌有,行业本身还借有外债,用于维持高利润的投机活动。图表 2显示了美国三大主要经济行业的总债务情况。非金融行业的债务在新自由主义时代稍有增加。房产业债务从 20 世纪 80 年代早期开始猛增,2000 年后增长速度达到顶峰。1980～2008 年 20 年间,房产债务与 GDP 的比率翻倍。到2008 年,房产行业的债务完全依靠持续膨胀的泡沫支撑,人们只能不断地从

---

① 2004 到 2006 年,美国家庭用于向银行贷款买房的支出占个人可支配收入的 9.5% (Greens-pan and Kennedy,2007)。

自己的住房中提取资金来勉强维持。金融行业情况更加恶劣,同样在 1980 到 2008 年期间,其债务增加了六倍之多。

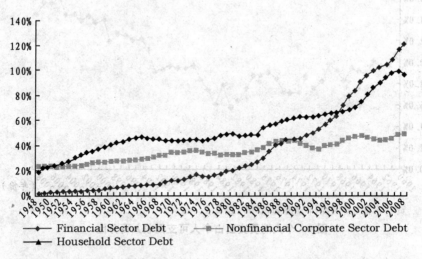

资料来源:美国联邦储备系统,2009b,z－1 统计发布。

图 2　美国主要经济部门债务占 GDP 百分比

　　在这种形势下,深陷高风险投机活动的金融行业于 2008 年开始垮台。金融业的崩溃加深了这场经济危机,使得国家更加难以控制整个局面。目前,媒体广泛披露金融行业危机的状况,因为金融业的垮台可以很好地解释当前经济危机的严重程度。然而,这只是造成危机的一个重要因素。总的来说,不平等状况加剧、一连串巨大的资产泡沫和高风险金融投资活动三大因素共同造就了 2007～2008 年开始的这场严重积累型结构危机。造成危机的根本原因在于资产泡沫引发了投资过剩,而金融行业的垮台又加剧了这一过程。

　　该三大因素并不是资本主义的一般特征。1948～1973 年,美国实行干预主义经济,工资与劳动生产率同步增长,社会成员收入不平等状况不是特别严重(Kotz, 2009a),不存在资产泡沫,大型金融机构主要从事借贷、出售股票与债券、提供保险等传统业务,没有出现严重的银行破产或金融财政恐慌问题。

　　该三大因素实为自由主义制度所特有。该制度下,劳动者在雇佣双方的讨价还价中处于不利地位,工资水平停滞不前甚至倒退,利润却成倍增长。同时,国家基本不干预市场发展,使得资本家无限制地攫取社会产出。

　　新自由主义制度结构还带来了巨大的资产泡沫。主要有两方面原因。第一,不平等加剧造成富有人群收入剧增而社会再生产投资机会不足,一部分资金被用于购买股票或房产,资产泡沫由此产生。第二,新自由主义制度撤销了原先国家对金融业的管制,金融机构可以自由投放高风险贷款,从而推动了资产泡沫进一步膨胀。

金融行业从事高风险投资活动是新自由主义的另一新发展,主要因为国家对金融业解除了管制。一旦金融机构脱离监管或控制,有权自由追逐最大利润,它们自然会投入与传统业务不同的高风险高利润的投机活动中。至少,在资产泡沫还能得以维持,冒险投资行情没有恶化的情况下,金融机构不会停止这种投机活动。

4. 动荡年月:20 世纪 20 年代,后战争时期 SSA 体制和新自由主义

据 SSA 文献记载,20 世纪 20 年代美国实行的 SSA 体制发源于 19 世纪 90 年代。这种 SSA 体制以垄断企业和国家有力的调控为特征(Gordon et al, 1982, ch 4; Kotz, 1987)。但在第一次世界大战以后,美国资本主义发生了一些重要的变化。在 1900～1916 年激进时期成立的国家调控机构被企业接管,或者停止了一切监管活动。以 1919 年钢铁产业的大罢工为导火索,大企业与贸易联盟的合作关系开始让位于对劳动者的打压和攻击。J. P. Morgan 与其他金融资本家在 19 世纪 90 年代后建立起来的价格协商模式逐渐衰弱,原因是华尔街失去了金融中心地位,新兴的产业(例如汽车行业)不再归于华尔街的控制 (Kotz, 1978, ch. 3)。同时,极端个人主义盛行。总的来看,20 世纪 20 年代的美国具备了新自由主义体制结构的特征。

新自由主义时期的三大发展也体现在 20 年代大萧条中。当时,工资严重滞后于生产力发展,收入向社会上层集中,不平等现象极其严重。从 1920～1929 年,制造行业每小时工资只增加了 19.3%,小时产量却增长了 62.6%[①]。1920 年,税后收入的 11.8% 流向了占总人口 1% 的社会上层,到 1928 年,这一比例上升到 19.1%。资产泡沫现象严重,首先出现在 20 年代中期佛罗里达州的房地产行业,几年之后证券市场出现了更大的泡沫。金融行业渐渐涉猎高风险的投机活动,先是中型金融机构,到 20 年代后期,银行巨头也卷入其中(Kotz, 1978, ch. 3)。

1929 年秋,美国证券行业泡沫率先破灭,大萧条由此开始。随后,消费额与投资额一路下滑,最终在 1933 年导致了银行系统的破产。正如前文所述,在 1929 年后的 10 年间,投资都处于低迷状态。由于害怕新政,政府保守派将责任归咎于企业,但事实证明,这是一场由资产大泡沫引发的严重投资过剩危机。这种投资泡沫引发的投资过剩与金融危机的结合与我们今天的情况极其相似[②]。因此,通过分析大萧条的历史与当前危机的发生背景可以看出,新自由主义制度形式为最终引发严重积累型机构危机创造了条件。

在第二次世界战后期资本主义干预主义下,爆发了一场与大萧条相比程度较轻、时间相对短暂的结构危机,这是因为干预主义体制下的危机因子与自

---

① 根据 1960 年美国人口普查局数据计算而来,pp. 92, 126, 600。

② 今天的状况与 20 世纪 30 年代危机的不同之处在于:当前的经济危机中,金融系统一开始就濒临破产,而在 30 年代,金融业的崩溃发生在 1933 年春,即在实体经济急速下滑的 3 年半后。

由主义体制下的危机因子不同。在干预主义下,劳动者拥有更大的协商权,并且储备劳动力的减少使得工资上涨,挤压利润。这时候的经济扩张更容易导致一场利润挤压型危机(Kotz, 2009b; Wolfson and Kotz, 2010)。某研究表明(Kotz 2009b),1948 年到 1973 年期间,每一轮经济周期性萧条都是因利润挤压造成的①。

SSA 文献分析 20 世纪 70 年代结构危机时通常将造成危机的关键因素看成是由制度引发的长期性利润挤压(Bowles et al., 1990, part II)。根据这一论断,在干预主义时期的美国,劳动者及其他群体与资本家的力量对比在很长时间内持续增强,并最终导致了资本家与劳动者(包括其他群体,如第三世界原料提供商)产生了一系列尖锐的冲突,从而动摇了干预主义下的 SSA 体制及其所支持的资本积累。

为什么 20 世纪 70 年代的结构危机不如 20 世纪 20 年代大萧条严重? 如果危机的本源是因为劳动者及其他群体有了更大的与资本家协商的权力,那么随后几年由政策引发的高失业率和 20 世纪 80 年代早期对第三世界的经济惩罚就能够解决这一问题了。新兴的新自由主义进行了体制结构的重组,它重新肯定了资本的力量,废除了国家对经济的干预,大规模削减社会项目,从而解决了干预主义下的危机。

20 世纪 70 年代危机不如 20 年代危机严重的另一原因在于,当这两种制度结构发展到后期时,国家对经济的调控能力有所不同。当干预型资本主义遭遇危机时,政府已经掌握了调控经济的经验,有利于危机的解决。但是在自由资本主义下,国家的经济干预权受限,几乎无力对经济进行有效的调控。尽管罗斯福政府采取了大胆的新政措施,但直到第二次世界大战结束,即危机发生的 50 年后,美国经济才真正从大萧条中恢复过来,走上一条资本积累的新道路。同样,在当前经济危机时期,我们看到,奥巴马政府由于缺少积极调控经济的经验而困难重重。2009 年 2 月的经济刺激计划只提供了 160 万个就业机会,对于 2009 年底数目达到 1 500 万的失业者来说只能是杯水车薪。不仅如此,这一计划的实施起来也异常缓慢②。

5. 总结和评论

理论分析和历史事实证明,资本主义的自由形式最终会导致严重积累型结构危机。这主要包括几层含义。

第一,关于马克思理论。正如前文所述,理论研究不应该只分析作为整体的资本主义,或者仅仅在整体分析中临时加入对某一特殊历史事件和国家政

---

① 相反,从 20 世纪 80 年代到 2000 年以后,实际工资没有涨到能够挤压利润的程度。

② 与此相反,中国长期运行的经济制度强调国家干预,因此政府有能力推进更大的刺激计划,保证其迅速有效的实行,从而恢复经济的快速发展。不过,中国实施的刺激计划是为了将投资推进到一个新的高度,而这一高度可能是难以维持的。

策的研究。马克思主义研究者们应该系统地剖析历史上出现的每一种资本主义制度形式，确定其本质特性和影响因子。长期以来，可能因为担心对资本主义单个体制的关注会转移对资本主义邪恶本质的注意力或者忽略了取代资本主义作为一个整体的必要性，所以，理论界似乎不愿意采用这种单个研究的方法。担忧是不必要的。为了更好地了解和挑战资本主义，我们必须透彻地分析其在当代的制度特征。

第二，本文指出了社会主义过渡的矛盾。国家干预主义指导下的资本主义社会，工人阶级力量增强。20 世纪 60 年代后期世界范围内风起云涌的工人运动就是证明。但同时，国家干预主义体制也为工人阶级提供了更高的生活水平和更全面的社会服务，使得社会主义向资本主义的挑战变得更加困难。考虑到这些历史现实，文章认为，国家干预主义下的积累型危机相对缓和，这进一步降低了向社会主义过渡的可能性。

与此相反，在自由主义指导下的资本主义社会，工人阶级力量削弱，激进运动减少。新自由主义时期和 20 世纪 20 年代都出现了这一趋势。自由主义体制可能引发严重经济危机，但是，伴随这种危机的还有工人运动和激进运动的削弱和分化。因此，虽然严重结构危机可能促进社会主义的过渡，但工人力量的不足会造成过渡无法实现。

不过，自由主义制度引发的结构危机不太可能在短时间内轻易解决。如果危机持续一段时间，新自由主义的反动员效应可能会被长期严重经济危机带来的激进效应取代。正如在 20 世纪 20 年代大萧条早期，美国出现了一些抗议活动，但工人运动和激进运动的高潮则出现在 1934～1939 年期间。虽然并不提倡完全拿历史做类比，但目前我们所处的阶段与 1930～1931 年相似，也就是处于结构危机的头 2 年。

目前，世界主要资本主义国家正着手复苏新自由主义资本主义，但是上文的分析证明，想要在短时间内复苏经济基本无望。新的国家干预主义制度可能会帮助资本重新积累，但是，建立新的体制需要相当长的时间。当前这场可能持续多年的经济危机为我们提供了良机，让我们有时间筹划如何真正取代资本主义。

参考文献

[1] Bowles, Samuel, David M. Gordon, and Thomas E. Weisskopf. 1990. *After the Wasteland: A Democratic Economics for the Year* 2000. Armonk, N. Y., and London: M. E. Sharpe.

[2] *Economic Report of the President* 1967. Washington, D. C.: U. S. Government Printing Office.

[3] Eichengreen, Barry and K. H. O'Rourke. . 2009. A Tale of Two Depressions, June 4.

Downloaded from website http://www. voxeu. org/index. php? q＝node/3421 on August 26, 2009.

[4]Gordon, David M. , Richard Edwards, and Michael Reich. 1982. *Segmented Work*, *Divided Workers*. Cambridge: Cambridge University Press.

[5]Greenspan, Alan, and Kennedy, James. 2007. Sources and Uses of Equity Extracted from Homes. Federal Reserve Board Finance and Economics Discussion Series No. 200720. Available at http://www. federalreserve. gov/pubs/feds/2007/200720/ 200720pap. pdf.

[6]Kotz, David M. 2009a. The Financial and Economic Crisis of 2008: A Systemic Crisis of Neoliberal Capitalism, *Review of Radical Political Economics*, 41:3, Summer, 305−317.

[7]＿＿＿＿. 2009b. Economic Crises and Institutional Structures: A Comparison of Regulated and Neoliberal Capitalism in the U. S. In *Heterodox Macroeconomics*: *Keynes, Marx and Globalization*, Jonathan P. Goldstein and Michael G. Hillard (eds). London and New York: Routledge.

[8]＿＿＿＿. 2008. Contradictions of Economic Growth in the Neoliberal Era: Accumulation and Crisis in the Contemporary U. S. Economy, *Review of Radical Political Economics*, 40:2, Spring, 174−188.

[9]＿＿＿＿. 2003a. "Neoliberalism and the Social Structure of Accumulation Theory of LongRun Capital Accumulation,"*Review of Radical Political Economics*, 35:3 (September), 263−270.

[10]＿＿＿＿. 2003b. "Neoliberalism and the U. S. Economic Expansion of the 1990s," *Monthly Review*, 54:3, April, 15−33.

[11]＿＿＿＿. 1987. "Long Waves and Social Structures of Accumulation: A Critique and Reinterpretation," *Review of Radical Political Economics*, 19:4, 16−38.

[12]＿＿＿＿. 1978. *Bank Control of Large Corporations in the United States*. Berkeley: University of California Press, 1978.

[13]Kotz, David M. , Terrence McDonough, and Michael Reich (eds.). 1994. *Social Structures of Accumulation: The Political Economy of Growth and Crisis*, Cambridge: Cambridge University Press.

[14]McDonough, Terrence, Michael Reich, and David M. Kotz (eds.), *Contemporary Capitalism and Its Crises: Social Structure of Accumulation Theory for the 21ˢᵗ Century*. Cambridge: Cambridge University Press.

[15]Norris, Floyd. 2009. "The Jobs News Gets Worse," *The New York Times*, October 4, p. wk-3 (data from the U. S. Bureau of Labor Statistics via Haver Analytics).

[16]Sweezy, Paul M. 1970. *Theory of Capitalist Development*. New York: Monthly Review Press.

[17]*The New York Times*. 2009. "Adding Up the Government's Bailout Tab," downloaded April 12 from the New York Times website www. nytimes. com.

[18] UNCTAD. 2009. *Trade and Development Report*，United Nations Conference on Trade and Development. New York and Geneva：United Nations.

[19] U. S. Bureau of Economic Analysis. 2010. *National Income and Product Accounts of the United States*. Revision of February 26，2010，downloaded on February 26 from website www. bea. gov.

[20]_____. 2009. *National Income and Product Accounts of the United States*. Revision of November 24，2009，downloaded on November 24 from website www. bea. gov.

[21] U. S. Bureau of Labor Statistics. 2009. Unemployment rate series downloaded on December 5 from www. bls. gov.

[22] U. S. Bureau of the Census. 1960. *Historical Statistics of the United States*：Colonial Times to 1957. Washington, D. C. ：U. S. government Printing Office.

[23] U. S. Federal Reserve System. 2009a. Release H. 15 Selected Interest Rates，downloaded on December 4，2009，website http：//www. federalreserve. gov/.

[24]_____ 2009b. Flow of Funds Accounts, downloaded on March 12 from website http：//www. federalreserve. gov/.

[25] Wolfson, Martin, and David M. Kotz. 2010. "A Reconceptualization of Social Structure of Accumulation Theory," in McDonough, Terrence, Michael Reich, and David M. Kotz (eds.)，*Contemporary Capitalism and its Crises*：*Social Structure of Accumulation Theory for the 21st Century. Cambridge*：Cambridge University Press, 72-90.

（华东政法大学外语学院　童珊译）

次贷危机的历史意义及社会代价：
从日本的经验来看

【日】伊藤诚

内容提要 本文分成三个独立但相互关联的部分,考察了次贷危机的历史意义及社会代价。次贷危机源于 2007 年美国的金融动荡,不久演变成世界范围内的严重经济危机。文章第一部分阐述了次贷危机的具体特点,将其与 80 年代日本经济泡沫及随后于 90 年代发生的危机相对比。另外,劳动力金融化概念也在本章有所论述。第二部分比较了当前危机与 1929 年的经济大萧条,论证为什么这场危机的猛烈程度不如大萧条时期。最后,第三部分从四个方面探讨了危机的社会代价。上述分析揭示了自由主义不干预市场原则的失败,推断出新自由主义时代的终结。

关键词 次贷危机 劳动力金融化 美国房产金融结构 贷款证券化 次贷危机的社会代价

一、次贷危机的具体特征及与日本经济泡沫的比较

任何经济危机的历史意义和具体特征都是由之前的经济繁荣决定的。这场金融次贷危机的根源在于美国房地产泡沫带来的经济繁荣,因此,为了弄清楚为什么这场金融危机对美国和世界经济有着如此巨大的毁灭性,首先有必要考察之前美国房地产的繁荣程度和本质特征。

美国房地产的繁荣始于 1996 年,伴随着新经济的兴盛,延续了大约 10 年。2001 年新经济(或信息技术)泡沫破灭后,房地产成为美国经济复苏和发展的主要支柱。据估计,在这一时期,美国经济增长的 40% 都依赖于房地产行业[①]。

没有房产金融的发展,房地产业的繁荣不可能实现。在美国,住房贷款主要分为优惠级和次级两种,一般次级贷款人的信用等级和还款能力较低。具体来说,次级抵押贷款就是将资金借给那些有还贷拖欠记录,或其 FICO 信用

收稿日期:2010—5—30

作者简介:伊藤诚(Makoto Itoh),(1936—),日本国学院大学经济学教授,东京大学名誉教授,日本学士院院士。在此感谢 Costas Lapavitsas 审阅本文初稿并提出宝贵的修改建议。

① 　Kaneko 和 DeWit 2008, pp. 9.

记录（一种由 Fair Issac 公司开发的信用度测评体系，最高分值为 900 分）在 660 分以下，甚至贷款额度占其收入 50% 的客户。

在过去，银行一般不会向处于次级抵押水平的人群提供住房贷款。但 2001 年之后，美国住房贷款，特别是次级贷款迅猛发展。其结果是刺激房价稳步上涨。到 2006 年，房价水平涨到了 1996 年的 2 倍。2006 年底，美国未偿住房贷款总额达 13 万亿美元（基本上与 GDP 等值）。尤其在 2001 年之后，次贷占总贷款的比例迅速提高。2006 年，新住房贷款额中有 20% 为次级抵押贷款。到 2006 年底，次贷总额达 1.7 万亿美元，占总住房存量的 13%[①]。

通过一些简单的计算我们可以看出次贷的发展规模。典型的次级抵押贷款额为 20 万美元左右[②]。美国大约有 850 万户家庭（或 2 500 万人口）获得了这一贷款。进一步假设住房贷款额度一般为 30 万美元，那么 2006 年底住房贷款总额为 13 万亿美元，出借给 4 330 万户家庭或美国总人口的 43%。比较来看，1993 年（经济泡沫破灭不久）日本未偿住房贷款总额估计为 141 万亿日元（大约占 GDP 的 29%）。假设 1992 年平均房贷额度为 2 740 万日元，则大约有 510 户人家或总人口比例的 12.3% 获得了贷款[③]。在这里，我们可以清楚地看到，不管是从房贷整体来看，还是单从次贷来讲，美国的住房贷款规模都远远超过 80 年代后期处于泡沫经济时期的日本。

日本房产泡沫迅速膨胀，到 20 世纪 90 年代超过了 1 400 万亿日元（股票和房地产价格的下降计算在内），造成重大资本损失。然而，住房市场只是泡沫经济的一个部分。股票市场和房产市场整体的投机热度仍然高涨。在危机出现以前，美国的经济繁荣主要体现在两个不同行业中：第一是 IT 产业泡沫的膨胀，主要表现是 1996～2001 年间纽约证券交易的兴盛；第二是 2000 年后的住房热和住房泡沫的破裂。

进一步将美国与日本对比可以发现，两国的经济泡沫中包含了一个明显的共同特征——很容易筹集大量资金用于投机性交易。这一特征最终导致了泡沫的破灭。在 20 世纪 70 年代经济的长期低迷中，大企业越来越依赖于自我融资。于是，发达国家的银行和其他金融机构可以挪出大量资金灵活地用于工业贷款之外的领域，比如消费信贷、住房贷款、房地产投机性交易和各种有价证券。在这一背景下出台的降低利率的货币政策也起到了推波助澜的作用，进一步推动了房地产和证券市场的投机交易，1985 年日本的"广场协议"和 2001 年后美国出台的货币政策就是实例。

两国经济泡沫的另一共同特征是都利用 IT 技术来促进包括住房贷款在内的投机性金融交易。IT 技术的发展加快了不同利率下还款额度的估算速

---

①　Japan Cabinet Office, Policy Planning Room 2007, pp. 7.
②　Japan Cabinet Office, Policy Planning Room 2007, pp. 7.
③　Itoh 2006, chap. 6, which is also in Dymski and Isenberg eds. 2002.

度,使金融交易更加便捷,银行信用业务更加灵活。尤其在美国,IT 技术被金融行业运用于计算个人信用分数以及筹算在贷款头几年实行"最低利率"的混合型住房贷款,这一新型贷款吸引了大批低收入劳动者。另外,信息技术的加盟还为证券结构化提供了可能。

政治因素或者说政策因素在美国房地产的繁荣中也起到了促进作用,主要体现在两方面:第一,新自由主义政策放宽了对金融交易的限制,使得引进灵活的"最低利率"住房贷款成为可能。第二,1977 年的社会再投资法(该法鼓励银行循环利用当地家庭的部分储蓄)和 1982 年的可选择交易抵押平价法(该法旨在防止住房金融对低收入家庭的歧视)促进了次级住房抵押贷款的发展。这种鼓励次级贷款的新政策将个人金融资金重新调动起来,带来了城市居民新的贷款热。这些金融新业务本身是 19 世纪 60 年代以后人权运动发展的成果,却被金融企业家们横加利用。民主的进步却引发了低收入人群的住房贷款热潮,最终演变成一场灾难。

如果将这些新变化放在资本主义历史发展进程的大背景下看,那么金融系统其实是一种社会机制,主要作用是将社会的闲置资金聚集起来,为资本主义企业的再生产所用。但在 20 世纪以后,劳动工人的积蓄、养老金和保险金被一起纳入这种社会机制。消费信贷的情况也是一样。

传统上消费信贷一般属于典当行、高利贷者(由前资本主义时代遗留下来)和消费信用公司的业务范围。在当代,这些消费信贷机构规模相对较小,属于现代银行金融系统的边缘地带。但是,随着大企业越来越依赖于自我融资,金融机构发现,想要贷款给实体企业变得非常困难。因此,大银行和其他金融机构开始向以劳动工人为代表的低收入阶层提供消费贷款,尤其是住房贷款。就这样,劳动力逐渐被金融化[①]。劳动力金融化的趋势在日本经济泡沫时期已非常明显,最近美国房地产的繁荣更加快了这一进程。银行和相关的房地产机构以房产增值为诱惑,极力劝说工人贷款购房。

需要注意的是,虽然日本经济泡沫的膨胀主要依赖于从占 GNP15% 的国内家庭储蓄中融资,但是,美国的家庭储蓄量极低,美国房地产业的繁荣不是依靠个人储蓄,而主要是通过住房抵押贷款证券化从全球范围内融资。因此,美国住房市场的金融行为与早期的日本银行完全不同,甚至与美国储蓄和贷款协会在 20 世纪 80 年代之前的金融模式也不一样。

20 世纪 80 年代,美国从事抵押信贷的金融企业遵循的是一种"贷款并持有"的经营模式,这与今天的"发起—配售"模式不同。抵押贷款最早源于放贷公司,它们收集不到顾客的储蓄,只能将贷款业务出售,其典型的买家是大型

---

① 这一概念本质上与 Lapavitsas(2009)的观点相似。Lapavitsas 认为,对雇佣工人的金融掠夺是当代资本主义金融化的关键。

商业投资银行旗下的特殊目的机构(SPV)。在获得大量抵押借款后,SPV将其合并成抵押支持债券,再出售给其他金融机构。有时候,银行也会将预算之外的抵押款变卖给SPV。这就是"发起—配售"模式的实质。

美国房地产信贷市场因此分为了两层：第一层包括原始放贷人(以放贷公司为代表)和申请贷款的家庭,第二层包括在全球发行按揭证券的金融机构。新的金融模式将原始放贷人从传统意义上的借贷关系中解放了出来,储蓄不再是贷款的唯一来源,鼓励银行寻找非储蓄资金,促进了贷款业的迅猛发展。同时,这种模式看起来似乎降低了银行的信用风险和利率风险(因为房贷利率固定不变,但储蓄利率可以浮动)。

这就是20世纪90年代中期以后美国房地产贷款市场的运营模式,而该模式在80年代后期住房投机泡沫兴起的日本尚未出现。运营模式的不同很好地解释了为什么美国房产市场的崩溃成为全球金融危机的来源,日本巨大经济泡沫的破灭却只产生了本地效应。在日本,作为贷款持有人的银行遭受损失,主要是因为经济泡沫破灭带来了贷款质量的恶化。美国经济泡沫的破灭影响深远,范围极广,则是因为贷款证券和资产证券价格下滑,损害了金融机构的资产负债平衡,包括投资银行、商业银行、避险基金、保险基金、养老金和证券公司。

同时,这种运营的差异还解释了为什么美国政府要将公共资金用于向金融机构购买贷款证券和其他证券,而日本政府则将公共资金注入到主要银行的股本金上。在美国,政府直到危机加深之后才重新调整对银行的援助计划,直接向银行股本注入资金。

日本与德国的金融体系经常被拿来和美国及英国的金融体系作对比。前者更多地依靠间接融资(或"贷款并持有"信用模式),后者则依赖直接融资(或通过证券市场"贷款并发行"的信用操作模式)。最近几年盛行一种观点,认为英美模式优于日德模式。该观点认为,竞争激烈的证券市场更为透明,与依靠个人关系与私人信息的间接融资相比在分配资金方面更加理性和有效率。今天,美国的贷款证券化模式成功地从全球聚集资金来满足信贷需求,造成房价持续上涨,带来了房地产市场的繁荣。

不幸的是,尽管人们相信贷款证券化可以分散或削减房产贷款(包括次贷)包含的风险,但这一看法并不能得到充分证明。事实上,贷款证券的风险并不是完全透明的。Standard and Poor's 和 Moody's 之类的评级机构的误导性评级使这个市场更加不易看清。2007年6月,次级贷款证券亏损,大型投资银行 Bear Stearns 的两大避险基金形同虚设,根本起不到规避风险的作用。大约在房产泡沫破灭的6个月后,贷款证券所包含的真正风险开始在美国显现,并迅速在全世界范围内蔓延。

2007年,国际金融市场上流通的次级贷款证券大约为7 000亿美元,中级贷款证券为 6 000 亿美元,债务抵押证券为 3 900 亿美元①。2008 年夏,联邦国民抵押协会和联邦住宅贷款抵押公司陷入严重危机,于 9 月份被实质上国有化。美国一半的优质住房贷款由这类企业做担保。由此可以看出,美国整个房产市场的贷款质量在明显恶化。贷款证券正在对全球金融机构进行不可预知的摧毁性打击。世界金融市场进入了雷区,关于巨额亏损和濒临破产的报道随处可见。

　　金融次贷危机的出现证明,那些相信自由市场效率,特别是金融市场效率的自由主义观点站不住脚。它让我们重新思考英美金融体系是否当真优于日德体系。事实上,一旦住房市场的投机泡沫破灭,美国金融体系将灾难带向全世界,引起国内外的剧烈动荡;相反,日本危机则基本局限在本土地区,主要是银行业受到严重影响。另外,欧美政府向金融机构注入公共资金产生的效果可能与日本 20 世纪 90 年代和 2000 年后的政策效果不同——当前这场金融危机可能更难解决。当年的日本在经历了危机之后,经济发展停滞了十几年(1991 年之后几乎零增长),然而,当前的危机则可能引发全球经济更严重更持久的低迷。

二、百年一遇?

　　2007 年 5 月次贷危机开始显现。对于这场危机,国际经合组织(2007)认为,美国经济会因此下滑,世界经济将经历一段时间的低迷,不过,这只是一种"平缓"的调整,最终欧洲将从美国手里接过经济发展的指挥棒,并将其称为"危机分解局面"。这一预测无疑是建立在对过去投机泡沫的认识上,例如 20世纪 90 年代日本泡沫的破灭,1997～1998 年的亚洲金融风暴,2001 年美国新经济的崩溃。的确,当年的这些事件影响有限,多发生在本地,甚至之后还在世界其他地方出现了经济繁荣的景象。

　　然而,这一局面在今天不可能重演,因为金融次贷危机的具体特征决定了当前危机不可能局限于本地。目前,次贷危机正在演变成一场邪恶的世界经济危机,曾经在世界各地连续出现的"泡沫—危机—泡沫"循环模式已被打破。随着金融次贷危机的摧毁力量越来越明显,联邦储备局前主席 Allan Greenspan 为其取名为世纪"海啸"。日本首相 Taro Aso 赞同 Greenspan 的说法,声称世界正处于百年一遇的金融危机当中。这些论断似乎告诉我们,当前这场世界经济危机真正意味着什么。

　　由此看来,不可避免的出现了一个疑问:当前危机的摧毁力会强于 1929年的大萧条吗?简单来说,1929 年危机爆发于美国经济繁荣的结束时期。3

---

　　① 债务抵押证券是由贷款证券和其他消费贷款如汽车贷款支持的证券。

年半后,危机进一步加深,导致股票价格下降大约 90%,9 000 家银行破产,失业率上涨 25%,GDP 下滑 46%①。尾随其后是严重的通货紧缩,世界性农业危机,金本位货币制度垮台,贸易集团的出现引起的国际贸易缩水,以及世界经济的普遍恶化。那么,当前这场金融危机会引发程度相似或者更严重的经济灾难吗?随着"雷曼事件"(2008 年 9 月雷曼兄弟控股公司宣告破产)之后股票价格的急剧下跌,担心和恐惧开始在国际金融商业圈内蔓延。

经济大灾难再度发生的可能不容忽视。灾难本身可以说是资本主义经济内部矛盾在当代的一种体现。但是对于危机严重程度的问题还是应该谨慎对待。过去 20 年间曾出现过几次金融危机,比较严重的有 20 世纪 80 年代日本经济泡沫的破灭,1997~1997 年亚洲金融风暴以及新经济的崩溃。这些危机都造成大量金融资本的流失,资本损失与 GDP 的比率不低于 1929 年的大萧条。但是,直到本文写作的今天,我们都没有看到因金融危机和实体经济下滑造成的经济彻底崩溃现象。与 1929 年相比,历史条件已经发生了变化,我们必须以一种符合时宜的视角来审查当前的金融危机。文本认为,以下四个方面的原因使得当前危机的影响不如 1929 危机深远。

第一,1929 年危机爆发后,当时实行的金本位货币制度规定了固定汇率,迫使各国增加黄金储备,这就限制了财政和货币政策的灵活性。随后,贸易集团的形成加速了世界贸易的萎缩。而在当代,浮动的汇率使各国不必再大量储备用于国际支付的货币,这就为财政和货币政策的灵活操作提供了空间,政府可以像 20 世纪 90 年代后期的日本那样,将大量公共资金用于援救银行和其他金融机构。

毫无疑问,公共资金注入金融机构,可以降低世界经济彻底崩溃的危险,这一举措与美国紧急财政货币政策相结合时效果更加明显。但从另一方面来看,日本的经验告诉我们,这些政策的实施将在几年内增加财政赤字,加重公共债务,导致经济的持续低迷,而填补巨额赤字只能通过大借外债来实现,从而增加了美元的贬值幅度。由此看来,美国政府有必要寻求国际间政治合作,以避免美元的垮台,并创立新的国际货币秩序。

第二,在 1929 年危机中,主要国家的垄断资本为了维持垄断价格和利润,大量削减生产和雇用劳动力。这种典型的垄断资本主义行为在当时造成宏观经济的进一步恶化。但在今天的历史条件下,垄断并不明显。即使是企业巨头也必须在全球竞争压力下运作,很难在国内市场上维持垄断价格和垄断利润。美国汽车行业三大巨头面临的困境就是证明。所以在今天,大企业削减生产和雇佣劳动的情况很可能不如 1929 年严重,而且这种做法不再是造成消费需求锐减的原因,而是其结果。另外,正如前文所述,大型跨国公司越来越

---

① Takumi(1994,1998)对 1929 年大萧条进行了详尽的分析。

依赖于自我融资,所以,它们的商业活动可能不会直接受到金融危机信贷缩水的严重影响,但极度依赖银行信贷的中小型企业可能会在这场危机中遭受重创。

第三,尽管金融危机对实体经济雇佣劳动和工资水平的影响正在加深,但程度不如 1929 年严重。虽然人们对未来越来越担忧,但是,个人积蓄、保险、养老金和包括失业补贴在内的社会福利可以在一定程度上支撑工人的消费。同时,失业率上升,劳动时间和工资的减少有助于资本主义企业降低成本,应对危机。

第四,在全球化的时代,发展中国家的经济(如中国和其他亚洲经济)正在蓬勃发展。它们的成功依赖于廉价的劳动力,并得到海外跨国公司直接投资的支持。通过贸易、投资和金融服务等手段转移发展中国家的经济顺差可以直接或间接地缓和主要发达国家的经济危机。比如,进口廉价消费品。虽然这种举措在一定程度上会造成工人工资水平降低,但它可以帮助工人劳动者渡过经济危机带来的生存困难[①]。反过来说,这对于中国和其他亚洲发展中国家来说也是难得的机会。另外,当前石油价格正处于高位阶段,石油收入的积累及在国际金融市场上的流通有助于缓解这场金融危机。

今天,这四大因素共同作用,减缓了金融次贷危机,使其猛烈程度不及 1929 年的大萧条。但是,不应该将这些因素看成是绝对性和永久性的,因为我们并不清楚它们到底在多大程度上能够抵制住当代金融自我毁灭的内在趋势。一般来说,危机的剧烈程度更多是由实体经济与金融的相互作用和相互损害程度来决定的。经济危机带给企业和国家的巨大压力很可能会转移到工人群众身上,至少会造成世界范围内的贫富差距进一步拉大,穷人数量急剧增加。

三、社会代价

从 20 世纪 80 年代开始,新自由主义一直是发达资本主义国家的主导政策。它鼓励新古典主义微观经济,相信没有国家干预的竞争市场,促进了公有企业的私人化,解除了包括金融行业在内的多个领域的管制。在全球范围内,这种以证券市场为基础的美国金融模式被纷纷效仿。很明显,当前的金融次贷危机并不是源于地震或战争之类的外部冲击,而是来自于美国金融系统自身的弊端。

这场危机无疑证明了崇尚自由市场效率和美国金融模式的自由主义观点是站不住脚的。在这里,我们将经济危机造成的多方面损失定义为金融次贷

---

① 　由此来看,依赖学派(包括 Emmanuel 1972)的不平等交易理论值得我们进一步研究。

危机的社会代价。普遍来说，社会代价这一概念包含多种现象，比如，给第三方或整个社会带来的外部效应，因没能实现最优分配造成的宏观经济损失，以及由公共政策带来的损失。尽管当前金融危机的社会总代价尚不能完全确定，但是鉴于早期日本经济泡沫的经验，我们可以确定下面四个方面的损失。

第一，抵押债务人的经济损失。截至到 2008 年，美国已经发生了 200 多万起丧失抵押品赎回权的事件。对于那些将住房抵押出去的债务人来说，已支付的还款和花在家居耐用品上的费用全部作废，其中打击最大的是申请次级贷款的低收入人群。优级贷款债务人也遭受了损失。随着房价下跌，住房的市场价格低于抵押的债务，因此债务人只得抽取自有资金来偿还债务。

20 世纪 90 年代日本经济泡沫破灭之后，大都市的房价下降了一半多。从债务人的观点来看，继续按照之前的房价偿还贷款并不公平，其中一部分实际是无偿支付。而在美国，房价的下滑速度甚至比 1929 年时还快，并有望超越当年 26% 的降幅[1]。假设美国房贷总额与 GDP 大致相当，债务人几年内无偿支付的还款金额可达到当前 GDP 的 1/3。即使不考虑抵押品赎回权的丧失，这也是一笔巨大的社会损失。

第二，世界范围内各种有价证券价格的下滑也带来了严重的资本损失，如贷款证券，资产证券，股票等。日本经济泡沫破灭后，股票价格降低带来的资本总损失估计为 500 万亿日元，基本与 90 年代中期日本的 GDP 相当，而这还不包括房地产价格变动带来的资金损失[2]。目前，我们尚无法确定证券价格下滑带来的资本总损失与 GDP 的比率，但有一点可以肯定，那就是资本损失的绝对值将是 20 世纪 90 年代日本总损失的若干倍。

那么，由证券、股票和房地产价格下滑引发的资本损失到底意味着什么呢，尤其从劳动价值理论的立场来看待的话？之前在经济繁荣期积累的资本一定程度上可以抵消这种损失，但并不能保证两者达到平衡。从另一方面来看，经济泡沫破灭引发的证券价格下滑对于劳动者个人、企业和社会整体来讲都是纯损失。诚然，只要资产未真正变卖出手，还存在挽回损失的可能性，但这是建立在资产价值回升的假设上的。不过，如果通过变卖证券使资金损失成为了现实，那么购入贬值证券的一方还是有可能从中获益。但无论如何，最终结果很可能是负值，因为这是一场非零和博弈。总的来说，了解资本损失到底带来多大的社会效应仍然是一个棘手的理论性问题。

根据马克思主义价值论，年社会总产品所包含的活劳动是新创造出来的价值的实质。新价值在资产阶级（包括土地所有者和租赁者）和雇佣工人中分配，其中一部分有可能因为难以在市场上实现而流失（指的是商品无法卖出或

①　Kaneko and DeWit 2008, pp. 22.

②　Itoh 2006, chap. 6, which is also in Dymski and Isenberg eds. 2002.

者卖出价格低于正常价格)。但是,社会资本的损失并不一定就是未能实现的价值,也就是说,资本总损失很可能大得多。

这种损失可能意味着,第一,过去劳动积累的部分价值流失;第二,收入流量的重新分配。这让我们想起机器有形/无形损耗,但又并不相同(机器有形/无形损耗指的是当某一行业中效率更高的机器成为了社会标准,那么在原机器上花费的劳动时间就是一种损失)。在经济危机中,这种损失可能以证券、股票或房产价格的贬值来实现(在马克思理论中叫作虚拟资本的贬值),其结果是直接或间接地改变年收入流量的分配,流量总和也有可能减少。

即使暂不考虑资本损失对收入和收入分配的影响,证券价格的下滑也无疑会给银行和其他金融机构造成损失。在 Basle II 条例对资本充足率的规定下(由国际结算银行 2004 年引入金融行业),现值会计值体系已经成为全球银行的标准。该标准与证券化的金融市场相适应,有利于对金融公司和其他商业公司的股票价格进行估算,旨在为证券股票市场的风险性操纵提供一个更为透明的环境(这可以算作是在世界范围内推行美国金融模式的另一实例)。但是,Basle II 条例对资本充足率的规定使给银行增加了负担,因为随着危机造成的资金损失增加,维持资本充足率变得越来越困难,结果是进一步加剧了金融次贷危机。

早在 20 世纪 90 年代,Basle I 条例对资本充足率的规定已经让日本银行吃尽苦头。条例规定,银行必须维持不低于 8% 的资金充足率,从而限制了银行向中小企业贷款的能力,延长了危机。总的来说,Basle I 和 Basle II 不但无法阻止经济泡沫的破灭,还加剧了随后发生的银行业危机。

另外,必须指出,当代银行和其他金融机构(包括机构投资人)经营的不仅仅是资本主义企业与富有阶层的资本,还包括广大劳动人民的个人储蓄、养老金和社会保险。由于这些资金的很大一部分被用于投资股票和其他证券,因此,金融机构的资本损失及其他相关损失很可能会严重影响劳动人民。正因为如此,将公共资金用于援救金融系统并不会引起劳动人民的强烈反对。

第三种社会损失是用于援救银行和其他金融机构的公共资金。举例来说,布什政府于 2008 年 10 月初通过金融稳定法,允许将 7 000 亿美元投入金融系统。这一金额与日本在 20 世纪 90 年代向银行注入的 70 万亿日元大致相当。在日本,公共资金主要以股本形式进入银行,使其符合 Basle I 的条例规定。另外还可以作为补助金补贴给银行,目的是将破产银行重组,使其国有化,危机渡过后再重新回归私有,例如,日本长期信贷银行重组为新生银行,债务信用银行转变为清空银行。不过有时候,在银行完成重组和合并后,公共资金将退还给国家。但综合计算,仍然有大约 10 万亿日元的公共资金流失,这可以算作纯粹的社会损失。在美国,公共资金主要用于从银行购买问题证券。由于这些证券正急速贬值,很可能美国的一大部分公共资金都会因此而流失。

　　金融稳定法承诺的资金并不是美国政府和联邦储备局在当前危机中支出的全部公共资金。一份报告指出，美国决定将 7.7 万亿美元用于解冻证券市场[1]。其中 3.2 万亿美元已经支付给金融机构，另外由联邦储备局承诺的 2.4 万亿美元将投入商业票据市场。在这场危机中，美国承诺的公共救助资金总额约占美国 GDP 的一半，是伊拉克战争和阿富汗战争费用的 9 倍。这些资金中很大一部分可能会因为债务拖欠或证券价格下滑而流失，损失直接转移到了纳税人身上（这就是为什么奥巴马政府要向银行和其他金融机构另外征收费用的原因）。

　　同样，为了防止全球金融危机的进一步恶化，英国和其他欧盟国家也以国际合作的名义承诺将公共资金用于救助金融机构，几家银行和其他金融机构被国有化或由国家控制经营管理。这些举措完全与新自由主义理论背道而驰，与传统的凯恩斯学说也有不同，实际上更接近于社会主义的经济运作方法。

　　第四，金融次贷危机对实体经济带来的负面影响造成了社会损失：企业收入和利润减少，产量萎缩，普遍存在闲置资源和闲置生产力的现象。虽然难于估计具体的损失，但无疑实际损失重大。事实上，主要国家的经济增长率在 2009 年都有所下降，基本上为负值。经济合作与发展组织的经济整体增长率从 2008 年的 1.4％ 降为 2009 年的 −3.5％；美国从 1.4％ 降为 −2.5％；日本从 0.5％ 降到 −5.3％；欧盟从 1.1％ 降到 −4.0％[2]。对于个人和社会整体来说，经济增长率下降带来的另一后果是失业率的持续上升。随着实体经济越来越不景气，失业率将会进一步上升。2010 年 1 月，国际劳动组织宣布，在全世界范围内，失业人数从 2007 年的 1.97 亿上升到 2009 年的 2.12 亿，2010 年还将维持这一高失业率趋势[3]。

　　总的来说，金融次贷危机清楚地揭示了新自由主义的历史局限，它告诉我们，有必要结束这种主导了 30 年的经济思想。从这场危机中可以看出，资本主义经济从本质上就存在着矛盾和不稳定性，因此不能将危机的发生仅仅归咎于不恰当的运作管理和错误的经济政策上。无论是日本的间接融资模式，还是美国的直接融资，都无法阻止经济泡沫的膨胀和破裂。在新自由主义盛行时期，资本主义经济不再受社会的干预和制约，这在金融领域尤其明显。劳动力的金融化在不受监控的环境中迅猛发展。今天的金融次贷危机正是新自由主义放任金融资本恶性发展带来的灾难性后果。

　　当前危机证明，新自由主义理论和政策很值得怀疑。但是，现在还不清楚究竟什么样的经济指导理论能够替代新自由主义。凯恩斯主义不应该是唯一

---

[1]　Pittman and Ivery 2008.

[2]　OECD 2009，No. 86.

[3]　ILO bureau report, in The Financial Express, 2nd February 2010.

的选择。建立在马克思货币、信贷和金融理论之上的激进政治经济学说应该利用这次的危机来实践自己的观点和建议①。用不同于资本主义主流学说的经济体制来替代新自由主义,更好地为劳动人民的利益服务。

<h2 style="text-align:center">参考文献</h2>

[1] Blundell - Wignall, A. 2007, 'Structured Products: Implications for Financial Markets', in *Financial Market Trends*, No. 93, Vol. 2007/2.

[2] Dymski, Garry and D. Isenberg eds. 2002, *Seeking Shelter on the Pacific*, NY. Armonk: M. E. Sharpe.

[3] Emmanuel, Arghiri 1972, *Unequal Exchange*, transl. by B. Pearce, New York: Monthly Review Press.

[4] IMF 2007, 2008, *Global Financial Stability Report*, September, October.

[5] Imura, Kiyoko 2008, '[What the Sub-Prime Problem Shows]', in [*Economy*], June.

[6] Itoh, Makoto and Costas Lapavitsas 1999, *Political Economy of Money and Finance*, Houndmills: Macmillan, New York: St. Martin's.

[7] Itoh, Makoto 2000, *The Japanese Economy Reconsidered*, Houndmills: Palgrave.

[8] Itoh, Makoto 2006, [*Capitalism in the Era of Disillusionment*], Tokyo: Otsuki-shobo.

[9] Japan Cabinet Office, Policy Planning Room 2007, '[The Background and the Influence of the Sub-prime Housing Loan Problem]', in [*Tide in the World Economy*], Fall.

[10] Kaneko, Masaru and Andrew DeWit 2008, [*The World Financial Crisis*], Tokyo: Iwanami-shoten.

[11] Lapavitsas, Costas 2009, 'Financialised Capitalism: Crisis and Financial Exploitation', in *Historical Materialism*, vo. 17, no. 2. 2009.

[12] Mizuho Research Institute 2007, [*The Sub - prime Financial Crisis*], Tokyo: Nihonkeizai-shibunsha.

[13] OECD(2007, 2008, 2009), *Economic Outlook*, No. 80. 82, 84, 86.

[14] Pittman, Mark and Bob Ivry 2008, 'U. S. Pledges Top $7. 7 Trillion to Ease Frozen Credit', on a website financial information *Bloomsberg. com*, Nov. 24.

[15] Takumi, Mitsuhiko 1994, [*The World Great Crisis*], Tokyo: Ochanomizu-shobo.

[16] Takumi, Mitsuhiko 1998, [*The Great Crash Type of Depression*], Tokyo: Koudansha. Walsh, Lynn 2008, 'A Global Shock to the System', in *Socialism Today* 115, January.

[17] 'Bear Stearns bail-out', in: Socialism *Today*, 117, April.

(华东政法大学外语学院　童珊译)

---

① Some of these ideas were put forth in Itoh and Lapavitsas 1999.

一些经济理论对资本主义经济危机的
观点以及其对越南的启示

【越】范文德　　陈传峰

最近发生的世界经济危机被普遍认为是自 20 世纪 30 年代以来最严重的经济衰退以及对世界经济稳定的一次最严重的冲击。此危机让人们重新总体去审视了资本主义的本质以及其合理性尤其是资本主义市场经济机制。作为一种建立在经济自由主义之上的意识形态的新自由主义受到了严重的挑战。人们在问这样的问题：资本主义的真正本质是什么,资本主义全球化的计划是否现实以及资本主义是否是可持续发展的唯一体制模型。为了在本论文中解决这些问题,我们需要分析一下新自由主义,凯恩斯,马克思在经济理论中对于资本主义经济危机所提出的观点以及这些理论提出的解决方法。我们也会为越南的社会主义市场经济的发展提出一些方法上的建议。

一、新自由主义,凯恩斯,马克思对于资本
主义经济危机的观点

我们知道新自由主义是与经济自由主义密切相关的一种思想学派。基于经济学的新古典主义理论,新自由主义者认为要实施最小化政府作用而最大化私人企业作用的经济政策。因此,政府活动将被市场力量代替,为的是给个体以更多的自由去追求自我利益并且所有由自由市场所调节的收入分配都是正常公平的。新自由经济理念可追溯到哈耶克和米塞斯的理论,他们认为社会应该是以"自发秩序"为特征的,而这"自发秩序"又是公民在法律和传统的框架下追求个体目的的情况下出现的。根据新自由主义所提出的不受拘束的自由市场的原理推理,所有经济危机与失败包括高经济通货膨胀率,低经济增长率,经济停滞都是由于政府对于市场的过度干预造成的。因为市场可以达到自我调节,所有对于市场效率的偏离都可归于外部原因：最终的泡沫经济与其他破坏是政府或其他不健全造成的而不是市场本身。因此在 20 世纪 80 年代,美国政府和英国政府对于那些如反税,取消管制的新自由主义运动以及其

收稿日期:2010—5—30

作者简介:范文德(Pham Van Duc),越南社会科学院哲学学院教授。

陈传峰(Tran Tuan Phong),越南社会科学院哲学学院研究生。

他减少政府对市场干预的保守措施给予了很大的支持。所有实施的政策与措施都是为了给私人市场在经济中提供最大的自由与空间。就如起最小作用或守夜人的作用,政府的职责就是保证合同的实施以及保护产权的分配。其他的就要留给 R. 里根所称的市场的神奇力量。哈耶克把市场称为是"一场游戏","一场有规则并由卓越的技巧,力量和好运决定的比赛"。根据哈耶克的理论,游戏就是资源分配的唯一合适决定者。

新自由主义者试图去证明经济危机和市场经济失效的原因是外部的或是政府的干预或其他非市场因素造成的,而凯恩斯认为危机的原因在资本主义自由市场机制本身。凯恩斯认为虽然资本主义的经济包含了那些可以恢复充分就业的因素,但是这些因素有时太微弱而且不能总是及时应对市场中发生的变化。而且,私营部门的决定有时会导致低效的宏观经济结果。结果,以市场为基础的经济就会长期需求量不足,使成千上万的人遭受可避免的失业与痛苦。在过去几十年里,新自由主义的盛行传统认为任何想采用财政政策去管理经济并减弱衰退都注定要失败。因此,从某种程度上来说,凯恩斯的政策是这种传统的逆转。因为强调政府在经济中的作用,凯恩斯支持混合经济。在混合经济中政府可以通过货币与财政政策来控制总需求比如总消费量,投资量,政府支出,这样就能控制经济危机时的就业水平。凯恩斯指出政府在如下方面发挥重要作用:为遭受私人需求坍塌的经济提供直接动力,拯救私人财政系统使其免于遭受坍塌以及为整个资本主义体系设计一个规管制度。

尽管凯恩斯主义者批评新自由主义,凯恩斯仍然是资本主义自由市场体制的忠实支持者:"没有必要去反对那样的经典分析如对于私人是采取何种方式去决定该生产何种产品,生产要素是以何种比例组合来进行生产的以及最终产品的价值是如何分配于他们中间的。"凯恩斯认为一旦财政政策措施能实现充分就业,市场机制就可以自由运行。因此,凯恩斯继续说道,"除了运用中央控制来调节消费倾向与投资引诱外,没有必要比以前更社会化经济生活了。"

新自由主义和凯恩斯都认为经济危机与商业循环有关,而不是与长期因素有关,因此,经济危机应该是暂时的,跟随其后的就是经济复苏与经济增长。马克思坚信周期性危机是资本主义的固有特征。在其资本主义生产模式的研究中,马克思主要考虑的是找出并了解其固有矛盾,而这些固有矛盾是历史危机的源泉并最终将推翻并建立一个更加人性与理性的生产体制。

资本主义是一个永远会有危机的政治制度。因为资本主义包含了由于劳资之间不可解决的矛盾导致的劳动过程的不断变化与生产关系的不断变革。换句话说,资本主义本质是不可持续发展的。资本家所关心的就是利润。资本主义体制的特征就像 E. M. 伍德所说的"为利润牺牲人与自然"。资本本质上是可以自我膨胀的价值并被不断趋向追求更高程度的积累和更多无止境的利润。如马克思所写的"资本是一种无限无止境并不断突破其限制的驱动力。每个界限都是也必须是其一种障碍,否则它将不会成为具有自我再生产能力的资本了。如果资本不把某种界限看成是一种障碍,而是把其看作是界限,甘愿受其限制,它就会从交换价值降为使用价值……资本是一种可以创造更多资本的持续运动。"①

这样的话,任何不根除价值生产根基而想控制资本的努力最终都会适得其反。只要价值和剩余价值存在,资本将会进行自我扩张。任何为其设置的外部界限,不管是国家干预还是调控,都能并将最终被突破。因此,资本主义可以被看作是一种自我破坏的体制:通过过度的对自然和劳动者的剥削来追求利润,而正是其所依赖的资源与人最终将给其带来致命的结果。

因此,我们可以看出,马克思与凯恩斯对于危机概念的方法与运用是完全不同的。凯恩斯试图严格守在经济领域内并且把它从那些原来目的是保存它而现在不需要它的秩序中脱离出来,而马克思认为经济危机是社会危机这一大危机的一部分。马克思认为,资本主义的基本矛盾就是社会生产的不断扩大与资本主义私有制之间的矛盾。如果不根除生产方式私有制这一枷锁,人类社会就不会得到发展。

二、经济危机与其给越南的一些启示

全球经济危机给越南经济发展带来了严重的冲击。然而,在政府的及时干预下,越南能够减少危机所带来的负面影响并能恢复其经济。通过对危机的应对,我们尝试找出能够使市场经济与社会主义结合的最佳方法以达到无危机与可持续发展。

在发展社会主义市场经济时,我们越南人意识到开放竞争的市场的力量。但是,我们也试图避免最近使全球金融体制异常的极端资本主义与无节制的贪婪。社会主义市场经济的发展目标就是创造一种私人与公众,利润与工资,市场与国家之间的平衡与和谐。

我们充分认识到马克思的经济理论无论是在理论上还是在方法上都是有价值的。在现代全球化的背景下,马克思的理论在经济思想中起到基础与指导作用。我们必须要做的就是重新审视与进一步发展马克思的思想并且有鉴别力的获得其他传统与思想学派的精华,为给越南的发展提供一个可行的理论。

我们懂得经济循环是市场经济的固有特征。因此,我们在越南所发展的社会主义市场经济也会受这样的一个规则的影响。因此,在全球化与不断扩

① 马克思恩格斯全集[M]. 第 4 卷. 北京:人民出版社,1965,297.

张的世界一体化的背景下,越南应该提高其储备能力并随时有效应对各种危机情形并最小化经济循环所带来的负面影响。在整个政治体制与人民的支持下,所有的都可以得到解决。应对危机的体验表明坚持社会主义制度优越性的重要性:共产党的领导显示出合理的政策指导方针,政府在其政策不断实施中的作用,国家经济部门在维持整体经济的稳定的作用以及大家共同为越南发展这一共同事业给予支持,做贡献。

(上海财经大学马克思主义研究院　丁晓钦译)

大衰退之后的资本主义:新型渐进发展模式议程

【韩】金亨基

一、简　介

2008 年全球经济危机即大衰退表明,新自由主义和金融主导的积累体制因其严重的波动性和不平等而具有不可持续性。尽管世界经济在史无前例的金融激励措施的帮助下正从危机中复兴,但经济恢复仍然显得脆弱且不完整。一些经济学家如鲁比尼(Roubini,2009)和费尔德斯坦(Feldstein,2009)预言,双浸衰退将迟早降临美国这个大衰退的发源地。无论怎样,2008 年全球经济危机不可能是资本主义瓦解前的“总危机”或最后一次危机。

处于危机之中的每个国家都试图利用运行机制改革,尤其是金融体制改革来重建资本主义经济。人们已达成共识,具有金融主导的积累体制的自由市场经济应该由新型的调控体系来控制。但我们不能期待大衰退之后资本主义的终结。20 世纪 30 年代的大萧条是通过新政政策和第二次世界大战来克服的,而 2008 年的大衰退正在政府广泛的干预市场,包括新政政策的情况下得到恢复(UNEP 2008a)。

这次,我们看到了 20 世纪 80 年代以来金融主导的积累体制的崩溃和新自由主义的告终。我们能看到的不是资本主义的瓦解,而是资本主义某一特殊发展模式的失败。大衰退后将出现一种新型发展模式。这一新模式既非自发出现,也不是预先规定的。将出现什么类型的模式很大程度上依赖政府和人民选择什么样的机构。如果我们不期望在不久的将来资本主义瓦解,那么能选择的其中一项现实的解决方案是,建立一个具有超越资本主义的新经济体制远见卓识的、更人性化和更民主的发展模式。

本论文提出了大衰退之后的一种新型渐进发展模式。首先,有人认为大

收稿日期:2010—5—30

作者简介:金亨基(Hyungkee Kim),韩国庆北国立大学(Kyungpook National University)教授。

① 在美国,危机前,企业总利润中金融部门的份额达到 24%,20 世纪 80 年代上升了 25%(ILO 2009)。

衰退就是以金融为主导的积累体制的崩溃。接着,本文详细说明一种新型渐进发展模式,最后,讨论新型主要渐进发展模式的议程。

二、大衰退:金融主导的积累体制

大致于 20 世纪 80 年代,在美国以典型形式出现的金融主导的积累体制被定义为一种积累体制。该体制中,首先金融资本支配经济整体;其次,股东价值最大化是公司的行为规则;最后,基于金融收入的消费是宏观经济流程的主要因素。金融主导的积累体制通过四个步骤登场:金融化、证券化、金融自由化和金融全球化——切斯内斯(Chesnais,1997)、博耶(Boyer,2000)。

金融化意指三项指标的提高:家庭或企业资产中金融资产的比例,家庭收入中金融收入的比例和企业利润中金融部门利润的比例①。证券化是一种把非流动资产转变为证券的金融技术。金融自由化指减少对金融市场的调控,如减少对利率和短期资本国际运动及取消投资银行与商业银行的分离等的调控。金融全球化指以短期资本国际自由运动为基础的全球金融市场的出现。

自 20 世纪 80 年代早期出现的这四个步骤——金融化、证券化、金融自由化和金融全球化——成了 2008 全球金融危机的根本原因。金融化减少了真实经济的发展空间。迅速而较好的金融利润日益增加的压力对非金融部门的工资和就业不稳定性造成了消极影响(ILO 2009)。2003～2007 年明显增长并导致银行体系内部风险集中的证券化,是这场危机的直接成因。金融全球化造成了不稳定性的增加和收入的不平等(ILO 2008)。

全球金融市场最具影响力的因素是机构投资者,如养老基金、共同基金和对冲基金。机构投资者作为大股东迫使公司采取商业策略使股息①和股东价值最大化,在股东只有对企业管理的决定权,公司优先考虑股东利益的股东资本主义情况下尤为如此。为使股东价值最大化,公司尝试着实现允许公司撤销效率低下的组织及解雇冗余员工的劳动力市场灵活性。

因此,金融主导的积累体制下,公司具有追求短期可获利性和灵活性的行为规则。如果短期主义在管理中盛行,那么工业关系便变得不稳定,因而,我们将不能期待工厂中的技术构成和社会资本的积累。因此,就不能获得通过提高生产力而增加的长期效率。所以,增长潜力在金融主导的积累体制下将会下降。因为股东价值的第一位和对股东以员工为代价获取利益的偏见,金融主导的积累体制具有加剧不平等的内在趋势②。实际上,例如 20 世纪 90

---

① 作为美国总利润的百分比的股息,从 1946～1979 年的 22.8% 翻了一番,到 1980～2008 年到达 46.3%(ILO 2009)。

② 对于五大金融化程度最高的国家来讲,工资份额 1989～2005 年下降了 3.6%,而对于金融化程度最低的国家来讲,工资份额下降了 2%(ILO 2009)。

年代的美国，虽然总裁的工资暴涨，而真正工资却停滞不前。因此收入不平等急剧增加。

金融主导的积累体制的宏观经济流程与福特主义积累体制有很大不同。福特主义积累体制中维持着"规模生产—高生产力—高工资—大众消费"的流程。高工资产生的高消费是维持积累体制良性循环的核心变量。因此，保持高工资是体制的根本之举。此外，保障准充分就业和高工资的劳动力市场的稳定性是该体制的必要条件。

相比之下，金融主导的积累体制中，具有内在波动性的股票价格和汇率是宏观经济中的核心变量。金融主导的积累体制的不稳定性来自这些金融市场变量的波动性。是基于金融收入的消费—利息，股息和股票价格收入—而非工资和薪水维持着金融主导的积累体制的宏观经济流程。

机构投资者的投资行为和个体投资者的从众行为产生的金融泡沫决定性地造成了金融主导的积累体制波动不定。金融泡沫的形成和爆破而产生的繁荣—萧条周期带来了该体制的周期性金融危机。金融危机的主要形式是信贷危机或信贷恐慌。伴随信贷危机而来的信贷匮乏致使公司破产。金融危机便转变为真实经济的危机，生产显著下降，失业急剧上升。

2008 年美国的金融危机是典型的金融恐慌，其主要的促发因素是资产价格尤其是房价的繁荣和萧条（美国政府，2010）。2008 年全球经济危机表明，金融主导的积累体制并非可持续性的，经济危机产生于金融主导的积累体制的崩溃。正如博耶争论的那样，金融主导的积累体制不可持续，是因为它可能造成社会政治危机。由金融主导的积累体制产生的金融危机造成了美国布什政府的社会政治危机，这是从共和党到民主党权力转移的主要原因之一。奥巴马政府试图改革金融体制以建立强大的金融市场调控。从全球来看，20 国集团（G20）正在谈论创建一种具有对全球金融市场更强大调控的新型金融体制。

2008 年经济危机之后，我们看到了金融自由化和金融全球化的逆向趋势，出现了大规模的金融非全球化（美国政府，2010）。人们会认为这种逆向是一种暂时现象。但是，如果政府和人民在明知调控对经济增长不利的情况下继续决定调控它们，那么金融的自由化和全球化便会永远可逆。几乎所有先进的经济体制中，投资份额所占的经营盈余百分比都有所下降。这意味着，由于利润中日益增长的份额已被用于支付股息，利润中用于真实经济中生产投资的资金便越来越少。因此，如果在通过严格调控金融市场的金融自由化和全球化中存在逆向，那么潜在的经济增长率将随着生产投资的增加而提高。

三、大衰退后的新型渐进发展模式

现在，金融主导的积累体制失败后将出现什么样的积累体制还不能确定。

大量的讨论认为,有必要回归凯恩斯类型的干涉主义。强调 2008 年金融危机后实施嵌入式市场经济的争论再次流行。从保守派方面来讲,仍存在认为自由市场是国内和国际范围内唯一的解决方式的市场原教旨主义。从渐进派方面来讲,有些人认为瑞典、丹麦和芬兰实行的北欧模式是理想的解决方式。

但是,在全球化时代回归福特主义体制已是不可能的了。福特主义体制是全球化时代之前基本的国内体制。生产和市场全球化在国家层面上决定性地破坏了"规模生产和大众消费"的宏观经济流程。即便金融全球化是可逆的,主要指标为贸易自由化和对外直接投资(FDI)的经济全球化也可能不可逆。

新型的积累体制可能超越了福特主义和金融主导的积累体制。它将呈现新的生产力体制和需求体制。它也将拥有一套新的机构来稳定积累体制。按照调控理论,它将具备一种新的调控模式。简言之,人们将能期待大衰退后出现一种新的发展模式。

新型发展模式可能具有渐进和保守两方面。渐进模式将以社会市场经济为基础,而保守模式将以自由市场经济为基础。两种模式都是知识主导的积累体制(KLAR)。由于应对全球变暖必须减少二氧化碳排放,所以绿色经济便是两种模式的共同之处。2008 年金融危机之后,绿色新政或绿色增长以主要国家议程的身份在最先进的经济体制中出现。

知识主导的积累体制是一种积累体制,这一体制中,知识和创新在价值创造,收入分配和经济增长中起主要作用(齐姆,2007)。在知识主导的积累体制中,灵活的高质量生产体系是生产力体制的基础,而高科技商品的多样化消费则是需求体制的核心。如图 1 所示,知识主导的积累体制的良性循环是通过"高质量生产—高增加值—高工资—多样化消费"的关系网完成的。高增加值是由创新、多种经济和含有信息技术的反泰勒主义劳动过程创造的。高增加值是由拥有工作自主性的知识型劳动力的高价值创造能力来保障的。知识主导的积累体制的技术范例集合了信息/生物/绿色技术。这些技术需要劳动过程中具有工作自主性[①]的知识型工人。

机制形式如集体谈判体制、技术支付或知识薪酬支付能把高增加值转换为高工资。有了高工资,知识型工人就能购买各种高科技商品、信息商品和教育/文化服务设施。不像种类较少的耐用品的大众消费,高质量商品和服务的多样化消费使灵活的高质量生产成为可能。高增加值被共用为高工资、高利润和自由时间。高利润能为高水平的知识投资,包括研发(R&D)投资和人力资源开发(HRD)投资提供财政支持。知识投资有助于高质量生产体系必不可少的知识形成和创新。高工资和减少工作时间带来的自由时间的增加给工人提供了通过学习进行自我发展的机会。学习将简单劳动变为知识劳动,

① 工作自主性指,工人在劳动过程中具有概念功能,有权控制自己的工作。

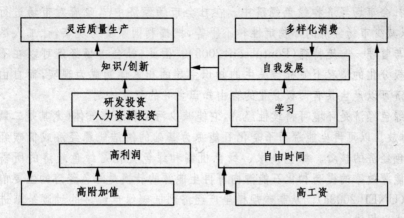

资料来源:齐姆(2007)。

图 1. 知识主导的积累体制的宏观经济流程

一般工人变为知识型工人,并产生知识型劳动和知识型工人。终身学习是技术迅速变化环境下再生知识型劳动不可或缺的。

带有技术偏见的技术变革和公司的知识内在化在知识主导的积累体制中将造成劳动力市场的两极分化。知识型工人的工资比一般工人高。较高收入使知识型工人获取比一般工人更多的知识。因此,知识形成和收入分配之间存在一种积极的反馈机制。

由于知识主导的积累体制要求工人的"高技术—高参与",所以它与利益攸关者资本主义相容,不像与股东资本主义相容的金融主导的积累体制。从这方面来看,知识主导的积累体制具有渐进发展模式的元素。然而,正如金融主导的积累体制,在知识主导的积累体制中,因工人和技术偏见的技术改革之间的知识差距而存在两极分化趋势[1]。另外,由于知识水平和工资水平之间存在积极反馈,这种两极分化趋势更强大。

因此,需要采取减少工人差距的社会连带知识政策(齐姆,2007)。社会连带工资政策目标是减少事后不平等,与此不同,社会连带知识政策旨在减少事前不平等[2]。对知识密集较低的公司的研发投资和对低工资工人的人力资源开发投资是社会连带知识政策所必需的。知识主导的积累体制需要的是以资产为基础的平等主义而非以收入为基础的平等主义。以资产为基础的平等主义是通过增加低工资工人的知识和技术来减少不平等的新途径(鲍尔斯(Bowles)和金蒂斯(Gintis) 1995)。对失业人员和边际群体进行终身教育是必需的。

为使知识主导的积累体制成为 21 世纪的渐进积累体制,需要将这一体制

---

① 因此,失业增长对一般非技术工人具有更大的消极影响。
② 社会连带工资政策是瑞典 LO 追求的平等主义战略,它与规模生产经济有关,该政策下,一般工人是工作团队的主力。而在异构知识工人比例高的知识经济中,它便失去了这种相关性。

嵌入社会市场经济和绿色经济中。在社会市场经济中①,政府对市场进行干预,以减少市场经济的不稳定性和不平等,把福利国家变为现实,让工人尽可能参与管理——庞特森(Pontusson,2005)。因此,社会市场经济可以在不产生两极分化的情况下使社会民主的知识主导的积累体制成为现实,而自由市场经济可以产生具有两极分化的自由知识主导的积累体制。

绿色经济是环境可持续性经济,它能减少污染和温室气体(尤其是二氧化碳)排放。以可再生能源而不是化石能源为基础的清洁能源经济或低碳经济是绿色经济的核心。绿色技术、绿色机制和绿色文化是绿色经济的所需之物。能源效率的提高和化石能源向可再生能源的转换是绿色经济的主要前提条件(UNEP 2008a)。从高碳规模生产经济到低碳绿色经济的过渡是渐进发展模式之根本。

总之,知识主导的积累体制、社会市场经济和绿色经济是新型渐进发展模式的核心元素。这个发展模式包含一个更稳定、更平等且更绿色的经济增长(艾珀斯坦,2009)。这一发展模式既与资本主义相兼容,同时又能作为资本主义之后另一种经济体系的萌芽。

四、新渐进发展模式议程

上面提出的新型渐进发展模式可以通过能减少体系危险和两极分化的机构和政策来建立。经济安全网、社会安全网、自下而上的经济和劳动力市场的灵活保障应该包括在新渐进发展模式的议程中。

首先,经济安全网是减少全球经济波动性产生的体系危险的所需条件。经济安全网包括金融安全网和就业安全网。金融安全网旨在保护国民经济免于遭受灾难性的金融危机。引入调控短期资本国际运动的托宾(Tobin)税可以作为主要的金融安全网。加强短期外债和金融衍生工具的调控是另一张重要的金融安全网。不论怎样,通过这些金融安全网,金融市场将被嵌入政府和其他社会机构以使他们更有效地运作,满足社会需要(艾珀斯坦,2009)。

金融调控必须在全球范围内取得协调。这就需要全球协调的财政扩展。货币基金组织(IMF)和世界银行应该放弃新自由理念中的高条件性和自由资本流动性方式,应该提倡另一种使发展中国家获得更多政策自主性和更多资源来增强国内需求与能力的新途径。

正如艾珀斯坦(2009)争论的那样,国际经济结构改革应该涵盖以下议程:发展中国家在全球经济管理中日益重要的作用,通过新自由政策工具扩展发

---

① (Pontusson)把市场经济分为社会市场经济和自由市场经济。霍尔(Hall)和索斯凯斯(Soskice,2001)把市场经济分为协调的市场经济和自由市场经济。庞特森的社会市场经济相当于霍尔和索斯凯斯的协调的市场经济。

展中国家的政策空间,通过鼓励美国之外的国家重新把它们的经济从出口定位在国内需求之上来减少对美国这一最后圣地的全球购买者的依赖。另外,需要创建新的布雷顿森林体系来建立调控国家资本流动的新的国际金融结构。

就业安全网指能够提高动态就业稳定性和维持工资的机构。对解雇工人具有法律约束力的就业保护立法,为失业人员提供职业培训的积极劳动力市场政策,减少工作时间带来的工作分担,创办为失业人员和贫困人口提供工作的社会企业,为维护就业稳定性在雇主和工会之间签订的协议等都是就业安全网很好的例子。从规模生产经济到绿色经济的大转变时期,需要建立能把碳密集高的部门的现有职业转换到碳密集低的部门的就业安全网。

经济安全网是经济的先前稳定器。不用说,作为事后稳定器,为市场上失业和弱势群体建立的社会安全网应该得到加强。全民基本收入制度作为全民福利制度能够有助于提高贫困者的生活质量,改进贫困者的生产力。经济安全网应该置于国民经济体系之上,而社会安全网则应置于国民经济体系之下。事前经济安全网和事后社会安全网应该合并起来以在全球化时代获得可持续增长。可持续的全球化需要经济安全网和社会安全网。

取得经济增长可能有两种相反的策略。其中一种是自上而下的经济,另一种是自下而上的经济。自上而下经济的逻辑是减税和减少对富有的大公司的调控将会鼓励他们消费和投资,因而对经济增长具有积极影响。自上而下的经济期待涓流效应,即经济增长的成果从顶部富有的大公司转向底部贫困的小公司。自上而下的经济以保守的经济理念为基础。

自下而上经济即一种渐进经济理念的逻辑,批判自下而上的经济或经济政策的自上而下途径。在全球经济范围内,投资并不是涓流而下。它们流向这个星球上任何一个富人能获取最高收益的地方(瑞奇,2007)。没有涓流效应,自上而下的经济便会导致像布什政府时期显示的更重的不平等和两极分化。而自下而上的经济认为,有必要对贫困群体和小公司进行广泛投资以取得可持续且共同的增长。对底部的投资提高了工人和小公司的生产力。

自下而上的经济基于一种主张,即工人的生产力是经济增长的驱动力(塔尔博特,2008)。如果工人的高生产力转变为高工资,那么国内市场将会扩大,因为工资增加会引起消费的增加。高生产力创造高利润,因而吸引更高的投资。因此,工人的高生产力带来高度的经济增长。而且,在全球化时代,其他条件不变的情况下,资本将流向工人生产力高的国家。因此,对人民或工人的投资,如对教育和职业培训的人力资源发展投资便是根本之举。对健康和儿童保育的社会支出也同样重要。

经济政策自下而上的处理途径要求严格调控金融市场。没有金融市场的稳定,就无法实现劳动力市场的保障。没有劳动力市场的保障,便无法期待提高工人生产力的技术的形成。不对能阻止金融危机的的金融市场进行强有力的调控,只能激起投机,而不能鼓励生产投资。

就业的动态稳定性需要劳动力市场的灵活保障[1]。灵活保障指动态经济中劳动力市场的灵活性与工人的就业保障相结合。正如丹麦进行的实践那样,劳动力市场的灵活性是通过由灵活的劳动力市场,慷慨的社会保障体系和积极的劳动力市场政策构成的所谓的"金三角"来实现的(维尔瑟根和托斯,2004)。低就业保护,高就业保护和失业人员职业培训的高支出是灵活保障政策的核心。

具有迅速技术更新的知识主导的金融体制需要灵活的劳动力市场。工人的保障是知识主导的积累体制可持续的必须之物。知识主导的积累体制将是可持续的,因此必须把灵活保障建于该体制之中。灵活保障是第三种方式,因为它超越了社团主义或社会民主模式中的严格(安全)的劳动力市场和新自由模式中的灵活(不安全)劳动力市场。

五、结　论

2008 年全球经济危机即大衰退使现行的金融主导的积累体制崩溃,并预示着新自由主义的终结。将出现什么样的新发展模式尚不能确定。资本主义目前正处于历史的交叉口,社会将来的方向主要取决于人民的政治选择。如今,已出现了一种社会共识,即金融主导的积累体制、自由市场经济和股东资本主义是不可持续的。现在,普遍的观点认为,资本主义若要成为可持续,就必须调控金融市场并控制极端自由的市场经济。这种社会共识为新型渐进发展模式创造了有利氛围。

本论文强调了一种新型渐进发展模式的主要议程。新的渐进发展模式的核心可能是知识主导的积累体制。知识主导的积累体制的本质和宏观经济流程予以了详细说明。人们认为,如果知识主导的积累体制要作为渐进发展模式的经济基础,就必须将其置于社会市场经济和绿色经济中。本文强调的是社会市场经济和绿色经济是新型渐进发展模式的根本元素。本文提出了新型渐进发展模式的主要议程,经济安全网,社会安全网,自下而上的经济和劳动力市场的灵活保障。

最后,重要的是如何实现这一议程。应该组成该渐进发展模式的联盟。一般来讲,一种新的发展模式是通过资本家、工人阶级和国家的伟大妥协而出现的。

---

① 知识型经济中,技术变更迅速,人们并不能轻易地期望获得终身职业的就业静态稳定性。获得终身就业而非终身职业的就业动态稳定性才是现实的政策。

极简主义而非极繁主义是实现这一新渐进发展模式的现实策略。任何发展模式都具有自己的左、右形式。如果一个发展模式想支配一切，它就应该包括左、右两种形式（利佩兹，1992）。上面提出的新型渐进发展模式可以作为引导资本主义之后新的经济体系的踏脚石。

参考文献

[1]Bowles, Samuel and Gintis, Herbert(1995), "Productivity-Enhancing Egalitarian Policies", *International Labor Review*, Vol. 134.

[2]Boyer, Robert(2000), "Is a Finance-led Growth Regime a Viable Alternative to Fordism? A Preliminary Analysis", *Economy and Society*, Vol. 29, No. 1.

[3]Chesnais, Francois(1997), "L'emergence d'un regime d'accumulation a dominante financiere", *La Pensee*, 309.

[4]Epstein, Gerald(2009), "Obama's Economic Policy: Achievements, Problems and Prospects", *Revue de la regulation*, No. 5, 2009.

[5]Feldstein, Martin(2009), "An Interview on Bloomberg Television", July 21, 2009.

[6]Hall, Peter and David Soskice(2001), Varieties of Capitalism, New York: Oxford University Press.

[7]ILO(2008), World of Work Report 2008: Income Inequalities in the Age of Financial Globalization, ILO.

[8]ILO(2009), World of Work Report 2009: The Global Jobs Crisis and Beyond, ILO.

[9]Kim, Hyungkee(2007), "The Knowledge-Led Accumulation Regime: A Theory of Contemporary Capitalism", Institute for Research on Labor and Employment, Working Paper Series 158-07, University of California, Berkeley.

[10]Lipietz, Alain(1992), Towards a New Economic Order: Postfordism, Ecology and Democracy, London: Polity Press.

[11]Pontusson, Jonas(2005), Inequality and Prosperity: Social Europe vs. Liberal America, A Century Foundation Book, Ithaca and London: Cornell University Press.

[12]Reich, Robert(2007), "Trickle down or Bottom Up", Robert Reich's Blog, November 7, 2007.

[13]Roubini, Nouriel(2009), "The Risk of a Double-Dip Recession Is Rising", *Financial Times*, August 23, 2009.

[14]Soros, George(2009), The Crash of 2008 And What It Means, : New York: PublicAffairs.

[15]Talbott, John(2008), Obamanomics: How Bottom-Up Economic Prosperity Will Replace Trickle-Down Economics, Seven Stories Press.

[16]UNEP(2008a), "A Global Green New Deal", Report Prepared for Economics and Trade Branch, Division of Technology, Industry and Economics, United Nations Environment Programme.

[17]UNEP(2008b), Green Jobs: Towards decent work in a sustainable, Low-carbon

World, United Nations Environmental Programme.

[18]U. S. Government(2010), Economic Report of the President, 2010.

[19]Wilthagen, T. and F. Tros(2004), "The Concept of Flexibility": A New Approach to Regulating Employment and Labour Markets, *Tran-European Review of Labour and? Research* 10(2), 166-187.

（华东政法大学外语学院　童珊译）

巴西经济与国际危机:马克思理论对通过跨国公司国际战略取得资本积中和积聚的阐释

【巴】亚历桑德拉·奥利维拉

简　介

　　跨国公司(TNCs)形成资本集中和积聚,并引发全球经济危机。本文分析了马克思理论对这一国际战略的阐释。对外直接投资(FDI)是再现这一国际战略较好的经济指标。此外,根据《联合国贸易与发展会议(UNCTAD)世界投资报告》(WIR2009),2008 年对外直接投资(FDI)全球流动量下滑了11%,从 2007 年的 1.9 亿美元下滑到 1.7 亿美元。联合国贸易和发展会议所调查的约 85%的跨国公司某种程度上受到此次危机的影响,或缩减国际贸易和金融流动量,或降低跨国公司的生产及服务需求。但是,我们必须明白,生产和金融业中几个公司的资本集中和积聚是资本主义经济体制中出现生产过剩的关键原因。尽管上述现象显得消极,但国际经济对发展中国家仍具有较为重要的作用。以巴西为例,该国在最大对外直接投资国的银行业获得四个位置,2008 年收入 45 亿美元。从这种意义上讲,本文内容如下:第一部分描述《联合国贸易与发展会议(UNCTAD)世界投资报告》(2009)中的全球流动量及马克思经济学对国际资本、公司集中与积聚的理论阐释;第二部分讲述目的地区对外国直接投资流的分配,并分析世界最重要对外直接投资国的主要特征;第三部分讲述巴西,尤其处于当前位置的巴西国外直接投资流入及巴西的主要产业;第四部分分析了巴西外国直接投资的流入行为,聚焦于巴西农业综合产业及其他最近几年海外投资的目标行业;第五部分为结论,关注对外直接投资对巴西经济发展的作用。

　　然而,由于受国际经济危机的影响,2008 年实现的对外直接投资下滑了13.5%,从 2007 年的 1 979 亿美元下滑到 1 697 亿美元。联合国贸易和发展会议所调查的约 85%的跨国公司某种程度上受到此次危机的影响,或缩减国际贸易,降低这些公司的生产需求,或实现全球信贷紧缩,导致了执行业务或投

收稿日期:2010—5—30

作者简介:亚历桑德拉·奥利维拉(Alexandre Oliveira),巴西圣保罗天主教大学经济学家。

资的资金短缺。2008 年对外直接投资的下滑因兼并与收购(M&A)急剧下降而加剧,2008 年与前一年相比,下滑了 35%。

尽管 2008 年对外直接投资下滑了,但我们要注意到,世界上有 8.2 万家公司在外国设有约 81 万家分公司。2008 年这些子公司占世界出口的 33%,或约 19 990 亿美元。这些公司是全球领军雇主,约雇用全世界的 7 700 万人。

另一个重要的观察结果是,虽然对外直接投资全球流动量下滑,但对发展中国家国家的对外直接投资却从 2007 年的 529.3 亿美元增加到 2008 年的 620.7 亿美元,增长了 17%。2008 年发展中国家经济占据对外直接投资流入量的 37%。

巴西在发展中国家排名前四位,吸收更多国外直接投资,2008 年对外直接投资流入量达到 45.1 亿美元。

这些投资对增强巴西经济,改善基础设施和提高国家生产能力具有重要意义。

第一部分陈述《联合国贸易与发展会议(UNCTAD)世界投资报告》(2009)中的对外直接投资全球流动量,及马克思经济学对国际资本/公司的集中/积聚的理论阐述。

一、对外直接投资全球流动量及马克思经济学对国际资本、公司的集中与积聚的理论阐述

据《联合国贸易与发展会议(UNCTAD)世界投资报告》WIR2009(表 1),从全球来看,公司实现的对外直接投资记录着,从 2007 年的 1 979 亿美元下滑到 2008 年的 1 697 亿美元,下滑了 14.2%。

尽管存在全球金融危机对国际比较中信贷紧缩的严重影响,发达经济国内生产总值的下滑,此外,国际贸易的急剧下降,即从 2007 年的 271 000 亿美元下滑到 2008 年的 240 000 亿美元,但根据《世界贸易组织》(WTO)的数据来看,2008 年对外直接投资全球流动量仍高于 2006 年记录的水平,表明国际跨国公司这一趋势仍在全世界持续着。这些结果显示了资本的高度集中和积聚及资本主义积累过程的耗竭,我们将于下一子部分论述。

有人指出,对外直接投资流动量的急剧下滑主要是由投入兼并与收购(M&A)营运的流动量下滑了 34.7% 引起的,即从 2007 年的 1 031 亿美元下滑到 2008 年的 673 亿美元。从世界对外直接投资存量来看,该研究表明,与 2007 年相比,2008 年增加了 4.8%,达到了 14 909 亿美元(表 1)。

表 1　　　　　　　　　　　**跨国公司：所选指标**

指　标	2007	2008	变化率(2008/2007)
FDI 存量(美元 10 亿元)	15.660	14.909	-4,8
FDI 流入量(美元 10 亿元)	1.979	1.697	-14,2
子公司销售额(美元 10 亿元)	31.764	30.311	-4,6
并购金额(美元 10 亿元)	1.031	673	-34,7
出口额 (美元 10 亿元)	17.321	19.990	15,4
员工数(千人)	80.396	77.386	-3,7

资料来源：UNCTAD / Sobeet-Elaboration：Alexandre Oliveira.

　　致使兼并与收购营运下降的一些因素中的主要消极因素：(1)对收入的投资流下降和(2)公司内部贷款及公司之间所有权的收回。出自兼并和收购的私人股本基金的对外直接投资流从 2007 年的 470 亿美元下滑到 2008 年的 291 亿美元。

　　然而，主权财富基金(SWF)增加了对外投资，2008 年，它增加了 16%，达到了 20 亿美元。这有助于缓和国际金融危机的影响。

　　主权财富基金是使用部分国际储备的一些国家采用的金融手段，在危机中作为一部分战略来应对流动性短缺。2007～2008 年流动性危机之前，这种可兑换货币的基金源广为采用，而大多数时间被用作反周期政策。

　　接下来的小部分呈现马克思经济学对国际资本、公司的集中与积聚的理论阐述的某些注释。

　　1. 马克思主义经济学对国际资本、公司的集中与积聚的理论的某些注释

　　资本集中和积聚，及公司国际化都与世界化有关。尽管它们仍然存在，但并不能说这是一种扩展运动，但生产的全球重组可以作为其反面物即包含在兼并和收购中的资本收缩的特征。工厂被完全取代会使部分边缘与中心非工业化。这是一种处于积累和集中的过程中，却试图消除一切阻止积累过程的资本运动，它消除了过程中的资本主义特征(马克思Ⅲ，1980：283)。正是通过把传统的霸权中心的生产结构转移到他们地区和他们的控制之下，使集中的部分非工业化。

　　2. 世界化加剧了集中过程和资本的集中，这导致垄断资本"涌入"边缘国家(卢森堡 1983，斯威齐和巴兰 1987)，使拉丁美洲 20 世纪 50 年代、60 年代工业化，70 年出现亚洲四小龙，现在这个过程正在中国发生。

二、地区间的对外直接投资的全球流动

　　投向发达国家的对外投资下滑了 30%，相比之下，2007 年流入的对外直

接投资量1 358亿美元下滑为 2008 年的 962 亿美元。欧洲为重点,其对外直接投资的流入量下滑约 42% 或 381,3 亿美元。北美洲下滑了 4.9%,没有欧洲的情况明显。

　　发展中国家的地区对外直接投资流入量增加了 17.3%,非洲为重点,增加了 27%,东欧处于过渡时期的国家和苏联加盟共和国增加了 26%,东南亚部分地区增加了 17%,拉丁美洲增加了 13%(表 2)。

表 2　　　　　　　　地区和所选国家:对外直接投资流量(亿美元)

地区/国家	2004	2005	2006	2007 (美元,10 亿)	2008	2008～2007	2008 (%)	2008/2007 (%)
世界	734,9	973,3	146,1	1978,8	1697,4	−281,5	100,0	−14,2
发达国家	414,2	613,1	972,8	1358,6	962,3	−391,4	56,7	−29,2
欧洲	227,7	506,1	631,7	899,6	518,6	−381,3	30,5	−42,4
北美	135,4	130,5	296,9	379,6	360,8	−18,8	21,3	−1,9
发展中国家	290,4	392,3	433,8	529,3	620,7	91,4	36,6	17,3
非洲	22,1	38,2	57,1	69,2	87,6	18,5	5,2	26,7
拉丁美洲	95,1	77,1	93,3	127,5	144,4	16,9	8,5	13,2
阿根廷	4,1	5,3	5,5	6,5	8,9	2,4	0,5	36,8
巴西	18,1	15,1	18,8	34,6	45,1	10,5	2,7	30,2
智利	7,2	7,0	7,3	12,6	16,8	4,2	1,0	33,5
墨西哥	23,7	21,9	19,3	27,3	21,9	−5,3	1,3	−19,5
亚洲	173,2	214,0	283,4	332,7	388,7	56,0	22,9	16,8
土耳其	2,8	10,0	20,2	22,0	18,2	−3,8	1,1	−17,5
中国	60,6	72,4	72,7	83,5	108,3	24,8	6,4	29,7
中国香港	34,0	33,6	45,1	54,4	63,0	8,6	3,7	15,9
韩国	9,0	7,1	4,9	2,6	7,6	5,0	0,4	189,3
印度	5,8	7,6	20,2	25,1	41,6	16,4	2,4	65,4
俄罗斯	15,4	12,9	29,7	55,1	70,3	15,2	4,1	21,7

资料来源:UNCTAD / Sobeet-Elaboration:Alexandre Oliveira.

　　对外直接投资在世界各地区的百分比数据表明,与发展中国家、东欧过渡国家和苏联加盟国家相比,发达国家的对外直接投资流入量相对较少。

　　发展中国家的参与已经减少。20 世纪 70 年代,这些国家参与对外直接投资全球流动的比例是 71%,随着全球化过程和中央经济的重组过程的加剧,它们在 80、90 年代的参与比例跃过 80%;但其参与比例在 2000 年重新下降,2008 年达到了 38 年来最低水平,当时的记录只有 57%。

　　发展中国家却出现了相反的过程。20 世纪 70 年代这些国家的对外直接投资流动的参与比例为 29%,由于外部制约及自由化政策的加强,80~90 年代下滑到不到 20%。这些国家的份额 2000 年才再次增长,2008 年达到最高水平,当时记录的参与比例是 37%(表 3)。

表 3			FDI 流入量中地区参与比(%)			单位:元
地区/国家	1970	1980	1990	2006	2007	2008
世界	100	100	100	100	100	100
发达国家	71,1	86,1	83	66,6	68,7	56,7
欧洲	39,2	39,5	50,4	43,2	45,5	30,5
北美	23,1	42	27	20,3	19,2	21,3
其他发达国家	8,9	4,6	5,6	3	4	4,9
发展中国家	28,9	13,8	16,9	29,7	26,8	36,6
非洲	9,5	0,7	1,4	3,9	3,5	5,2
拉美	12	11,9	4,3	6,4	6,4	8,5
亚太地区	7,4	1,2	11,3	19,4	16,8	22,9
转型经济体	0	0	0	3,7	4,6	6,7

资料来源:UNCTAD/Sobeet-Elaboration:Alexandre Oliveira.

尽管 2008 年金融危机的消极影响,金砖四国(巴西、俄罗斯、印度、中国)的对外直接投资的流入量仍增加了约 40%,其中,中国吸引了最多的投资,高达 108,3 亿美元(+29.7%相对于 2007 年)。金砖四国其他国家的数据记录如下:巴西增加了 45.1 亿美元(+30%),俄罗斯增加了 70.3 亿美元(+27.7%),印度增加了 41.6 亿美元(+64.5%)。

关于对外直接投资积累的存量,巴西成为最国际化的国家,对外直接投资与国内生产总值的比率最高,高达 18%,而俄罗斯、印度及中国 2008 年所记录的比率分别为 13%、10%及 9%。

对外投资与固定资本形成总值(GFCF)之间的关系表明,在大多数国家中,固定资本形成总值的动态性主要发生在国内投资。世界平均值和发达国家及发展中国家的平均值没有超过 12%,且这个平均值可以更高。

2008 年,不同国家的对外直接投资的流入量比固定资本形成总值的国民投资增长地慢。巴西 2008 年的情况刚好相反。巴西达到 15.1%的水平,超过了全球平均值 12.3%及发展中经济 12.6%,这说明,国外投资对巴西生产部门有着越来越重要的作用(表 4)。

表 4　　　　　　地区和所选国家：对外直接投资流入量，如 GFCF 百分值

地区/国家	1970	1980	1990	2000	2006	2007	2009
世界	2,3	2,1	4,3	20	13,4	16	12,3
发达国家	1,9	2,5	4,4	21,4	13,4	17,1	11,4
欧洲	2,6	2,5	6,1	38,5	19,8	23,7	12,7
北美	1,5	3,6	4,9	18,3	10,6	13,5	12,5
发展中经济体	4,6	1,2	4	16	13	13,1	12,8
非洲	7,9	0,4	3,1	9,8	27,3	27	29
拉美	4,4	3,3	4	25,5	14,7	16,7	15,5
阿根廷	1,7	3,6	9,3	22,6	11,1	10,2	11,6
巴西	3,8	3,4	1	30,3	10,5	14,8	15,1
智利	0,7	3,7	8	32	26,1	38,4	41
墨西哥	4	4,2	5,6	14,5	9,1	11,8	8,5
亚洲	2,8	0,2	4,1	13,3	11,4	11	10,7
沙特	1,1		1,4	0,6	29,4	31,8	46,1
土耳其	1,7	0,2	2	1,8	17,1	15,6	12,3
中国	⋯	0,1	3,5	10	6,4	6	6
中国香港	6,7	7,6	16,3	138,9	108,5	130,4	148,8
韩国	2,9	0,1	0,8	5,6	1,8	0,9	2,8
印度	0,5	0,2	0,3	3,4	6,9	6,5	9,6
马来西亚	16,9	12,2	17,9	16	18,6	20,6	18,4
新加坡	15,1	25,9	46,8	58,1	90,2	78,7	43,8
泰国	2,3	2,1	7,5	12,4	16,2	17,1	13,5
俄罗斯	⋯	⋯	⋯	6,2	16,2	20,2	19,5

资料来源：UNCTAD/Sobeet-Elaboration：Alexandre Oliveira.

下一部分集中分析巴西 2007～2008 期间对外直接投资流入量，并显示数据和统计，特别分析了该国目前在吸收对外投资问题上的有利位置。

三、对外直接投资流入量和巴西经济

对于巴西的资本账户和金融，对外直接投资对国外账户的总财政具有重要作用。2008 年，根据记录对外直接投资的流入量达到 45.1 亿美元。

　　这些流入量意味着巴西经济的相对重要性,国际投资商的观念。根据表5所示,尽管经历了国际金融危机,巴西在 2008 年仍排在前四位,在接受较多对外直接投资的经济中占第十位,在发展中国家中占第四位,紧跟中国、俄罗斯和中国香港地区。

表5　　　　　　　**所选国家:最大对外直接投资流入国排名(亿美元)**

排名	2007		2008	
	流入国/地区	美元:10 亿	流入国/地区	美元:10 亿
1	美国	271,2	美国	316,1
2	英国	183,4	法国	117,5
3	法国	158,0	中国	108,3
4	荷兰	118,4	英国	96,9
5	比利时	110,8	俄罗斯	70,3
6	加拿大	108,4	西班牙	65,5
7	中国	83,5	中国香港	63,0
8	德国	56,4	比利时	59,7
9	俄罗斯	55,1	澳大利亚	46,8
10	中国香港	54,4	巴西	45,0
11	瑞士	49,2	加拿大	44,7
12	澳大利亚	44,3	瑞典	43,7
13	意大利	40,2	印度	41,6
14	巴西	34,6	沙特	38,2
15	新加坡	31,6	德国	24,9
16	奥地利	29,6	日本	24,4
17	西班牙	28,2	新加坡	22,7
18	墨西哥	27,3	墨西哥	21,9
19	印度	25,1	尼日利亚	20,3
20	爱尔兰	24,7	土耳其	18,2
平　均		76,7	平　均	64,5

资料来源:UNCTAD/Sobeet-Elaboration:Alexandre Oliveira.

　　使巴西经济产生这些结果的因素是:

　　(1)商品价格：2008 年之前国际经济的增长提高了商品价格[①]，吸引了对该部门的对外直接投资；(2)巴西经济通过两个评价机构取得了投资级别[②]；(3)国内需求的经济增长规模和速度[③]；(4)基础设施、工业和农业的机遇[④]。

　　鉴于这些因素及巴西经济对国外资本的吸引力越来越强，同时考虑到相对稳定的宏观经济(通货膨胀、国外账户、政府账户)。

　　下一部分讲述对外直接投资全球流动对农业综合产业的参与及行为，以及近年来海外投资的目标行业。

四、对外直接投资全球流动对农业综合产业的参与

　　全世界农业综合产业对外直接投资的净存量 1990～2007 期间，平均每年增长 8％，而对外直接投资存量的扩充从 8 亿美元上升到 2007 年的 32 亿美元。从 90 年代以来，农业的每年对外直接投资流动一直低于 1 亿美元；然而，2005～2007 期间，同样的流动每年超过 3 亿美元。

　　根据《联合国贸易与发展会议(UNCTAD)世界投资报告》，25 家商业集中与农业最大公司中有 12 家来自发展中国家，13 家来自发达国家。跨国农业综合产业最大的跨国部门的公司只包括发达国家。

　　在食品加工部门，50 家最大公司中有 39 家来自发达国家。与其他跨国农业综合产业相比，经营食品加工和饮料部门规模最大。9 家最大的公司来自发达国家，每家持有约 20 亿美元的对外资产。它们合起来共占 50 家最大公司对外资产的 2/3。

　　大型企业集团和超市的跨国零售商对有价值的农产品的国际供应有重要意义。该部门的 25 家最大跨国公司中有 22 家来自发达国家。在部门分析中，对外投资对某些农作物如蔗糖、切花和蔬菜更有表达力。

　　2007 年对外直接投资流入量表明，主要部门如食品的集中与积聚形势较劣，而对非洲能通过石油项目进行生物燃料生产的农作物及南美洲的甘蔗的兴趣日益增长。

---

　　① 商品研究局指数(CRB)是国际市场交易的主要商品数的指标。根据这一指数，商品的平均价格从 2002 年 1 月到 2008 年 9 月增长了 150％。
　　② 2008 年 5 月，标准普尔(S&P)继惠誉国际评级之后，把巴西推向投资等级。
　　③ 通过国内需求和有利的国际经济方案，巴西经济 2008 年增长了 5.1％，此信息来自国家地理统计局(IBGE)。
　　④ 根据巴西基础设施和基础工业协会(ABDIB)的一份调查显示，在基础设施的总投资，包括本国人和外国人，从 2007 年的 90 亿美元增加到 2008 年的 106.8 亿美元。

五、结　论

对外直接投资流入量主要受金融危机影响，期间对外直接投资全球流量急剧下滑，尤其在国际兼并和收购（M & A）收缩时期尤为如此。然而，尽管2008年，可能在2009年出现了逆转点，公司国际化的趋势并未发生深刻变化。值得注意的是，大多数国家的固定资本形成总值中IDE仍保持较低份额，投资动态性主要由外来投资产生。

尽管2008年巴西对外直接投资流入量达到15.1%，超过了全球平均量12.3%及发展中国家12.6%，但巴西经济明显地普遍存在对外直接投资的国内投资，这意味着巴西更加重视及国际投资者的观念。甚至在金融危机之前，巴西在2008年仍排在前四位，在接受较多对外直接投资的经济中占第十位，在发展中国家中占第四位，紧跟中国、俄罗斯和中国香港地区。

按照马克思理论方法，世界化加剧了集中过程和资本的集中，这导致垄断资本"涌入"边缘国家（卢森堡1983，斯威齐和巴兰1987），使拉丁美洲20世纪50年代、60年代工业化，70年出现亚洲四小龙，现在这个过程正在中国发生。

此外，呈现了巴西经济的某些重要问题：

（1）巴西将继续吸引全球资本流动日益增长的份额，这不仅是平均它在世界经济中的位置，而且探索盐下油藏，2014将举办的FIFA足球世界杯及2016年举办的奥林匹克运动会都会引起投资商的兴趣。

（2）因此，这种环境下，巴西的挑战将是利用国外投资的潜在贡献来满足如基础设施等的需要，并研制工业领域的新技术如不具备地区生产的半导体等。

（3）巴西经济日益增加的国际资本流入量将要求对管理和汇率政策进行大整顿，以避免本国货币过度升值，这种过度升值会削弱具有较高附加值行业的竞争力，增强对外政策的依赖性。

对外直接投资全球流入量表明，主要部门如食品的集中与积聚形势较劣，而对非洲能通过石油项目进行生物燃料生产的农作物及南美洲的甘蔗的兴趣日益增长。

参考文献

[1]AGLIETTA, Michael0-Regulation y Crisis del Capitalismo. Madrid, Siglo Veintiuno Editores，1979.

[2]HILFERDING, Rudolf-El Capital Financiero. Madrid, Editorial Tecnos，1973.

[3]HIRATUKA, C. , Foreign Direct Investment and Transnational Corporations in Brazil:

recent trends and impacts on economic development. In: Latin American Studies Associaton, 2009, Rio de Janeiro. LASA 2009 congress papers, 2009.

[4]KALECKI, Michal-Teoria da Dinâmica Econômica. São Paulo, Editora Abril Cultural, 1976.

[5]_____ Crescimento e Ciclo das Economias Capitalistas. São Paulo, Editora Hucitec, 1983.

[6]LACERDA, A C. Globalização e Investimento Estrangeiro no Brasil. São Paulo: Editora Saraiva, 2004.

[7]_____. (Org.). Desnacionalização: mitos, riscos e desafios. São Paulo: Editora Contexto, 2000.

[8]LAPLANE, M. F. . Fluxos de Investimento e o Processo de Globalização. In: Alberto do Amaral Júnior e Michelle Ratton Sanchez. (Org.). Regulamentação Internacional dos Investimentos: algumas lições para o Brasil. São Paulo: Edições Aduaneiras Ltda, 2007, v. 1, pp. 27-36.

[9]LENIN, V. I. -"Sobre el Problema de Los Mercados". In: Escritos Económicos (1893-1899). Madrid, Siglo Veintiuno Editores, 1974.

[10]LUXEMBURG, R. (1983) A acumulação de capital. Rio de Janeiro: Zahar.

[11]MANDEL, Ernest-Tratado de Economia Marxista. México, Ediciones Era, 1969.

[12]_____ O Capitalismo Tardio. São Paulo, Editora Abril Cultural, 1982.

[13]MARX, Karl-História Crítica de la Teoria de la Plusvalia. México, Fondo de Cultura Económica, 1963.

[14]_____ Los Fondamentos de La Crítica de La Economia Política. Madrid, Alberto Corazón-Editor, 1972.

[15]_____ El Capital-Crítica de La Economia Política. México, Fondo de Cultura Económica, 1975.

[16]_____ "A Guerra Civil na França", In: Karl Marx e Friedrich Engels-Textos. São Paulo, Edições Sociais, 1975a.

[17]_____ "Crítica ao Programa de Gotha". In: Karl Marx e Friedrich Engels-Textos. São Paulo, Edições Sociais, 1975b.

[18]_____ Para a Crítica da Economia Política. São Paulo, Editora Abril Cultural, 1978.

[19]_____ O Dezoito Brumário de Louis Bonaparte. São Paulo, Editora Moraes, 1987.

[20]_____ "As Lutas de Classe na França de 1848 a 1850". In: Karl Marx, Friedrich Engels-Obras Escolhidas. São Paulo, Editora Alfa-Omega, s. d.

[21]MARX, Karl e ENGELS, Friedrich-A Ideologia Alemã. São Paulo, Editora Martins Fontes, 1989.

[22]_____ Manifesto do Partido Comunista. Petrópolis, Editora Vozes, 1993.

[23]ROSDOLSKY, Roman-Génesis y Estructura de El Capital de Marx. Madrid, Siglo

Veintiuno Editores，1989.

[24]SAWAYA，R.（2006）*Subordinação Consentida*：*capital multinacional no processo de acumulação do Brasil e América Latina*. São Paulo：Annablume.

[25]SCHUMPETER，Joseph A. -A Teoria do Desenvolvimento Econômico. São Paulo，Editora Abril Cultural，1982.

[26]＿＿＿＿＿＿ Capitalismo，Socialismo e Democracia. Rio de Janeiro，Zahar Editores，1984.

[27]SISMONDI，Juan Carlos S. -Noveaux Principes D'Économie Politique ou de la richesse dans ses rapports avec la population. Paris，Edition Jeheber，1951.

[28]＿＿＿＿＿＿ Economia Política. Madrid，Alianza Editorial，Biblioteca de La Ciencia Económica，1969.

[29]SOCIEDADE BRASILEIRA DE ESTUDOS DE EMPRESAS TRANSNACIONAIS E DA GLOBALIZAÇÃO ECONÔMICA（SOBEET），diversos números，São Paulo. Endereço eletrônico：http://www. sobeet. org. br/.

[30]SWEEZY，P. M. E BARAN，P. A.（1978）*Capitalismo Monopolista*. Rio de Janeiro：Zahar.

[31] UNITED NATIONS CONFERENCE ON TRADE AND DEVELOPMENT（UNCTAD）. *World Investment Report*. Nova York e Genebra. Diversos números.

（华东政法大学外语学院　童册译）

21 世纪真正的社会主义：世界 1/4 的人创造了自己的生活

【德】艾克·考普夫

　　从 1844 年马克思和恩格斯经历了从资产阶级民主革命观点到无产阶级的共产主义观点；他们批判所谓的"真社会主义者"的大众习性，从法律、经济学的表达方式总结成一个单独的、简短的标语，配上哲学的表达方式，然后记在脑子里以便在可能的情况下用到。①

　　相反，马克思和恩格斯声明："我们开始的前提，不是随意，不是教条，而是只能从抽象的想象中提取的真正的前提。他们是真正的独立的个体，通过劳动创造生活的物质条件，他们是那些发现已经存在的和通过劳动创造的人。"②

　　这也关系到老的并且同时也会产生新的问题：我们能够重复或者把昨天问题的答案用来回答今天的问题吗？马克思和恩格斯已经对每个问题做出答复：这样是不行的。恩格斯 1847 年发表了关于"真正的社会主义者""他们没有把麻烦带到德国与法国的社会和政治发展水平的比较之中，也没有把麻烦带到实际上在德国存在的依赖于更深的发展的条件的研究之中，他们草率地，没有经过深思熟虑就把他们急速的获得的知识转移到了德国。"③

　　马克思和恩格斯曾经很反对主观愿望和在人类社会发展过程中的主观行为。恩格斯在 1847 年发表的文章中写道："我们不仅深信所有阴谋都是无用的，而且深信是有害的。我们也知道革命不是蓄意的，不是任意的，但却是任何地方和任何时候都是必要的结果，这种境况的结果不是在任何时候都依靠意志或者个别的政党的领导或者整个阶级。但是我们也看到几乎世界各国的无产阶级的发展壮大都被统治阶级所抑制，所以共产主义的对手正在强制地进行着一场革命。结果是，如果被压迫的无产阶级因为这样被迫卷入革命，那

收稿日期：2010—5—30

作者简介：艾克·考普夫（Eike Robert Kopf），（1940—），德国哲学家、经济学家、历史学家和马克思—恩格斯研究者。

①　F. Engels. 诗歌与散文德国社会主义. In：Karl Marx/Frederick Engels：Collected Works (following：MECW). Volume 6. Moscow, London New York. 1976, pp. 255.

②　K. Marx/F. Engels. 德国的意思形态. I. Feuerbach. In：MECW 5；31.

③　F. Engels. 德国的宪法问题. In：MECW 6；76.

么我们将用我们的文字就像我们用行为一样来保卫无产阶级者。[……]民众
的发展不能用法令来安排。它取决于民众居住条件的改善,这样才能逐渐发
展壮大。[……]首先,民众财产的最基本的条件是通过一个民主章程来对无
产阶级的财产所有权解放。[……]在过渡期间。"①

马克思在 1847 年 11 月 11 日写道:"在 17、18 世纪,当发表的观点是废除
封建制度的财产所有关系时,财产所有权的问题是对于资产阶级最重要的问
题。在 19 世纪,当这是个废除资产阶级财产所有关系的问题时,这又是个对
工人阶级至关重要的问题。生产资料所有权的问题,在'我们自己的时代'是
一个具有史无前例意义的问题,然而只在当代资产阶级社会具有意义。这个
社会越发展,换句话说,就是在一个国家资产阶级发展的经济越发达,这个国
家越多的政权呈现资产阶级形象,这个社会问题就会更明显……"②

1847 年 11 月中旬恩格斯写道:"通过它的工业、商业和它的政治体系,资
产阶级已经在拖拉到处较小的,独立的聚居地,这种聚居地由于独立而只为了
自己生活,使他们接触到另外的聚居地,去融合他们的兴趣,去扩大当地人的
范围,去破坏他们当地的习惯,努力和思维方式,替代这些迄今仍相互独立的
聚居地去建立一个有着共同兴趣,风俗和观念的伟大国家。资产阶级已经提
出了重要的中央集权制。无产阶级,远非遭受着这种制度的弊端,因此应该取
得一个位置联合起来,成立一个阶层,在民主政治中取得一个适当的政治观
点,并且最终取得胜利。民主的无产阶级不仅需要资产阶级开创的这种中央
集权制而且还需要把它扩展得更深。"③

马克思和恩格斯经常说社会矛盾或冲突必须通过矛盾的升级来解决。
1847 年底马克思写道:"总的算一下,在当前社会条件下什么是自由贸易? 资
金自由。当你驳斥国家那几条限制资本自由发展的障碍时,你只不过把它完
全自主权了。只要你让工资一劳动力到资本这种关系存在,不管在你完成商
品交换下的情况有多么顺利,总会有一个剥削阶级,一个被剥削阶级。[……]
但是,一般来说,这些日子保护贸易的系统是保守的,而自由贸易系统却是狼
狈的运行。它打破旧的国家,把资产阶级和无产阶级的敌对带到最大限度。
总之,自由贸易系统加速了社会革命。在这种独立的革命意识下,同志们,我
很赞成自由贸易。"④

一周以后,也就是 1848 年欧洲革命的前一个月,恩格斯分析了奥地利真
正的发展形势,写道:"只要工业仍是国内的工业,只要每一个农民家庭或者至
少每一个村子生产自己的工业产品,而不把很多东西投向市场,工业本身仍是

① F. Engels. 共产主义者声明草稿. In: MECW 6; 101/102.
② K. Marx. 道义的批判和批判的道德. In: MECW 6; 322/323.
③ F. Engels. 瑞士的内战. In: MECW 6; 372.
④ K. Marx. 自由贸易问题的演说. Trade. In: MECW 6; 463, 465.

封建的而且能很好地适应奥地利的原始。只要它仍旧只有较少的制造业,乡村产业,内陆国家很少商品可供出口,并且和外国的交易也很少,只有几个区域有工业,并且很容易适应奥地利的情形。如果制造业只是能相对地甚至在英国或法国产生几个较大的资本家,那它只能产出一个谦逊的人数稀少的,在奥地利的偏远地区的中间阶层,即使这只在这里或那里。只要手工劳动者存在,奥地利就是安全的。但是机械被发明了,并且机器毁灭了手工劳动。工业产品的价格下降很快,而且那么低以至于首先是制造业,然后,逐渐的老的封建的国内的工业开始下滑。[……]几乎没有逃过这种影响的。延伸着的山脉把奥地利的君主体制同外面的世界隔离开来,但也在这种效应下倒下了[……]使每个省都有保持分开的民族性和有限的地方生存的花岗岩围墙,不再是一个界限。突然间,规模较大的工业生产的,机器生产的产品,以他们自己的方式,几乎免费运输,进入了这个几乎是遥远的角落的君主国,破坏了较老的手工劳动,削弱了封建制度的原始。省之间的贸易和外界的文明,取得了空前的重要性。多瑙河,流向不发达地区,不再是帝国的主干河流;阿尔卑斯山和波西米亚森林已不再存在,新的主干河流现在流经的里雅斯特流向汉堡、奥斯坦德和勒阿弗尔,远远超越帝国的边疆,通过山脉延伸至遥远的北海海滨和海洋。参与一个国家的大众的正在外面的世界中发生的利益是一件必要的事。当地的野蛮落后开始消失,特定的利益群体在一个地方产生分歧,又在另一个地方合并。国家在一个地方分离又在其他某个地方联合,这样经历过混乱的不同的省份的融合最终就出现了较大的,更清晰的团体,它们有着共同的倾向和利益。"①

在文章的开始,我说过我们不能用过去的答案来解决今天的现实问题。但是,我们可以用马克思和恩格斯的分析和结论作为指导去检测和研究当代的形势和问题。人类存在的问题必须通过国际间的规则的努力来解决。并且我们必须永远牢记马克思在他的《资本论》中所说的:"但是对抗主义的历史发展(不是毁灭—H. K),在给定的内在的生产,是唯一的方式,在这种方式中一种生产方式被废除,另一种新的生产方式被建立。"②"通过使物质条件成熟,和在全社会的生产过程的联合,它[一般化的工厂系统-E. K.]使资本家的生产方式的矛盾和敌对成熟,并且从而准备为颠覆一个旧社会努力,同时形成了组成一个新社会元素。"③"任何事情都能从根本上毁坏他自己的事业。"④

总起来说,从马克思和恩格斯的分析中我们能够学到:一个坚固的政治领导需要一个对经济受制约的需要和社会阶层、特定社会团体的利益进行的唯

---

① F. Engels. 奥地利结束的开始. In: MECW 6; 532/533, 534.
② K. Marx. 资本论, vol, 1. In: MECW 35; 491.
③ Id. ; 504/505.
④ K. Marx. 资本论, vol. 3. In: MECW 37; 420.

物主义的和辩证主义的分析。

就像我自己可以看到在自 1997 年以来,中国的政治领导在这个意义层次上进行。

例如,到 2009 年,这是一年的全球经济危机,中国政府表明:"2008 年是至关重要的,今年是实施十一五规划的开局。它也将是中国的经济发展进入 21 世纪以来最困难的一年。我们在推进改革、维持发展和保持稳定方面面临着艰巨的任务。"

全面分析国际国内形势表明,中国仍然处在一个重要的战略机遇期。机遇与挑战并存,艰辛与希望并存。中国基本的经济和社会的发展和乐观的长期发展趋势都没有改变。我们有充分的信心,就一定能克服任何困难和挑战,我们有条件和能力去这么做。我们的信心和力量有很多来源:从中央领导的科学的判断和正确的把握形势;从制定和实施的应对挑战,促进长期发展的政策和措施;从基础设施的发展,产业结构升级和消费方式改变、环境保护、生态和社会发展过程中的快速工业化、城市化进程所产生的巨大需求;从我们充裕的资本和劳动力资源的支持等因素,健全的运行平稳的金融体系、充满活力的企业和灵活的宏观调控政策;从我们 30 年改革开放创造的物质资料、科技基础和制度环境;从独特的政治和体制优势,使我们能够整合资源来完成大的事业,创建我们想要的稳定的、和谐的社会环境,还有全国上下促进科学发展的积极性和创造性;还从中国人民勤劳努力的建设强大的国家的伟大的中华民族精神中得来。只要我们紧密跟随党的领导和坚决依靠全国各族人民,我们将能克服任何困难,减少全球金融危机造成的不良影响,促进经济和社会的快速发展。

2008 年,为更好地执行政府工作,我们必须高举中国特色社会主义伟大旗帜,以邓小平理论和"三个代表"重要思想为指导,深入贯彻落实科学发展观。经济工作的首要任务是我们要确保经济的稳定快速发展。我们必须加强和改善宏观调控,积极拓展国内市场需求,特别是消费需求、改变发展模式和加快经济结构战略性调整,深化改革和完善我们对外开放的工作。我们需要改善人民生活,增加社会和谐和促进全面发展社会主义经济建设、政治建设、文化建设、社会和生态的发展。

我们已经制定了 2008 年的国民经济和社会发展主要目标:国内生产总值将增长约 8%;经济结构将进一步提高;城市就业将增加超过 900 万;城市登记失业率将降到 4.6% 以下,城乡居民收入将稳步增长;CPI 上涨约 4%;国际收支平衡将继续提升。需要强调的是,为保证 GDP 增长率大约为 8%,我们考虑了当前我们的需要和保持可持续发展的能力。在中国这样一个拥有 13 亿人口的发展中国家,为扩大城乡居民就业,增加城乡居民收入,保持社会稳定而维持一定的经济增长率是必要的。只要我们采取正确的政策,采取适当措施并有效地实施,我们就可以实现这个目标。

为确保 2008 年政府工作的顺利进行,我们的行为必须依靠以下原则:

首先,我们必须扩大内需来支撑经济增长。我们必须坚定不移地把扭转经济增长过程中的下滑趋势作为宏观调控的首要目标,使扩大内需成为刺激经济增长的一个长期的战略原则和基本着眼点。在推动经济增长的过程中,我们将努力增加有效需求,支持薄弱环节,并充分发挥国内需求的主导作用,特别是消费需求。

第二,我们必须调整经济结构,使之提高到一个更高的发展层次。在改变发展模式的过程中,我们将继续关注经济的重组和自主创新。我们将把压力转化为增长的动力,毫不动摇地保护和发展先进生产力,关闭落后的生产设施、废除一体化的生产要素,为发展创造更多空间。我们要平衡我们维持经济增长的努力,调整结构,提高经济效益,提高综合素质,加强国民经济基础产业的进一步发展。

第三,我们必须坚持改革使经济更加旺盛。我们将继续把深化改革开放作为推动科学发展的根本动力。我们需要进一步解放思想,加大改革的主要领域和关键环节,消除嵌在制度与机制中的障碍,促进产生更大的发展创造力。

第四,我们必须优先保障人民健康,促进社会的和谐。我们面临的困难越多,我们就越应该更多地关注保障人民的健康,促进社会的和谐与稳定。我们将继续确保维持和改善人民生活贯穿我国经济工作的始终。我们要实施一个更积极的雇佣政策,努力刺激就业增长率,改善人民生活以确保让全体人民共享改革发展成果。[①]

在对抗国际经济危机中,这个计划是至关重要的。2010 年 3 月 5 日,中国国务院总理温家宝在第十一届全国人民代表大会第三次会议提出,2009 年是新世纪以来中国经济发展最困难的一年。2009 年国际金融危机变得更严重,世界经济严重衰退。中国经济受到严重影响。出口受损。许多公司生存困难,有的就破产了。失业人员的数量增加,许多工人回到自己的农村地区。虽然如此,国内生产总值(GDP)仍是 3 350 万亿元,同比增长 8.7%。政府的收入 6.85 万亿元,同比增长 11.7%。粮食产量连续六年增长,总量达 530.82 万吨,达到中国历史新高。总共 11.02 万城市居民劳动力。城镇居民人均可支配收入达到 17 781 元,比上年增长 9.8%,农村居民人均纯收入达到 5 153 元,比上年增长 8.5%。中华人民共和国拥有财富和健康,以更坚实的步伐走中国特色的社会主义建设道路。

这些成果是在中国共产党领导下的大约 7 600 万成员和政策下实现的,

① 政府工作报告. 发表在 2009 年 3 月 5 日第 11 届全国人民代表大会第二次会议.

最终的目的还是要为人民服务！

就是：

1. 加强和改善经济发展的宏观调控。

2. 积极扩大国内需求，特别是消费需求。

3. 巩固和加强农业基础地位，并不断提高农村经济收入。

4. 加速发展模式的转型和促进经济结构战略性调整。

5. 继续深化改革开放，并进一步提高系统和机制，以科学的态度发展。

6. 大力发展社会事业，保障和提高人民的福祉。

7. 加强政府自我管理，使政府能更好地掌握和处理经济社会发展的全局。

8. 促进各民族团结和共同繁荣发展的政策关系到全国各族人民在中国的根本利益；贯彻"一国两制"的政治政策，努力实现祖国的和平统一。

9. 在外交工作方面，贯彻执行独立自主的和平外交政策。

中华人民共和国为近世界 1/4 的人口建立了一个特色社会主义社会，从这一方面来讲中国也是世界经济发展和世界市场的一个重要的因素。这不是一个想法，一个理想，不，这是一个事实，21 世纪的一个真正的创造社会主义！

结　论

1. 我们不能用过去的答案来解决今天的现实问题。但是我们可以用马克思和恩格斯的分析和结论作为指导去检测和研究当代的形势和问题。人类存在的问题必须通过国际间的规则的努力来解决。

2. 我们必须永远牢记马克思在他的《资本论》中所说的：但是对抗主义的历史发展（不是破坏历史-H. K）内在于已经给定的生产方式，这是仅有的一种能使那种生产方式消融而使新的方式建立的途径。

3. 从马克思和恩格斯那里我们大体知道：一个坚实的政治领导需要一种对在给定的社会中的那些阶层和组织的需要和经济利益进行唯物而辩证的分析。

4. 自从 1997 年以来在中国我自己能看到中国的政治领导就是在这种感觉中运行。

（上海财经大学马克思主义研究院　丁晓钦译）

2008 年金融危机与中国时代将带来的好处

【保】科依克·佩德罗夫

一、导论：如何借鉴历史经验；为什么我们要重新回归凯恩斯主义和马克思主义？

　　2008 年资本主义金融危机使我们马克思主义学者重新思考苏联解体后当代资本主义的特征与矛盾，以及社会主义的特征与矛盾。因此我们应该尽力在苏州国际论坛上给出一个满意的答案。

　　首要问题是与 1929 年的经济大萧条相比，这次算得上是金融大萧条吗？或者是这次的金融危机是资本主义政府与全球垄断资本在苏联解体后为了重新分配并侵吞国家财富所采取的一系列操纵中最恶劣（极端）的一步，而其下一步对已经建立的新的全球资本主义体系进行巩固加强。因此，这是否是索罗斯阶段的"繁荣和破灭"的体现？建立在错误经济基础上的文化会怎么样呢？我们应该相信两家美国的信贷公司——房地美和房利美——就能引起世界范围的金融危机？就能造成欧洲的银行系统"面临信用危机"以及亚洲出口下降和国内需求不足，增长缓慢（具体时间：2008 年 10 月 13 日）。除了强大的全球金融机构如国际货币基金组织、世界银行和欧银等机构的存在，假设美国大多数银行和大公司都能得到联邦储备和其中心结构的保障。那么，为什么最近在美国召开 7 国峰会决定拒绝任何外部力量的干涉？而且在瑞士达沃斯召开的世界经济论坛仅仅是对危机进行了探讨，而将要进行的斗争却留待国家内部解决。然而目前正经历痛苦的资本主义国家恰恰需要的就是"社会主义"疗法以根除或治愈经济危机并防止其在美洲传播。最后要问的是：为什么最近一次 2009 年在美国的匹兹堡召开的 20 国峰会将重点转向了以全球金融体系调整为目的的国际结构（委员）的关注？资本主义性质的社会主义到底是什么样的？

　　这个问题的另一方面是我们是否需要批判性地以当前全球金融危机为基

　　收稿日期：2010—5—30

　　作者简介：科依克·佩德罗夫（Koycho Petrov），澳大利亚悉尼大学研究员，曾为保加利亚索菲亚科学院高级研究员。

础重新评估马克思主义理论并将该理论做进一步发展，或是我们应该欣然接受对劳动与资本经典定义的再现，或是继续落后于西方媒体和文献的脚步？众所周知，从经济危机一开始，资本主义作者、媒体和文献(如：《时代》、《财富》等西方主流政治、经济和文化杂志)都在关注的问题主要包括：重新思考马克思主义，其所选用的副标题也十分令人好奇，如"如果能从资本主义体系中最大的金融危机中发现挽救资本主义的方法，那么对这场金融危机进行深入研究很有价值"。这些学者的真正目的并不是发现这场危机的真正原因和问题所在，也不会接受将马克思主义革命性的解决方法和社会主义作为解决这次危机的激进方案，他们的目的在于将我们重新推到已经倒塌的柏林墙后面，并希望我们在那废墟里待得越久越好。即使现在，教会依然试图夺取对意识形态的领导，正如德国主教莱恩哈德·马克思在他的德文版《资本论》中所推崇的：重新回归最根本的天主教价值观是理清当今混乱经济状况的重要途径。①

　　下面将列举如今代表西方世界内疚意识的一些令人印象深刻的文章标题：

　　《如何修正资本主义》②一文中，世界首富比尔盖茨试图率先找到所谓的"创新资本主义"，但是没能成功，因为资本主义这只狼已经浪费了太多"食物"。

　　《未经改良的资本主义是个死胡同》③；《将华尔街打进监狱》④；《在美国金融危机当中，全球化这个常规原因早有预知》⑤；《危机全球化》⑥；《我们需要一个新的奇迹》⑦；《冰岛：一个变成对冲基金的国家》⑧，等等。

　　另外还有许多类似的出版物包括各类书籍，其主要目的在于揭露 2008 金融危机的原因、特征以及影响。保尔·凯罗尔(Paul Carroll)与查卡·谬(Chunka Mui)在其著作《亿万美元教训》中谈到：那些忘记过去的人必然会重复过去的错误。⑨ 但是尽管他们对过去 25 年最不可原谅的 750 个经济失误做了广泛研究，而其研究仍然停留在表面，除了指责策略上的失误或是列举这些失误以外(如绿树融资公司的家庭贷款的 40% 发放给了中低收入的消费者并因此破产)，并没有对资本主义问题进行本质剖析。他们的分析重点放在了执行管理层的运行机制上，并认为在应对外界金融风暴时，公司内部创新氛围能够帮助应对外部挑战。这就意味着这本书并没有提供多少有借鉴意义的经

①　Time January 20,2009.
②　Time August 11,2008.
③　Time September 29,2008.
④　Fortune January 19,2009.
⑤　Time September 29,2008.
⑥　Time October 20,2008.
⑦　Time December 8,2008;该文探讨全球金融危机给中国经济增长带来的负面效应。
⑧　Fortune December 8,2008.
⑨　Time October 13,2008.

验教训(理论层面上)。如果一直站在反列宁主义和反社会主义的立场上,那么我们便很难从社会大动荡包括目前这场经济危机中吸取教训。相反,我们马克思主义者应该从西方这些出版物中总结"为什么今天的资本主义作者又像 20 世纪 30 年代时那样回归凯恩斯主义和马克思主义? 他们能否回到凯恩斯式马克思主义范式的公共部门和福利状态? 苏联解体摧毁了所有的智力遗产,处于意识形态的原因(国会也以此原因反对布什),是否需要重新建立新的(后苏联时代的)(掠夺性的)全球资本主义体系?

　　阅读了西方对这次危机的分析和评价,在回答这些疑问之前,我们首先应该回答一个基本问题:这次的危机真的是像 1929～1933 年的那场大萧条一样真正的金融危机吗? 或者这是本世纪最大的阴谋? 基于以上原因,我们有必要关注一下哈佛学者尼埃乐·费格森(Niall Ferguson)的一篇文章。他在这篇文章当中谈到了"繁荣终结"的问题,①并与众不同地发现了触发美国金融危机的具体原因是房地美和房利美两家信贷公司的破产。不管有多少人认可他的看法,我们应该十分感谢这位诚实的历史记录者,以及他为避免危机升级所提出的建议。

二、2008 年金融危机与 1929 年经济大萧条 的比较(N. 费格森的对比分析)

　　费格森教授在描述 2008 年经济危机的影响时,提出了"繁荣终结"的疑问。假如我们现在探讨的是资本主义对人民和国家最大的财富掠夺这个问题,那么从资本主义利益角度考虑,他的标题可以改为"繁荣的终结或开始?"。先来回顾一下此次危机的美国序幕:(1)两家信贷公司——房地美和房利美——宣布资不抵债,因此贷款家庭和金融机构被迫减债:这就意味着随着供给超过需求,房产迅速贬值;而后泡沫破灭。(2)投资者纷纷涉足抵押债务债券(CDO)。(3)企业纷纷贷款投资抵押债务债券。(4)随后是按揭破产:雷曼兄弟、AIG、以及华盛顿共同基金与贷款公司因为股价迅速下挫而陷入危机。(5)随后开始的是布什的紧急援助计划:房地美和房利美在破产后有联邦政府收管;给予 AIG7 000 亿美元的紧急援助金。(6)国会反对布什的救援计划,称其是"金融社会主义",因此美国股市大跌。(7)随后,亚洲、欧洲和世界其他地区的银行系统和股市开始了全球范围的危机。

　　下面我们将对上述的学术界对目前金融危机的解析进行分析,而以上也同时代表了媒体的观点。首先本文并不认同费格森所做的 1929 年和 2008 年的历史比较。1929 年的大萧条的确是由股市崩盘和不良(不够集中的)银行和金融体系所触发的。而 1930 年颁布的《史慕特郝雷关税法案》也是造成大萧条的关

---

① Time October 13,2008.

键因素。但是自从罗斯福新政在 20 世纪 30 年代施行,消除了主要资本主义国家发生经济危机的基本前提因素。该政策是对凯恩斯式马克思主义经济学的运用,并通过兴建公共设施和建立福利制度,并伴随着第二次世界大战后全球各种金融组织的成立和发展而建立形成了中央调控和计划。另外如果从 20 世纪 70 年代开始各种经济问题就开始出现,那么这都是玛格丽特·撒切尔和里根的自由市场经济和自由政治的新政所带来的(历史的倒退)。而弗莱德曼主义的主要目的是避开社会主义政治家的注意制造一个陷阱。而随着苏联领导人戈尔巴乔夫的陨落,一个在俄国和东欧建立起来的先进的社会主义文明就这样被摧毁了。

　　因此,在 2008 年美国金融危机问题上,特别是布什的紧急援助计划问题上,只要是上过中学的人都会疑惑:布什,在面临多年经济数据所显示的经济问题和手中的美联储大权,为什么不能挽救濒临倒闭的房地美和房利美? 要知道这可比在危机发生后挽救 AIG 和其他公司要容易得多。为什么布什不是直接援助那些企业而是选择了漫长且高风险的国会之路来走? 费格森教授对这个世纪难题给出了圆满的答案:当房地美和房利美濒临倒闭时,许多人惊奇地发现中国 $\frac{1}{5}$ 的外汇储备是美国国债。中国积累了大量美元债券。如果美国发生经济危机,中国所受的损失将是最大的。[1] 显然布什的紧急援助计划是一个阴谋:中国的损失以千万亿计。美国持有的国外货币太多。而由于中美之间的金融合资十分频繁,他们常称后者为"中美国"。而后美国限制从中国进口,造成了中国 60 000 家工厂关闭,百万工人失业(而中国为避免外部干扰和经济萧条在基础设施领域大力投资)。通过这种方式,美国金融自由化了。而美国接下来要做的是伪装并四处宣传美国支出过多,而中国和印度储蓄太多。另一方面,通过各种无耻的非法手段动摇俄罗斯经济,包括利用乌克兰的非法阴谋组织俄罗斯向欧洲供应天然气。由于以上一系列的操纵,新兴经济力量同时也是美国的最大挑战,中国和俄罗斯的的经济和市场受到撼动,其股票市场目前一年下跌 40%。

三、苏联解体后,美国时代延续至今, 中国时代会带来好处吗?

　　以上对与当前全球经济危机得与失的阐述中存在几个原则性的问题:为什么苏联灾难性地解体了? 苏联解体后,真正的美国时代建立起来了吗? 或者在那之后一直是混乱的,并一直延续到当今的危机? 当前和未来中国作为一个领导性文明国家的定位和作用何在?

---

① Time October 13,2008,pp. 21.

　　众所周知,苏联诞生于 1917 年伟大的十月革命的胜利,苏维埃联盟建立并实现了从资本主义向社会主义的转型,这个成功的社会主义国家在 20 世纪 30 年代资本主义国家饱受最大经济危机之苦时,依然屹立不倒。在其实施社会主义五年计划短短十年后,苏联成功地成长为先进的工业国家(位列第二和第三)。作为最出色的欧洲和俄罗斯历史学家,梁赞诺夫斯基教授(美国加州大学伯克利分校)这样写道:第一个和第二个五年计划带来了前所未有的成功。苏联成为了仅次于美国的伟大的工业国家。① 而所有的成功都应归功于新的社会主义的组织、管理、计划和调控方式(这些也是资本主义的经理们和专家现在一再强调的)。这一套社会主义的做法不仅为社会主义社会打下了经济和文化的良好基础,同样也使资本主义国家走出了大萧条。正如杜阮提(Duranty)所说:社会主义者的伟大使命在于圆满完成从落后的农业工业向机械化集体所有制的转变,从房地产支撑产业向自给工业的现代范围内的转变,从远远落后于西方工业时代的封建主义向走在西方之前的社会主义的转变。②

　　因此,从 20 世纪 30 年代开始,西方资本主义国家通过运用苏联社会主义的组织和管理模式而成功摆脱危机重现开始。1929～1933 年的大萧条彻底结束了建立于 18、19 世纪以私有制为基础,包括垄断经济、自由市场经济和自由政治在内的经济和文化体系。从 20 世纪 30 年代开始,经典资本主义开始进入国家或国家垄断资本主义阶段。资本主义国家效仿社会主义国家的社会主义方式,公有制和福利措施为资本主义的生存和发展开辟了新的道路。罗斯福新政缓解了马克思所发现的经典资本主义经济的基本矛盾,包括生产力中公共特征的增长与私有制和挪用之间的矛盾,以及生产和分配与消费间的矛盾。从 20 世纪 30 年代开始,随着国家资本主义和随后的全球资本主义(第二次世界大战后)的建立,资本家和劳动者间的阶级斗争进入了新的时代,并具有了新的特点。

　　20 世纪 50 年代上半期随着斯大林逝世后赫鲁晓夫(Khrushchev)当政以及赫鲁晓夫主义新政的确立,苏联时代开始走向衰落。赫鲁晓夫草率(毫无根据无知地)地反对斯大林的冒险和改革,使得整个社会主义世界、共产主义和国家运动进入了不可想象的意识形态和政治危机。可以说赫鲁晓夫主义不但改变了苏联时代的面貌,同时也改变了历史的面貌。而这个现象出现的时间(正如梁赞诺夫斯基教授所注意到的)恰恰是共产主义在全世界传播的鼎盛时期。布热津斯基曾说过中国和苏联的矛盾(由赫鲁晓夫引起的)只能与基督教信仰分歧相比较。不幸的是,1964 年赫鲁晓夫下台后,继任的勃列日涅夫(L.

---

① N. V. Riasanovsky A History of Russian, Oxford UniPress 1993, pp. 294.
② N. V. Riasanovsky A History of Russian, Oxford UniPress 1993, pp. 51.

Brezhnev)并没能重新恢复过去社会主义的意识形态和政治价值观。他停止了赫鲁晓夫激进的经济改革,但是并没有停止意识形态领域的改革。正是这些意识形态领域的改革启示了撒切尔和里根在 20 世纪 70 年代收回了社会主义方式和组织,并倒退回了自由市场经济和自由政治的道路,而这又成为了西方国家后来的经济危机的基础。而最后上任的戈尔巴乔夫(Gorbachev)没有认清形势,接受了西方的错误建议,开展了以自由政治为基础的政治改革,主要内容包括私有化和去中心化,并最终导致了令世人震惊的社会主义体系的解体。

从以上的理论分析,我们并不能为美国时代说好话。因为自从 20 世纪30 年代特别是第二次世界大战以后西方的所有成就大部分归功于资本主义外壳下越来越多社会主义成分的运用。或者说,苏联解体过程之后,美国时代只是一个错误的表象。而在这个表象之下,从 1989～1991 年(苏联解体时间)开始,美国的所作所为实际上是勾结协作并继续戈尔巴乔夫克林姆林反革命犯罪和复辟,这就包括布什发动的恐怖主义战争。

这就是为什么上次金融危机发生时,美国现代化的种种迷人之处迅速地从人们头脑中消失了。正如 20 世纪 70 年代撒切尔主义新自由基要主义的"知识教父"之一约翰·格雷(John Gray)在英国《观察家》报中所写道:美国全球霸主的时代已经结束了。而这一观点也得到了许多国家的认同,他们认为美国在经济、政治和文化领域的失败便是不可置疑的证据。甚至埃利奥特(M. Elliott)都以玩笑的口吻说道:纽约和华盛顿居住了许多近代的梭罗(Solon),因此政策制定者也就不需要去哈佛的肯尼迪学院找乐子了。[①] 另外美国应该学习瑞典和中国的经济和社会模式以改善效率,并将最近世界经济论坛上关于中国的讨论铭记在心。他是这样总结的:美国已经不再拥有 1945 年(以第二次世界大战后著名的马歇尔计划和布雷顿森林体系为基础)时那样在现代化上的垄断地位。如今所有自由主义的政治家都在失势,比如日本的小池百合子(Yuriko Koike)希望成为未来日本首相,但是其政治主张却生错了年代。[②]

而中国时代这个问题却全然不同。由于 20 世纪 50 年代赫鲁晓夫的反华政策,毛泽东在建设社会主义的经济层面上试图加速从社会主义向共产主义转变的过程。毛泽东时代的伟大之处依旧在其意识形态领域——中国的共产主义者谴责了赫鲁晓夫的背叛以及勃列日涅夫的调和行为,指出中国的共产主义者从未脱离马克思主义的轨道。因此邓小平在 20 世纪七八十年代重新提倡市场经济,实际上就是重复列宁在俄国革命后的新经济政策。而从那时

---

① Time October 13,2008,pp. 32.
② Time October 13,2008,pp. 32.

起,中国经济就开始迅速增长。同时我们不该忘记如果 1989 年中国共产党没能成功地解决危机,那么也可能落入戈尔巴乔夫的地狱。

因此今天中国的问题就是——在 20 世纪 90 年代苏联解体之后,特别是 2008 年美国金融危机之后——要从资本主义的错误年代中吸取深刻教训。因此考虑到后苏联时代中国所取得的成就和面对的挑战,现在正是中国结束邓小平列宁式的以资本主义手段(列宁所称的新经济政策)建设社会主义制度的时候,并开始以社会主义手段(更加有效的社会主义方式)建设社会主义,以在全球范围内建立社会主义的主导地位,恰如 20 世纪二三十年代苏联所发生的变化。只有到那个时候,才能称之为中国时代。只有到那个时候,我们才能像杜阮提所所描述的一样,完成伟大的现代化程度最高的社会主义变革,并超越资本主义工业时代,将危急中的资本主义国家带入全球社会主义的时代。我们目前正处在历史的十字路口,要么中国在未来成为世界领导,带动和保护社会主义国家的发展,并开展反对资本主义的运动,最终建立起全球社会主义体系;要么失掉这个机会,那么 21 世纪的后 50 年全球将形成寡头政治体系独霸的局面。那这并不是一个新的世纪了,而只是最坏的历史重现。

显然,中国的政策制定者不应该仅仅只学习马克思主义(暂且不论温家宝总理在瑞士达沃斯世界经济论坛上的学习亚当·斯密的建议),还应该学习资本主义的做法和观点。《财富》杂志的编辑问比尔·鲍威尔(Bill Powell):中国是否正在衰退?鲍威尔是这样回答的:“随着出口量下降,失业率上升,中国必须要寻求复苏之路。但是中国长时间保持快速经济发展,且各方面表现十分乐观——但是还须面对严酷的事实,现在到了咬紧牙关,渡过难关的时候了:显然中国对于全球危机已经没有了免疫力。”①问题是,为什么一个社会主义国家对邪恶的资本主义经济危机没有免疫力呢?从逻辑上可以这样回答:中国经济的出口项与资本主义经济或是外国直接投资联系过于紧密,特别是与美国市场,或是(前面提到的)纽约和华盛顿的当代梭罗的联系过于紧密,以致难以脱身。这就意味着一旦资本主义市场动乱或是出于政治原因所引起的危机,中国就毫无抵抗力。另一方面,如果说目前中国经济状况相对平稳,那么这主要归功于其包括银行系统在内的国有企业的领导地位。中国政府经常通过在国家基础设施建设方面的投资以及购买外国矿产、石油等其他重要能源公司(俄罗斯、巴西和澳大利亚等)的股份来抵抗资本主义经济危机的影响。②

因此,抵御资本主义典型经济危机影响最有效的方式是走社会主义正道。相反,社会主义国家金融和银行领域任何自由主义的改革,将不仅仅是随着意

---

① Fortune 16,2009,pp. 64.
② Time March 16,2009.

识形态和政治的衰落而放宽管理,而是一个苦涩的讽刺,要知道现在许多资本主义国家都在讨论国有化和中央调控,而这些从 20 世纪 30 年代开始到未来都不仅仅是一个过渡手段而是一个进步。要保证社会主义理论和实践上的领导地位,存在着落后于资本主义意识形态的风险,要知道资本主义早就滥用了社会主义的价值观。

四、苏联解体后全球资本主义的主要矛盾是什么?

各种证据表明资本主义为了避免或消除当前金融危机的影响,被迫向采取"社会主义"靠拢,采取了临时性的社会主义调控手段。而最近的证据(一开始就提到的)就是 G20 峰会成立的国际委员会,以调控全球金融体系为目的。如果是这样的话,那么,全球资本主义在苏联解体后将会快速且大范围地进入最后一个阶段。从这点上,让我们来考虑资本主义的主要矛盾及其解决方案。资本主义媒体中存在滥用和错用马克思主义的现象。似乎它们希望通过对资本主义最大对手的研究来挽救资本主义体系。甚至在德国最近出版了一本《资本论》,作者是一个教会领导,该书连续数周蝉联畅销榜。在《重新思考马克思》一书中,皮特刚贝尔(Peter Gumbel)以《共产党宣言当》中的引文开头:现代资本主义社会及其生产关系、交换关系和财产关系,生产出庞大的生产资料和交换资料;就像一个魔法师无法控制他的咒语变换出来的世界。[①] 而目前的金融危机便是最终证据。

显然,资本主义的传统问题又再次出现在当前的金融危机中:现在如何解决巨大的(公共)生产力和财富(私有制)的矛盾(马克思和恩格斯发现的)。与 20 世纪 30 年代及 20 世纪下半叶的经济危机不同,目前的金融危机中出现了一条罕见的鸿沟横亘在资本主义政治和文化体系中间,并被称之为"绝望"。托尼·布莱尔(Tony Blair),这位后苏联时代著名的新劳动政治家,将这种绝望描述为"政策真空"。他说道:问专家该怎么做,最诚实的回答便是"我不知道"。这意味着目前的金融危机揭露了当今资本主义体系中存在的有趣的政治和文化真空,比如说,这种真空不仅反映在政党中,也反映在各种国际会议,如 G7、G20 和世界经济论坛上。

在这个意义上,让我们以 2008 年金融危机为基础重新思考马克思主义,以及托尼·布莱尔和其他资本主义政治家、经济领导人和学者。事实上,首先我们必须回答布莱尔的那个问题:问什么政治领导人和专家"不知道",并且"不知道该如何填满这个体系中的真空"? 要想找到答案,我们不仅应该重新思考马克思主义,找到解决经济危机的方法,还要回顾资本主义和社会主义的

---

① Time, February 2, 2009, pp. 38.

当代史,以获得对比知识,并首先从社会主义错误中吸取教训。我们必须认识到自从 1917 年的俄国革命和苏联社会主义建立以来,马克思和列宁的社会主义道路是走出 1929~1933 年大萧条的唯一方法(罗斯福新政),而且在今天仍然是唯一方法。第二次世界大战以后,资本主义继续运用越来越多的社会主义调控手段,而随后出现了许多新的社会主义国家,东欧、中国、越南、朝鲜以及古巴等。不幸的是,正如前文提到的,苏联 1950 年采取的赫鲁晓夫主义导致了意识形态和政治的衰退,其改革改变了真正的(科学的)马克思列宁主义。因此,西方世界从 20 世纪 70 年代开始,撒切尔和里根也不再实行社会主义手段,而转向了自由市场经济和自由政治。20 世纪 80 年代,戈尔巴乔夫错误的市场经济策略使得私有制和解除控制手段将苏联和东欧的社会主义彻底瓦解。他所实行的瓦解社会主义的改革转变成了对公共财产的掠夺,并形成了特殊的黑手党式(伦敦的麦克考利称之为强盗式的)教授的资本主义。但是,苏联解体的最坏影响过去是现在依然是苏联和东欧社会主义国家,包括托尼·布莱尔的劳动党,意识形态的死亡。因此,戈尔巴乔夫的灾难证明了倒退回自由市场经济是个彻底的政治错误。这个错误的政策因此在后来被西方政治家用来摧毁苏联和东欧的经济,以及后来在 1997~2000 年间洗劫东南亚经济。而目前 2008 年的金融危机也是同样的错误政治的结果,只不过垮台和掠夺的外在形式不一样。布莱尔先生,尽管你的专家在理论上说"不知道",但是实践上,你们应该重回社会主义道路。(正如美国国会议员回应乔治·布什的挽救方案:"乔治,这是社会主义的一套。")从历史上来看,包括填补当前资本主义政治和意识形态真空的方法在内,已经别无他法。从马克思的观点看,我们应该将这个定义为生产力全球化特征(经济)与保守的(意识形态上走投无路)反对大众化的资本主义政治体系之间的矛盾。

五、在政治民主向专业民主的过渡中,政党和贸易联盟在 21 世纪的角色

让我们重新回顾马克思和恩格斯关于资本主义创造的庞大却又无法控制的生产资料这一理论,这种情况在当前的金融危机中反复出现。假设在大萧条和第二次世界大战后,资本主义通过采取社会主义的调控手段进入到了帝国主义阶段和全球资本主义(这是马克思和列宁未曾预见的),那便意味着如果今天运用这些手段的话,问题就能得到解决,目前的金融危机就能结束。理论问题是:这种全球资本主义在一个意识形态已经死亡的政治体系下还能存活多久,这个政治体系不顾人民利益和需求、不顾历史和国家的进步,而要解决目前的经济危机必须要使用社会主义的调控手段。换句话说,是这样一个问题:如何解决 21 世纪经济基础(其发展甚至超前于这个时代)和政治上层结构(倒退回中世纪)之间的新矛盾?也就是说如何填补托尼·布莱尔所认为的

政治和意识形态上的真空?

　　要想得到一个科学的答案,首先应该解释清楚苏联和东欧国家 20 世纪 80 年代的社会主义灾难的政治和经济原因,这是当代历史上唯一一个领导性的先进文明的解体。这就意味着我们首先应该解决戈尔巴乔夫沟壑,这样才能更快地消除布莱尔真空。

　　我们的研究表明苏联和东欧社会主义垮台的原因是,20 世纪后半叶,也就是建设成熟社会主义阶段,政治体系中开始了意识形态退化的过程,并以"代沟"的形式出现在这个体系中。而这个"代沟"出现的原因是体系中政治代际关系连续性关系形成方式有问题;比如说政治上层建筑的主要子系统政党和贸易联盟之间。许多人将贸易联盟的特征和它作为政治子系统的作用有所误解。尽管政府在改革过渡期中起到重要作用,而贸易联盟的作用次之,但是在建设发达社会主义阶段,两者的地位和作用需要互换;现在,政治接力赛的赛棒应该交到贸易联盟的手中了,这是代际转换的客观法则,其目的也是为了通过从政治(政党)民主向专业(联盟或是全国、全民)民主的转换建立更高级(发达成熟的)社会主义民主。苏联社会主义革命之后,在 1920 年 11 月召开的第五届全苏代表大会上出现了著名的工人集体抗议运动,工人自发地提出了政党和贸易联盟关系这个根本性问题,要求从战时共产主义过渡到和平的工作和生活方式以及全面开放的联盟民主并通过议会等方式选举政府。我们当然能够探讨社会主义建设阶段的过渡时期和过渡方式,但是不能忘记这个问题的重要性。苦涩的历史事实是从 1920 年 11 月(五次会议)到 1991 年(苏联正式解体),这个事关社会主义政治命运的重要问题一直未能解决。整整 71 年,这最终导致了苏联和东欧社会主义国家的解体。①

　　因此,社会主义世界在 20 世纪末经历的意识形态危机一直延续下来并蔓延至全球,而这比目前的资本主义危机真空要危险得多(因为我们原本就了解政治体系中这个代沟存在的原因,同时它也是造成后来社会主义解体的原因,包括戈尔巴乔夫开始实施的自由市场、私有化、去调节和去中心化等错误政策)。由于没有来自贸易联盟的政治反对,苏联的政治体制逐渐丧失防御免疫力,这加速了经济和政治体系的垮台,并最终导致了苏联解体。如果贸易联盟能够真正行使其政治(专业)职能,反对戈尔巴乔夫,那么他的克林姆林统治机器必定早就被抛进了政治垃圾桶(因此,而被摧毁的柏林墙的西面,传统的反资本主义政党社会主义者和社会民主、劳动、民主等都垮台了,原因是其政治体系内存在相同的代沟)。而在目前的经济危机出现之后,这个现象才被托尼·布莱尔在 2008 年发现。

　　最后,我们的首要任务,21 世纪第一个 10 年的第一个根本问题是如何解

---

　　① K. Petrov, The World Ideological Crisis, UNSW PPS, Sydney, 2006, p446.

决苏联解体后的全球意识形态危机,面对着许多前共产主义者和社会主义政党来完成这个我们上一代的政治任务。如果我们成功地填补了政治体系中的这个代沟,自然就可以宣告对布莱尔真空的消除。唯一的方法便是重新建立反资本主义政党和贸易联盟之间的正常连续的关系。具体做法包括以新工程(新联盟宣言)为基础在全球范围内建立政党贸易联盟,以在 21 世纪建立联盟专业领导下的专业民主。相反,如果我们不能意识到贸易联盟已成为了与 20 世纪后半叶的共产主义政党和社会主义继承者一样的成熟的政治新生代,如果不重新建立政治体系,并将贸易联盟团体置于与政党平等的位置,不阻止苏联解体后的复苏和毁灭,那么后苏联时代全球资本主义新的形成和发展趋势将导致全球形成与 10 世纪时罗马帝国时代类似的寡头政治体系。而如果我们现在不觉醒的话,随着当前经济危机的警钟与随后带来的恶劣影响和政治真空,那么 21 世纪的后半叶将会十分糟糕。21 世纪将不再是一个新的世纪,而是回到了黑暗的 10 世纪。所有的进步,文化和国家都会消亡。我们的后代不会原谅这个意识形态的错误。

参考文献

[1]Carrol P. and Mui Ch. Billion Dollar Lessons. US, 2008.

[2]Elliot M. World Economic Forum. Time February 2, 2009, pp. 34.

[3]Elliot M. and Gumbel P. Global Economy. The Great Fall. Time February 16, 2009, pp. 35.

[4]Ferguson N. The End of Prosperity? Time October 13, 2008, pp. 18.

[5]Gates B. How to Fix Capitalism. Time August 11, 2008, pp. 26.

[6]Gumbel P. A Mid the U. S. Financial Crisis. Time September 29, 2008, pp. 50.

[7]Gumbel P. Europe's Bank Scare. Time October 13, 2008, pp. 26.

[8]Gumbel P. The Meltdown Goes Global. Time October 20, 2008, pp. 16.

[9]Gumbel P. Rethinking Marx. Time February 2, 2009, pp. 38.

[10]N. Riasanovsky. A History of Russia. New York, Oxford UniPress, 1993.

[11]Parloff R. Sending Wall Street to Jail. Fortune January 19, 2009.

[12]Petrov K. , The Collapse of Communism. The Case of Gorbachev. H. Botev, Sofia 2001.

[13]Petrov K. , The World Ideological Crisis. UNSW PPS, Sydney, 2006.

[14]Powel B. Wanted: A New Miracle. Time December 22, 2008, pp. 22.

[15]Powell B. Is China Sinking? Fortune March 16, 2009, pp. 64.

（华东政法大学外语学院　童珊译）

21世纪社会主义面临的生态挑战:增长的放缓

【墨】路易斯·豪尔赫·阿尔瓦雷斯·洛萨诺

只有经济(国内生产总值)持续稳步的增长,人类的物质需求才能得到满足。几十年来,人们一直认为这是经济发展的主要内容。第二次世界大战后,发展中国家普遍施行特殊的政策——第三世界国家通常认为它们的命运掌握在第一世界国家手中。当今世界,在颓废的新自由主义全球化的大潮中,各政府机构的当权者紧密合作,以持续增长的名义组建各自的"神圣联盟",并且为持续增长辩护:高盛投资公司(Goldman Sachs)和国际货币基金组织(IMF),巴拉克·奥巴马(Barack Obama)和《纽约时报》,各种联盟和商业协会,各类政党和谄媚的学术界。他们异口同声地喊出口号:增长,再增长!

一、持续增长和资本主义的炫耀消费

这份来自保守的经济学家和政治家的言论就大错特错了。资本主义市场经济既没有稳步或持续的增长,也没有给人民带来福利。增长是资本主义发展的必要条件。

确实如此,历史上两次大的经济衰退——19世纪晚期(1873~1879年)的"长萧条"和20世纪30年代的"大萧条",以及现在看到的活生生的例子"准全球资本主义危机",这些都证明经济的持续增长是不可能的。经济的持续增长只是其辩护者对资本主义内在周期运动抽象幻想的结果,在现实的经济运行当中是不存在的。同样道理,只有在宏观经济模型和那些正统的经济学家撰写的教科书中,增长定义才写成:不断增加商品和服务的产出以满足人们的物质需要和增加人们的生活福利。但现实中资本主义增长本身并不是为了满足这个目的。因为"全球资本主义"经济最初的意思不是管理"生活必需的可储存的资源来为社区和家庭服务"。其本质如古希腊人所定义的:商业利益。这就是亚里士多德(Aristotle)所说的:"以赚钱为目标,金钱是要素,是交换的条件。追求商业利益能带来无限的财富。"资本主义利益的基本宪政原则(fun-

收稿日期:2010—5—30

作者简介:路易斯·豪尔赫·阿尔瓦雷斯·洛萨诺(Luis Jorge Alvarez Lozano),墨西哥国立教育大学教授。

damental constitutional principle)是不断地追求利益和再投资。通过市场,价格和私有财产来进行资本积累。即使可以通过商业和金融手段来获利,商品生产产生的利益也从未停止过,当今社会也是如此。

因此,追逐利益就要不断地扩大生产,产量越大投资者获取的利益就越多,资本积累也就越多。国内生产总值(GDP)是生产出来的最终使用的所有商品的总和。国民生产总值的增长从宏观层面反映了资本积累平均进程。从这个角度,我们可以说增长是资本主发展的必要条件。资本主义离不开增长,其本身就是增长。新"神圣同盟"的成员们祈祷持续增长的原因也在于此。

然而,尽管商品生产是产生利润的前提条件,但并非一个充分条件。商品的销售也关乎其中。只有持续扩张,在世界范围内生产出"无限的商品"(马克思),资本主义才能生存。但同时,其生存也依赖于销售,销售这些在持续扩张中生产出来的大量产品也是同等重要的。因为商品销售的一个环节可以促进积累过程——工人的基本生活和消费——劳动力的再生,和大量商品生产过程的基础相同。但是,因为没有大规模的商品生产,投资以及预计的利润便无法收回,因而无法实现积累。

当今,在资本主义全球化的时代,情况也是如此。所有制造出来的东西都要售出才能获得利润。如果萨伊定律(Say's Law)是正确的,即所有制造出来的东西都售出,那么资本积累的过程就会持续稳定,犹如星星在万有引力的作用下沿轨道平稳的运行。通过市场的自我调节,经济会像一台完美的机器一样运转。这样挑战真理性定律毫无意义。然而,萨伊定律(Say's Law)的真实性只是一种表面现象。由于没有这个定律,资本主义政治经济学便是以人造的替代品为基础的。这个替代品就是炫耀消费原则(维布伦)。在经济理论中,它被称为同质经济不稳定性原则。在真实的资本主义世界中,它存在于广告业亿万元的预算中,第一世界国家对奢侈品的过度消费中,信用卡扩大的购买力中,能源过度消耗中,以及过度消费对生态环境造成的影响中,同时也存在于持有功利主义价值观的政界和教育界。市场道德原则蕴含一条绝对命令,那就是在产生之前拥有。简而言之,资本主义谋利者增加产品的生产的同时也在制造自己存在的基础,消费者社会。没有劝诱消费生产就不可能增加,进而无法进行资本积累。因此,增长是资本主义尽善尽美的追求。

二、地球的生物物理界限

然而,无法辩驳的事实是,限制资本主义以及其为了谋利而对增长的追求:地球的生物物理界限。梅多斯(Meadows)团队在地球生物物理界限方面做了开拓性的工作,传统经济学家(杰奥尔杰斯、戴利、欧利希等)把熵引入经济过程的研究,施耐德(Schneider)和汉森(Hansen)对化石燃料使用和全球变暖的影响的研究,这些都是 20 世纪七八十年代产生出来的理论。起初是对地球承载限度与人口和生产增长的科学的争论。在这些警告之前,1956 年美国地质学叫 M·金·休伯特(M. King Hubert)预言美国石油生产到 60 年代会达到最大限度(石油峰值)。他的言论受到了很多批判,预言的时刻到来之时,事实给出了理由:在预料的 10 年中,石油峰值在美国出现了,但随之而至的还有滞胀和失业等新现象。如今,限制增长的幽灵已经现身并在世界范围内游荡——曾经储量丰富的石油是其首选的居所。石油的稀缺是 2008/2009 年危机产生的根源(鲁比德、梅多斯、海因伯格、麦克弗森)。随着需求的增加,开采的停滞和世界范围内的石油储量的减少,每桶石油的价格在短时间内上升,在 1998～2008 的 10 年间价格涨了 10 倍,超过 140 美元。结果是最严重的第二次世界大战后危机。自震荡发生不久,直到最近的对石油矿藏耗减的怀疑——从大学到研究机构,到以戈登·布朗(Gordon Brown)为首的英国政府到国际能源机构(IEA),都公开讨论由休伯特(Hubert),坎贝尔(Campbell)以及其他地质学家提出的关于全球石油峰值的预测。举个例子,克里斯·斯科若宝斯基(Chris Skrebowski)雇用专家组成石油与能源安全产业特别工作组,预测全球石油产量会在 2010 年底或 2011 年初达到最大值,每日最高产量9 100 万到 9 200 万桶,到 2015 年开始下降[①],见图 1 所示。

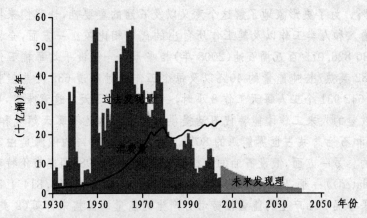

此图表明全球石油发现量率数十年来在下降而且未来预期会下降更快,然而,世界消费量则逐年上升。因此,供求缺口将拉大。

资料来源:富恩特(Fuente)《美国科学家》第 97 期,236 页。

图 1　消费和石油发现

所有的这些表明限制增长的幽灵已经来到并开始肆虐。根据国际能源机

---

① http://peakoiltaskforce.net/wp-content/uploads/2010/02/final-report-uk-itpoes_report_the-oil-crunch_feb20101.pdf

构(IEA)发布的《2009 年世界能源展望》(*World Energy Outlook* 2009)，可推测世界石油需求将从 2008 年的每天 8 500 万桶增加到 2030 年的每天 1.05 亿桶——但国际能源机构(IEA)在 2002 年发布的报告中估计 2030 年每天石油需求为 1.2 亿桶。但一致的是，国际能源机构(IEA)首席经济学家非法提赫·比罗尔(Fatih Birol)在 2009 年接受英国《独立报》(The Independent)采访时警告说："石油生产的主要产地已经超过了他们的提供能力，下降率开始增加，现在是 6.7％，然而在 2007 年仅为 3.7％。在很多产地现在已经达到最大生产限度，这意味着必须寻找其他能源来满足现在的需求。比罗尔博士说，即使需求保持稳定，世界还要找到四倍于沙特阿拉伯的石油产量以满足生产需求，六倍于沙特阿拉伯的产量来满足从现在到 2030 年的预期增长需求。[1] 这无可辩驳的亏空所造成的影响是无法预测的，但"黑金"的价格确定会不断地升高，像杰夫·鲁宾(Jeff Rubin)一些人认为，到 2012 年会飙升到 255 美元一桶。这样的价格，经济的恢复和新"神圣同盟"的持续经济增长只能是表面之辞，经济被笼罩在可能到来的下一个资本主义全球大衰退——战鼓的声音也仿佛在远处隐约响起。在这种情况下，我们将直面限制经济增长的幽灵，同时也看到了资本主义本身的局限性。这非同小可。自从 20 世纪初起石油一直是资本主义牟利最重要的能源：现在在全球的主要能源供给中石油占 34％。为了更形象地了解这个意义以及石油的重要性，让我们来把石油能源的输入和人类工作以及其工作所付出的代价相比较。一方面，全世界每年消耗 30 826.075 百万桶石油(2008 年)相当于——假设平均每桶石油含有 38 043.82 英热/长吨能量的 40％以及每个工作小时制造 635 英热能量——402 225 642 931 个工人每天工作 8 小时，一年工作 365 天。这意味着，要 6 倍于当前数量的人来工作才能替代石油提供的能量。这还不算天然气和煤，天然气，煤和石油总共占世界能源的 80％。此外，还有 20％的能源是由其他物质提供的。另一方面，假设石油的价格为 97.2 美元(1998，即期布伦特现货价(Brent dated))一桶，30 826.075 百万桶石油的价格就是 299.814 4 百亿美元。如果每桶石油产生的能量按劳动力产生的能量的价格来计算(2 美元/小时＝635 英热/小时)，那么这些石油的价值将会高达 234.917 754 万亿美元。这样计算，每桶石油的价格既为 7 620.74 美元(市场价格的 78.35 倍)。从另一个角度来看，资本主义窃取了工人劳动成果的一部分，是从自然界无偿获得的碳氢化合物充当了能源。

　　由于大量碳氢化合物能源的利用，加上对工人阶级的经济剥削，生产的增长和大量商品的消费得以实现。从 1830 年至今，世界生产总值(GWP)增长

---

① http://www. independent. co. uk/news/science/warning-oil-supplies-are-running-out-fast-1766585. html.

了 49 倍。2008 年世界生产总值(GWP)是 69.743 258 万亿美元。但是,这笔巨大的财富并没有使每个人都得到实惠。消费是不均衡的。根据一国的国民生产量和人口平均计算(人均国内生产总值),只有少数国家的人民享受到高水平的生活质量。因此,那些生活在富裕国家消费大量物质生产资料的人们消耗了大部分的能源,也就是说,在他们浪费掉的物质中有一大部分是资本主义从化石燃料中获得的(见图 2)。这些都是外部消费,即人体需要的维持生存的 2 000 至 3 000 卡路里能量之外的消费。这不受人先天因素的影响,而是社会上虚幻的"炫耀性消费"原则的体现,这一原则促进了资本主义的繁荣。

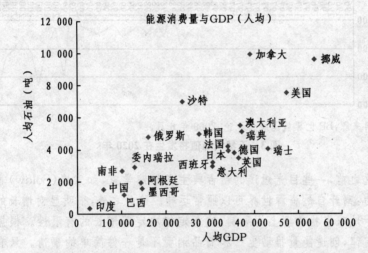

资料来源:国际货币基金组织,世界经济展望数据库,2009 年 10 月,BP 世界能源统计评论,2009 年 6 月。

图 2　能源消费情况

然而,回到石油这个话题上来,问题在于不是没有石油。在全球范围内仍有大约 12.58 万亿桶的储量(据英国石油公报报告,2008),就目前的消费速度来计算(84.455 百万,商业数据处理),这些储量大约可满足以后 40 年的需求。目前限制全球经济增长的问题在于石油产量相对于消费量的短缺,由于即将到来的石油峰值。运用类比的方法讲,人死于脱水,仅仅是因为失掉了整个身体水份的一小部分。一种主要能源的亏空将会引起全球的资本主义石油危机——在 20 世纪 70 年代的石油震荡发生时,产量减少 5% 就会引发价格上涨 400%。在北极开采石油的费用约为 70~80 美元每桶,如此高的价格足以一直增长。委内瑞拉奥里诺科河地区超稠和稠石油的存储以及加拿大亚伯达沥青储量丰富沙漠或许可以减轻石油危机的影响或推迟它的发生(见图2)。天然气也注定会有同样的命运,在石油峰值到达不久后天然气峰值也会来到——据 C·J·坎贝尔(C. J Campbell)预言天然气峰值将发生在 2020

年,见图 3 所示。

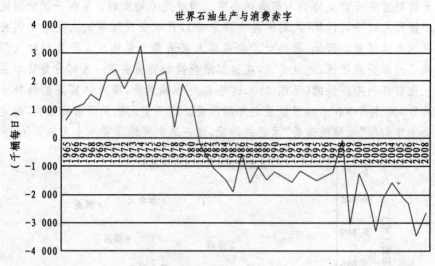

资料来源:BP 世界能源统计评论,2009 年 6 月。

图 3　天然气峰值将发生在 2020 年

　　在这之前,一些目光短浅的新古典主义经济学家,如索洛(Solow)非常坚定的认为:离开自然资源世界可以照常运转。除此之外,很明显对增长的狂热追求止于地球生物物理上的限制,这条定律决定着增长的有限性。根据热力学第一定律,创造能量推动生产和商品消费不是一件简单的事情。只有转变人类可利用的能源才能实现这项活动。以下是两种可以无偿获得的能源。第一类是可再生能源,包括到达地面的太阳辐射、连续的潮汐力、水力电气的能,风能和地热。

　　除此之外,核冬天,激烈的火山喷发可遮暗大气,仅仅是太阳就能释放出来无限的能量。2009 年南美洲遭遇的干旱,严重破坏了提供水电气能量的植物,很好的证明了可再生能源的脆弱性。同样,由于技术方面的限制,有些可再生能源还没有得到全面的开发。时至今日,可再生能源在全球主要能源供给中所占的比例还不到 13%。除了核能外其他可无偿获得的最基本的能源就是化石燃料,这也是资本主义机器运转的动力。石油,煤和天然气提供了世界 80% 的主要能源。然而,尽管储量很大,但存量有限。除此之外,石油的使用也不完全。热力学第二定律在地球和宇宙间同样适用,熵的规律,体现在能量的变化是单向的,从可用到不可用——例如,一块煤只能使用一次。总的来说,目前,可无偿获得的能源的使用是有限的。尽管使用有限性的存在,资本家们自称生产和商品销售可持续增长,而无视发展的意愿无法抵抗热力学定律。在资本家精英阶层形成了荒谬的和不道德的社会原则,那就是自然真理定律。

历史学家和人类学家约瑟夫·坦特(Joseph Tainter)坚信,能源的稀缺造成了复杂社会的坍塌。作者认为,由于能源的亏空,罗马的农业减产。罗马便征服邻邦,掠夺他们的能源(谷物,金属,奴隶),这样,问题只得到了暂时的解决。但随着疆域的扩大和人口的增长,帝国再次面临能源亏空。结果帝国一分为二。其他一些社会的解体都是出于同样的原因。我们西方资本主义社会,第一个也是最后一个在化石燃料基础上建立起来的文明也在劫难逃,除非我们能及时找到能源的替代品。同样的原因,尽管石油峰值的出现,能源亏空,"增长"帝国的衰败也并非是不可避免的。17 世纪,木头作为炼铁和加热器的主要能源,森林遭到严重的破坏,煤炭的使用解救了新生的英国资本主义能源枯竭的危机。21 世纪,北方的永久冻地中的甲烷水合物、南方苔原地带的植物、大陆块间的深海、氢、核子融合,这些丰富的能源可以保护岌岌可危的全球资本主义驱赶碳氢化合物局限的"幽灵"。尽管目前开发这些能源的技术尚不成熟,在石油产量才到顶峰后开始下降的时候,拯救方案可能还在实验室中酝酿。关于核子融合,海因伯格(Richard Heinberg)的评论是"如今我们有435 个反应堆,到 2040～2050 年可能达到铀峰值。在多一些反应堆,峰值可能会进一步提高。

目前,资本主义对碳氢化合物的依赖就像吸毒者,突然停止毒品就会致死,但继续的吸食毒品最终也会死亡。为了牟利就必须追求持续增长,由于能源的亏空,增长会转变为危机。同时,限制增长的另一个幽灵也随之出现:全球变暖。

在地质历史上,气候变化是一种自然现象。但全球变暖却是异常现象。据报道,20 世纪全球气温平均升高了 0.6℃,到 21 世纪气温还在持续上升。气温升高是由全球范围内过度增长的工业化,商业化以及大规模的商品消费造成的。但一些主要的富裕国家委婉地将全球变暖归因于人类活动。由于碳氢化合物的广泛使用,排放出的大量二氧化碳是气候变暖的主要原因,此外还有其他一些温室气体。气候变暖加剧了北极的冰川融化,热带雨林消失,海洋变化等现象。2007 年政府间气候变化委员会(IPCC)宣布到 21 世纪末,气温可能升高 1.1℃～6.4℃。从那时起,关于气温升高的预测数据不断提高。例如,2009 年,牛津大学研究气候变化对英国的影响项目(UKCIP)小组成员克里斯·韦斯特(Chris West)指出,到本世纪中叶气温可能会升高 4℃。像其他研究一样,这两个项目可能低估了气温的升高,因为它们没有考虑到致使全球变暖的另外两个因素:全球变暗和甲烷水合物。哈德利中心的彼得·卡克斯(Peter Cox)以及其他科学家们指出一些云层被粒子(煤烟、二氧化硫、硫化物、硝酸盐、灰末)污染,它们会阻挡太阳辐射,引起全球变冷。如果这是真的,大气温度会以两倍的速度升高,到 21 世纪末可能升高 10℃。如此高的温度,温室气体的力量是二氧化碳的 24 倍,大量储存的甲烷水合物会变得不稳定升到大气中,会对全球变暖的正反馈产生影响。

　　据专家称,二氧化碳的安全线是百万分之 350 以下。然而,2008 年二氧化碳的浓度是百万分之 385。当达到百万分之 500 时,全球变暖势必成为不可挽回的局面:格陵兰岛上覆盖的冰层会融化,森林被灌木和沙漠所取代,海藻履行消耗二氧化碳同时生成云层的双重任务,将会变得不稳定。按目前的趋势发展,再过 40 年二氧化碳的浓度将达到百万分之 500。纵使这样,2009 年一群国家领导人包括拉克·奥巴马(Barack Obama)在内自称缔结一份"秘密协定草案",规定目标是百万分之 450,相当于2℃。对这项课题的研究人员詹姆斯·汉森(James Hansen)来说,这个目标意味着"带来的是全球的灾难而不是救赎"。

　　但从詹姆斯·拉弗洛克(James Lovelock)提出的盖亚理论来看,全球变暖的表面背后隐藏着更巨大的问题。这位英国著名的科学家说"二氧化碳像一个复杂的实体覆盖着大气,海洋和陆地;作为一个整体,这些元素组成了一个控制论的体系或反馈,为地球上的生命提供一个最适宜的物理和化学环境"。[①] 问题在于盖亚(GAIA)健康状态的改变。但是气候学家对这方面的了解就像中世纪的医学工作者对生理学的了解一样多。由于这样的无知,人们对未来全球变暖的预测可能被低估,因为人们没有考虑积极反馈。目前,实际情况是 60% 的生态系统遭到破坏,我们正以史无前例的速度进入第六次大灭绝的时代。我们使耕地和牧场变成半生产地,这对盖亚(GAIA)的健康是非常不利的。不仅是盖亚(GAIA),对这个 500 多年历史的系统中最脆弱的人来说也是不利的(乔姆斯基),这个系统不依靠能源来面对即将到来的灾难。

　　总的来说,地球的生物物理局限性限制了无限资本主义的持续增长。可以说,不是目前存在的高速发展的生产力面对的资本之一生产关系之间的不一致促使我们迈向社会主义,而是增长的限制使人民只能永远在经济的发展边缘徘徊。

三、增长的放缓和用户至上主义以及
21 世纪社会主义的温和原则

　　如果不能实现持续的增长,人类的物质需求就不能得到满足。21 世纪,只有持续的增长取代增长的放缓,与其他原则一样,基本宪政原则(fundamental constitutive principles)和人们的物质福利,分配的公平,公平交换和温和的用户至上主义是紧密一致的。从此以后,在 21 世纪人们注定要走向社会主义。

　　现今,先进的社会主义国家大幅度提高了人民的生活水平。例如,

---

① 拉弗洛克(Lovelock J.)(1989),《在地球上生活的新期待》问题 70,里斯本 27。

在中国、越南以及委内瑞拉，贫困程度下降，公共医疗保健设施，教育以及社会保障得到改善。大多数人过着有意义的生活。文化发展指数提升。很多方面取得的成功都得益于政府实施的社会主义政策。由于数以百万计的人民获得实惠，社会主义政府得到广泛合理的支持，促进经济增长的政策也是完全正当的。无论怎样，没有理由让贫困的人民放弃。即使从全球范围内现实政治(real politik)中的权力来看，那些社会主义国家的经济增长是资本主义国家进步的必要条件。中国和委内瑞拉产品生产的增长是美国战略部门得到巩固，包括军事防御系统，威慑力量，爱国演习的武装，美帝国及其联盟的新自由主义全球化项目。要是没有这些增长，第三世界国家的人民只能回到野蛮状态，剥削和破坏性地掠夺自然。玛格丽特·撒切尔(Margaret Tatcher)说"这里没有选择。"会出现在南方的犹太社区，就像出现在世界各地麦当劳和可口可乐的广告中一样。

　　带着同样淡定和自信的态度，我们应该自问并讨论以下问题：在 21 世纪，社会主义是否是中期和长期增长的动力？我觉得不是。我将在以下内容中列出一些理由，以展开一场有建设性的讨论。

　　1. 增长政策实施的时间是有限的。考虑到地球的生物物理局限性，特别是碳氢化合物的消耗，全球变暖对盖亚(GAIA)的影响，我们可以肯定这个期限是 10~20 年。很有可能是更短的时间，有证据表明北方的资本主义已崩溃。在这段时间内，社会主义国家有关增长的三个战略性任务：(1)通过干预和计划政策巩固政权以面对外资企业的贪婪。这些外资企业有能力渗透到国民经济体系的每一个角落，控制并腐化整个国家。(2)尽可能的利用增长带来的收益，特别是在财富的再分配环节。正如最近中国国家总理温家宝提出的："我们不仅要通过经济发展把财富这块蛋糕做大，同时也要分配合理。"(3)随着时间的推移，列出社会主义经济持续减缓增长的政策，避免实施那些超过地球生态能力承载的危险政策。

　　从这以后，持续的增长政策前景暗淡。事实上，地球的能量和生物承载能力是确定有限的，21 世纪社会主义中长期的经济增长政策也就意味着政治和经济上的自杀。审慎的多样化，投资和能源的安全利用只能使不可避免的事情推迟发生。正如在恶劣的天气或燃料不足的情况下起飞是违背航空道德的。在现实的经济情况中，面对着生态和能源的诸多局限，社会主义仍然坚持扩张增长的政策是不负责任的。要把经济增长的放慢置于理智和责任原则的大背景下。在有限的世界中执行无限增长的政策，这样的政策迟早会失败。我想应该参照一下历史。一些历史学家，如约瑟夫·坦特(Joseph Tainter)在其著作《复杂社会的崩溃》(*The Collapse of Complex Societies*)，贾雷德·戴蒙德(Jared Diamond)在《大崩坏：社会如何选择失败和成功》(*Collapse: How Societies Choose to Fail or Succeed*)中记录了各种局限性所导致的社会的最终命运。现在这种悲剧正在人类历史上曾经存在的最大的帝国身上重演。

2. 资本主义不能停止增长，因为增长是资本主义的代名词。而 21 世纪的社会主义可以放弃增长。问题在于放缓增长的计划的眼光和设计。这确实是一项巨大的挑战，这意味着向持续增长的神话发起挑战。这个神话是 20 世纪 60 年代资本主义世界遏制在印度支那和古巴等国家社会自由运动的意识形态的武器，然而，矛盾的是，在 21 世纪初，社会主义却利用同样的武器来抵制资本主义帝国。但如果不指向这似乎不可能的事情——放慢增长，他们就不会发现可能。德国的哲学家恩斯特·布洛赫（Ernst Bloch）说过："瞄过靶子以击中目标。"。基于自己的原则（principles）来计划和建设社会主义经济是可行的，是和那些资本主义牟利有所不同的。21 世纪社会主义面临的巨大挑战就在于此。

3. 面对挑战，21 世纪社会主义国家面临主要问题是对在生物物理和生态环境现有条件的允许下生产出来的物质生活资料进行再分配。和资本主义不同，资本主义以牟利为目标，通过持续的生产增长来获取最大的利益。21 世纪社会主义经济的基本宪政原则（fundamental constitutive principle）是满足人民的物质文化需求。社会主义不是为了牟利，所以不存在生产增长的必要条件（condition sine qua non）。社会主义的存在不是基于增长。在增长面临着各种局限性的条件下，这便是社会主义比资本主义更胜一筹的地方。

今天继续施行增长的政策来消除贫困和不平等，除了在局限面前意味着危险外，也是近几十年要穷人做出牺牲。反过来，对地球的生物物理环境负起责任，社会主义致力持续提高大多数人的生活水平，争取均衡分配，重新分配全球财富，实现平等原则（principle of equivalence）。让我们用数字来分析以下不同道路的意义。2008 年世界生产总值（GWP）是 69. 489 85 万亿美元。其中，42. 01％的财富掌握在 7. 303 7 亿人手中（来自七国集团），占世界人口的 10. 89％，人均国内生产总值为 39 696. 17 美元。同时，世界上 84. 33％来自 149 个国家的 56. 542 3 亿人收入更少些，人均国内生产总值为 5 514 084 美元，占世界总财富的 44. 87％。在增长政策的指引下，不考虑在一些富裕国家存在的分配不均的情况，经济将以 3％的速度持续增长 20 年，世界人均国内生产总值才能达到 10. 363 89 美元。然而，要是按照社会主义所坚持的重新分配世界财富，这个目标可以马上实现，见表 1 所示。

表 1 世界财富分配发展趋势

概 念	规 模	2008 年	单位:%
基于购买力平价 GDP 估值	十亿	69 489.85usd	100
人口	百万	6 705.00	100
人均 GDP	单位	10 363.89usd	
基于购买力平价 GDP 估值	十亿	29 192.28usd	42.01
人口	百万	730.37	10.89
人均 GDP	单位	39 969.17usd	
基于购买力平价 GDP 估值	十亿	31 182.18usd	44.87
人口	百万	5 654.23	84.33
人均 GDP	单位	5 514.84usd	

资料来源:国际货币基金组织,世界经济展望数据库,2009 年 10 月。

很明显,世界现存的主要问题是对不均衡财富的重新分配。21 世纪社会主义平等原则(principle of equivalence)由此产生,此项原则是重新分配财富、收入和工作的基础。平等原则(principle of equivalence)的实施得到保罗·科克肖特(Paul Cockshott),埃林·科特雷尔(Allin Cottrell),阿尔诺·彼得斯(Arno Peters)以及海因兹·迪德里齐(Heinz Dieterich)等人的广泛宣传,使每个人都成为经济的主体,消费主义和人的尊严不再受到市场价格左右,也不再受制于对不确定增长的希望。

4. 事实上,21 世纪社会主义财富不是以价格而是以劳动力单位来计算的。然而,它同时也考虑了地球的生物物理局限性。因此,21 世纪的世界经济要本着平等原则(principle of equivalence),以公平分配为基础,消除对人的剥削,同时也要使自然免受不合理的开发,实现生态的可持续发展。这不是一件容易的事。其实,社会主义国家(中国,委内瑞拉,越南)经济发展放缓显露出了需要克服的环境问题。这意味着从消费至上原则向温和原则(principle of moderation)的转变。这在有限的生物物理世界中发展经济的基础。

向温和消费主义转变意味着价值观的确立和社会形象的转变(卡斯特利亚蒂斯)。古希腊人从克制中看到了生活的原则。在古希腊城市德尔斐的阿波罗神庙上刻着"Meden Agan(任何事情都有一定的限度。)"。在古罗马就有限制私人浪费的法律。在基督教中,温和主义者认为适当的饮酒是合理的,然而醉酒是绝对禁止的。前西班牙文化的基础中也有克制。从某种意义上来说,21 世纪社会主义鼓舞我们参加到一项荒谬并且无法持续的比赛,去追求那种华而不实的资本主义精英过的生活——美国人的生活方式。假装人民活得很有尊严,尽管生活匮乏但道德高尚。一种整体的富足,如果再分配环节可以做到公平,那么每个人的需求都会得到满足。甘地认为这种富足是:"印度能满足每一个人生活的需求,但无法满足个别人的贪婪。"

把这句话应用到生物圈再生能力的领域之中,当今的地球能满足每个人的生活需求,但无法满足个别人的贪婪。难以置信的是,当今世界上 50% 的污染物是由 500 个最富有的人(占世界人口的 7%)制造的,然而 50% 的穷人只造成了 7% 的污染。全球足迹网络(The Global Footprint Network)称:"当今人类使用了 1.4 倍的地球的承载能力来提供资源以及自收废物。"但那些少数最有权势的人却提出了另一种观点:如果地球上每一个都以多明尼加国民的水平生活,只要地球 77% 的生物承载能力就够了;如果我们每个人都以美国人的消费水平生活,那么需要 5 个地球才可以。这就是为什么依据公平原则(principle of equivalence)21 世纪社会主义的物质享受依赖于工作的时间,但在温和消费原则(principle of consumerism of moderation)的指导下,地球的生态承载能力是行不通的。比如,现在全世界都变成社会主义,根据全球人口和地球总的承载能力,每个人可以消费的商品和服务的最大限值是 1.8 公顷。但是目前的情况是,生活在富裕国家的人的消费已经超过平均生物承载能力(1.8 公顷每人)。在本文所涉及的大国中,只有中国和印度人的消费低于平均水平。对于一个真正的可持续发展经济来说,像列出的 21 世纪社会主义国家,发展模式应该是以生物承载能力而不是国内生产总值为基础的(见图4)。绝对命令应该是:"生产的发展不能威胁世界和自然环境的安全。"

5. 毫无疑问,美国将会领导这一人性化的项目。世界上大多数国家也是这个项目的受益者都会欢迎和支持这个项目。特别是当过去的经验告诉他们,帝国牟利的最终解决方案(final solution , Endlösung der Humanfrage)已经初见成型,这一项方案考虑了资本主义市场的自由放任政策,也看到了当自由放任超过了增长的限度所带来的影响以及全球变暖的后果。

世界范围重大的社会运动不断呐喊,21 世纪的社会主义就是其渴望已久的现实的答案。2009 年哥本哈根会谈倾向于"改变制度而不是气候。"在 21世纪,这也是一项革命性的项目。进步的国家要求在全球牟利浪潮袭来之前本着希望的原则(principle of hope),增长其在此项目中的合法权益。

因为生产商品是为了满足人们的需要,在基本宪政原则(fundamental constitutive principle)的指导下,21 世纪社会主义坚持平等原则,消除贫困和世界上显著的不平等现象,奉行温和消费主义原则,尊重自然,支持人类实现可持续发展。人们因为需求才认识到这些原则。但同时,这些原则没能因势利导集合所有人的力量来创造一个更美好的世界。

斯宾格勒(Spengler)和汤因比(Toynbee)认为文明的衰落是由于没有集

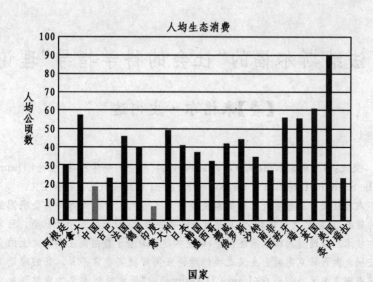

资料来源:基于国家足迹计算,2009 年版:2009 年 11 月 25 日。

图 5   经济发展应以生物承载能力为基础

合所有人类的力量来应对社会的挑战。重述马克思和恩格斯的观点,我们可以说:在 21 世纪社会主义革命工程使统治阶级颤抖。人类不会因为这项工程失去任何东西,只会束缚与大资本主义独裁的计划中。反之,得到的不仅仅是增长。

世界上的社会主义团结起来,放慢增长的速度!

(华东政法大学外语学院   童珊译)

阿法纳斯尔福的"社会的科学指导"理论

【委】米格尔·皮内达

交流：阿法纳斯尔福(V. G. Afanasiev)的"社会的科学指导"理论(Theory of the Scientific Direction of the Society)支持 21 世纪玻利瓦尔社会主义。

内容提要　一些重大问题的解决被推迟了许久。它们的解决将会巩固范式的转变，用新的文化视野（尤其是对经济事物的看法）来服务新的社会。科学家和技术人员通过网络来阐述社会，以便构建新的基于自由民主参与之上的交流空间。抛开马克思列宁主义之类的理论来阐释现实非常不易。我的理论工具箱中有杰根·哈伯马斯(Jurgen Habermas)的"历史唯物主义的重建"，也有"新马克思主义"。今天的争论焦点在于结合社会建设范畴里的标准和政策，回顾中性资本主义，重申资本主义不是来源于科学，更不会是来源于技术。为了这个目的，我不断搜索我的理论工具箱。我深知，在这个混乱的全球化的历史时期，一切事物都在坍塌，后现代主义占据了所有的领域。那些理论告诉我，现阶段的我国不可以全盘抛弃历史唯物主义和辩证唯物主义。今天，为了解决 21世纪社会主义争论的焦点问题，我们必须手握镊子，在成千上万的理论工具箱中仔细挑出钳子、手锯和螺母。分解整体，重塑我们的和他人的思想，阻止那种所谓的公开公正，能促进所有层面民主参与的辩论。为了这个目的，我的理论工具箱中还放入了阿法纳斯尔福的理论。他的理论也是前苏联社会的理论依据。明知这将给后社会主义时代带来震动，我仍谦卑地让这位作者再次发言，并从中加以引申。这些观点将会对那些辩论做出一定的贡献，并巩固人们对委内瑞拉在 21 世纪社会主义中所扮演的角色的看法。

关键词　社会的科学指导　21世纪玻利瓦尔社会主义

一、方法论

阿法纳斯尔福的管理理论用辩证唯物主义阐述社会理论，在方法论上以马克思列宁主义的基本原则为基础。马克思和恩格斯的基本论点支持这一理论。列宁的理论阐述决定了这一理论。列宁的理论是建立在苏联作为世界上第一个践行例如历史唯物主义等马克思主义基本原则的国家这一事实之上。

收稿日期：2010—5—30

作者简介：米格尔·皮内达(Miguel Pineda)，委内瑞拉卡拉沃沃大学社会科学系。

该作者(阿法纳斯尔福)一开始将社会定义成同自然一样,是一个整体的系统。它的各个部分处于永恒的相互运动中,从而产生各部分所不具有的新的特征。这些特征是系统结构功能的产物。很明显的,在阿法纳斯尔福理论的发展中,这一系统思想始终蕴含其中。因而,在这里我们有必要提及系统理论的一些特点:(1)由各部分结合形成的系统所产生的特征并不简单的等于各个部分的特征之和。(2)系统由各部分组合产生,各部分之间仍存在着明显的分界。部分可以是元素、器官、现象或者过程。它们相互作用生成整体,产生只属于系统的特征。社会作为这样一个系统,由从社会现象、过程或想法到经济部门等一系列部分构成。这种组合是系统的精髓所在,是系统结构和组织运行的基础。(3)内部组织运行表现在各组成部分之间的相互作用。每个系统都有相应的结构和组织运行方式。系统的特征取决于各部分的特征。

阿法纳斯尔福表示:系统本质上是矛盾的。它是一个具体的有形事物,在一段时间甚至延长的时间内保持性质不变。但同时,它不是一个石化了的事物。它的不变只能保持一段时间,因为它永远处于变化发展之中。系统是一个过程,那就是为什么在一段时间内结构会成为系统的组织运行方式。从辩证主义或者马克思主义出发,我们可以断言,阿法纳斯尔福将系统视作矛盾辩证的单元。因为系统的模糊结构(本身亦是系统的组成部分)既保证了系统的质的运行,又促使了内部变化的产生。这些内部变化导致了更为高级的其他系统的产生。组织结构除了在时间和空间上联结各部,也使系统各部处于一种相对平衡状态,表现在一系列直接的、间接的、主要的、次要的、偶然的,同一的或对立的相互作用之中。总而言之,系统由各系列的部分和部分之间的联系组成,这也是辩证唯物主义研究的部分对象。

系统内部本身有协作关系和从属关系。

协作关系是指整体各部分的和谐和协调,是各部分相互依赖的特点。它保证了系统的动态平衡。从属关系是指整体中各部分所处的特定位置和所具有的不等意义。根据历史唯物主义,若把社会系统作为一个整体,其重要组成部分就是由物质资料生产所决定的生产方式,它构成了社会运行和发展的基础。阿法纳斯尔福在他的以下论述中也提及了生产方式与环境的相互作用。生产基于一定的历史条件和状况,而也正因为有环境的参与,统一的系统才有可能产生。

至于统一系统的种类,该作者提及了所有类型的系统(机械的、物理的、生物的、人工的等等)。所有这些系统都可以分为自控的和他导的系统(self—managed systems and managed systems)。自控系统是指那些自我调控的系统,对他来说导向过程是内在的。所有其他的都是他导系统。

理论分析到这个程度时,该作者提及了指导和管理(direction and management)概念。它们属于神经机械学(cybernetics)范畴,被认为是所有系统的内在特有属性。那就是为什么指导具有自主性,而管理具有自己的力量。每个他导系统事实上都有两个子系统:被指导系统和指导系统。运用到社会理论中,这两个子系统就是管理的主体和客体。有必要指出的是这种划分有它的局限性,因为并不是所有的社会系统都产生指导和被指导两个子系统。这点可以从马克思提出的社会的发展得到证实。具体的例子是原始社会,至少是它的初级阶段。他导系统只有在受到内部或外部影响的情况下才能保持它的统一性和本身性质。只有这样指导过程才能容易的进行,也不用将系统至于不稳定甚至毁灭性的境地。事实证明以上事情是有可能发生的。而自控系统在各部分都完整的情况下,就足以保持主要特征,也不会损害到自身。该作者的理论,至少在它的初级阶段,是基于神经机械学的一些基本假说的。这就是为什么这一理论会表现出它逻辑性的一面,会使用数据分析。尽管在进行信息和数据分析时,我们不能否认人为因素的参与,因为正是人们赋予了这些信息意义。无论如何,所有的社会系统都具有内部直接、间接或者逆向联系的特点。它们可以由系统的矛盾本质来解释。由于它的矛盾性,系统内部因果关系常常变化,由因变果,由果变因,时有发生。这些矛盾也使该社会产生了一系列结果。因而,我们必须考虑到所有系统因其组成部分之间不断的相互作用而处于永恒的变化之中,它们倾向于一种动态平衡。神经机械学中的反向联系只属于他导系统,并且因之产生了一个非常重要的特点,即指导具有具体实在的目标。指导系统通过反向联系的环行获得信号,这些信号来自系统的目标或者预期功用。有必要指出,在社会范畴中,人类是唯一能考虑目标,并努力获取目标的存在,区别于其他动物只有类似自然进化结果的本能反应。在社会中,用最笼统话语表达指导的终极目标就是获得系统地最优运行,就是用最小的付出获得最大的功用。这是神经机械学的目标,也似乎是阿法纳斯尔福理论的目标之一。上述阐述在原则上向我们表明了系统的结构功能本质。当该作者通过辩证唯物主义方法论来深入分析神经机械学时,我们能在实际方面直觉感知其功能本质。我们认为,部分来讲,这就是阿法纳斯尔福理论的重要性所在。我们知道,要想理解社会发展,尤其是指导方面,必须把社会作为一个整体深入分析。而一些基本特性只是让我们对一些原则、大纲以及指导的不足之处和主要方式有个大概了解。在这一方面,我们同意该作者的观点,虽然在分析同一事物时我们因运用辩证方法而观察得更为清晰。

二、社会类似于统一的他导系统

对阿法纳斯尔福来讲,社会的科学指导也就是着眼于社会系统的影响力,并把这一影响力同内在规律统一起来。因此,理论和实践决定社会的科学行为就是仔细研究寻找决定社会发展的科学规律。这个规律可以表示为"为满足社会需要而进行物质资料生产"。通过协调生产,所有的一切都有可能发生。该作者运用了马克思·恩格斯历史唯物主义理论中最基本的范畴来解释社会的科学行为,并且在他断言社会作为类似与统一他导系统时必须同时基于两位社会科学家理论时,他就不局限于此了。他的理论提议涉及到以下范畴:社会经济的形成,它是一个统一系统,以生产方式为基础,而生产方式又由物质资料的生产决定。

关于社会经济的形成范畴内涵与外延重点有:

生产方式:指生产人类生存和社会发展必须的产品和服务的形式或方式。它被认为由稳定持久的生产力和生产关系构成。物质资料的生产方式是社会形成的物质和经济基础,它决定了上层建筑。

社会上层建筑:指社会的政治、法律、哲学、艺术和宗教概念以及相应的关系、机构和组织。除这些社会经济形成的有机组成部分外,还有其他一些现象:某些人类历史社区、自然生活方式、家庭、婚姻、语言、科学和某些社会组织(如体育科学技术组织)。这些类型的组织非常重要,没有它们,生活和社会的发展就没有可能。

有必要指出,这些社会学上的概念互相紧密地、辩证地联系在一起,表现在人类永不停歇的生产过程当中,并且在一系列由社会中人们活动所决定的规律中反映出来。以上说明在社会经济形成过程中,社会关系在社会管理中占有相当重要的位置。根据该作者的观点,关系必然从管理中产生,而管理就是人类集体的关系。它作为社会的和组成社会的各子系统的管理主体兼客体,是集体的内部关系,以协调人际关系和提高劳动效率为目的。生产资料所有权占主导的社会是一个拥有对立阶层的分裂社会,而在劳动力使用资料占主导的社会,劳动力就只是生产过程中的一般个体,同样服从于调整和指导。从这一唯物主义视角出发,决定规章制度(articles of incorporation)变化的是发生在社会生产中的变化。社会生产的矛盾本质决定了质变的产生,决定了一种新的生产方式、新的经济基础和上层建筑的重新确立。它调整旧的上层建筑,促使形成新的社会经济,以满足新统治阶级的利益。

社会规章制度的变化是辨证的,这点表现在历史上产生的各种各样的生产方式。尽管如此,有必要说明的是这些变化不是直线的,也并不是所有市镇都毫无例外的经历了所有这些变化。每个市镇都有其特殊情况,这些特殊情况表现在"经济基础与政治发展不平衡"的规律或者其他许多理论家所说的"发展的不平衡和多样兼容并存"的规律之中。这是很多不发达国家的主要特点。为了明确上述观点,阿法纳斯尔福重申:"社会经济的形成是一个有机系统,其中科学管理的过程必须在很大程度上考虑过程的复杂性,而管理本身就是该系统的内在特有属性之一。管理来源于社会的动态特征,是人们集体劳动的产物,是联系生产生活过程的需要,是人们交换物质和精神活动的必须。"

从这点来看,劳动也是马克思理论中所说的有决定作用的社会范畴。

社会的辩证矛盾本质促使马克思提出了两种有影响力的领导机制:自发领导机制和自觉领导机制。一开始时,因果关系起主要作用,社会自动运行,不需要人类的干预。社会了解人类,改造人类,也能自主地使社会过程加速或放慢,但她无法将之强加于人类。自发领导机制不需要依赖特定社会机构来运行。马克思认为,在这种情况下,商品和生产资料在各社会团体之间的分配很大程度由偶然性和武力决定。自觉性因素与人类活动具体的指导目标有关。社会机构逐渐成为具体的管理主体。用该作者的话来说,它们就是一系列为达到某些目的而有意识地对社会制度施加影响的器官和组织。自觉管理中,人类行为和社会集体行为,就像系统其他的组成成分一样,会根据它们的经济本质被置于一定的范围之内。这些自觉因素在社会发展过程中经历了深刻的变化。这点体现在科学的进步上。科学进步决定了社会规章制度的变化,特别是在当下这个世纪。这些变化同样是由生产力发展和生产关系发展的矛盾所引起的。生产关系也就是我前面详细说明的管理关系。从这点来看,社会的自觉管理具有历史的辩证的特点。它取决于社会的本质,即起主导作用的经济关系和社会的政治体制。从这一层面来看,社会的科学指导理论似乎表现的是全面整体分析社会的方法,这一方法也反映在马克思主义的理论假想中。适合研究社会的方法,除了辩证唯物主义方法,别无其他。尽管如此,我们仍有许多疑问,即使是那些多产作家都用了这些术语,我在讲述结构功能时也不再明确表述它们,因为至少在理论上它们是截然相反的概念方法。当然如果认为神经机械学是一门现代科学,就有必要使用该作者使用的术语游戏,并在理论开始时就做出解释。

三、资本主义社会中的管理

资本主义社会是一个他导的统一系统,由一系列的子系统组成。这些子系统对应相应的经济部门、社会政治部门和精神生活部门等。它们在结构和功能上相互联系,组成具有不同复杂程度和具体组织的一系列构造。该社会的辩证动态本质使质变在矛盾中产生发展。这些矛盾来自生产资料所有权决定的物质资料生产过程。它使生产方式具有了完全的对立特征,是生产力和生产关系发展的表现。它使社会产生了不同的阶级,这些阶级的性质取决于其在生产过程中所占的位置。其中,两大主要社会阶级是生产资料的占有阶级和不占有阶级。用马克思术语来讲就是资产阶级和无产阶级。我认为掌握权力的前者是少数的。这就是为什么我们可以断言,这一类型社会的社会关系中,协调关系和从属关系表现的相当明显。资本主义社会的基础是建立在剥夺他人生产资料之上的生产方式。

资本主义社会存在着两种管理制度，即前面已经提及的自发管理和自觉管理。系统利用这两类制度，通过对社会政治领域和精神领域的调节来主导社会，即使是在系统的矛盾本质必将引发阶级斗争的情况下。资本主义社会关注的是系统必须指导人类的思想和行动，以使个人和集体的社会活动以及社会生活能朝着有利于统治阶级的方向发展。用阿法纳斯尔福的话来讲就是"对广大工人阶级的政治强制和意识形态影响是资本主义国家和所有资本主义社会机构的主要任务"。

在资本主义社会中，作为社会范畴的劳动更具相关性。这是因为工人成为了商品，但那开始与他的劳动力可以与任何商品同值的一刻。从那时起，他就成为了被视为管理主体的资本主义阶级的管理对象。在这一体制发展中，这些管理主体角色由经理和生产过程的管理人员承担。资本主义阶级统治了整个生产领域，拥有全部权力，就像在政治和精神生活领域一样，因为他是资本的所有者。对这一理论分析到这个程度时，出现了另一个同"劳动"一样的基本范畴，那就是"资本"。马克思将之描写成一种所有权，其中极小一部分用于支付工人工资，而且即使工人获得新的工作来重新获取资本也无法提高其安全性。必须着重强调的是，资本和劳动的关系在这里就是资本的一项功能，是资本不可或缺的一个部分。那就是为什么这一社会的对立性质不断产生并且始终占主导。在这里管理是一个部门对另一个部门的控制，具有阶层的性质。

该作者认为，资本主义制度中的管理系统在三个基础阶段与其他区别开来：第一阶段，从一开始，管理功能就限制了资本所有者在各个领域对生产的管理，因为每个过程都处于市场盲目的控制之下。在自由贸易阶段，国家不参加管理，而只单纯扮演警察和保护者的角色。第二阶段是前垄断资本主义向垄断资本主义转换的时期，因为在这一阶段资本所有者依靠科技和组织，完全摆脱了直接控制生产的束缚。在这一阶段，生产管理只需要一个真正意义上的科学家的角色，而资本所有者可以依靠科学技术的发展运用间接管理手段来主导生产，因为拥有了资本的人也就拥有了技术和相应的服务。至于技术管理和组织管理方面，它们同样具有社会劳动的性质，必然落到了生产管理者肩上（如管理人员和工程师）。这些人就像资本主义的亲密朋友。这些可以说明生产还未达到最发达的阶段。国家处于资本主义再生产过程的边缘位置，尽管它第一次表现出了干预的意愿。第三阶段与国家垄断资本主义的形成相关，国家占有了大部分的资本。但是资本所有者仍然是经济的主人。到这一复杂阶段，资本所有者不得不通过由其组成的国家来实行管理，赋予国家直接干预资本主义生产过程的权力，来保证更多的资本积累和由此带来的程度更高的社会统治。这一阶段生产力发展如此之快以至于托拉斯和垄断达到了最大化的表现。市场是计划的主要导向。列宁曾说："有托拉斯的地方就不可能无计划。"①

　　国家对资本主义生产干预的基本原因可以表述为寻找生产最大化形式和资本利用最大化形式的旅程。这一自我旅程是科学技术发展和工人科学培养的产物。这一过程有以下几个特点:(1)现代生产基于分工原则。(2)科学技术的发展使经济活动在科技领域产生了新的分支,如原子能、电子技术、电脑科技和运输业等。这些行业的个人资本被稀释了,因为它们需要大公司集中大量的金融资源和专业化的人力资源。在这一复杂阶段,资本主义国家被要求承担这一功能。(3)战争期间经济的军事化和战后阶段的军备竞赛自然而然的使国家对相关的军事生产及其部门实行中央干预。(4)国家资本的不断积累产生了资本的国家化,并扩散到越来越多的资本主义国家。国家资本是国家垄断调控的经济基础。它不是用来服务个人资本,在大多数情况下是为了整个资本主义阶级的利益。(5)资本主义制度和社会主义制度的经济竞争使资本主义制度也采取了一些社会主义的经济管理措施,主要是国家计划手段。计划经济是这一阶段的突出特点,但是据米达尔(G. Myrdal)所言,资本主义制度和社会主义制度都使用这个方法。尽管如此,有必要指出这个方法来源于社会主义国家,产生于前苏联恢复经济的五年计划措施。之后,资本主义国家,尤其是一些发达资本主义国家,使用相关方法和技术对管理进行结构和功能上的分析,运用计划手段来规划预算的使用,还运用了其他当代的管理方法。同样要指出的是,跟随苏联社会主义的国家也使用了产生于资本主义国家的一些方法。资本主义国家创造性地使用了这些方法,将它们与社会主义国家的实际情况相结合。所以,在这些前提下,该作者已经使社会制度的结构功能的本质更为清晰。这些方法并没有什么质的区别,在这一制度或另一制度中都是一样的,关键是人们使用这些方法的目的和目标。

　　关于对人类行为的调节:都更加重视对人类行为的调节,特别是国家。国家涉及"劳动和资本"的关系。这两者在马克思看来是互相矛盾、不可调和的。但国家力图使两者协调一致,通过社会控制来强行协调两者,并从根据个人在生产过程中的参与度给与相应社会回馈这一行为开始做起。国家干预社会政治和精神心理生活的目的和经济调节的目的在本质上是一样的,都是为了维护资本主义,调和内在矛盾。那就在很大程度上,有必要调控个人行为和社会团体活动,限制他们需求的满足。韦伯和帕森(M. Weber, T. Parsons, etc.)等人的社会行动理论(the Theory of Social Action)可以解释这一举动。比如,帕森就曾指出,社会管理系统是一个有着不同等级层次的系统:第一层由从事初级生产的人们组成。这是技术层面或者说初级层面,这一层没有指导功能。第二层由从事生产管理和分配的人们组成。这一层并不是自行决

---

① 列宁选集[M]. 第 2 卷. 北京:人民出版社,1972.

策,而是服从直接上层的命令。第三层组成一些机构,提供指导性的建议,被认为是企业和垄断的顶层。第四层包括在政府高级机关中工作的人们,他们决定国家政策。正是这个最后的社会指导层使社会制度的组成人格化,也正是在这里,描绘出了社会典范,制定出社会行动准则,实现了社会控制。在这里对经济、社会和文化活动等的控制存在着社会契约,而社会行动理论也在实际层面起作用。在行政管理中,国家通过在意识形态和心理方面施加合力。这样资本主义制度取得了一个动态平衡。国家垄断资本主义竭力阻止社会主义性质的前导组织的形成。但是,社会发展的辩证性必然产生自身不可调和的矛盾,也使得社会可能向另外一种社会类型转变。因为有理由相信,存在着一群真正革命的先锋。他们深知这些矛盾,并能发挥决定性的影响。历史洪流将会证明这一点。

四、社会主义社会的管理

社会主义社会同资本主义社会一样是一个复杂的有区别性的统一系统,不同于后者的是,社会主义社会中所有的成员都同时既是管理的主体,又是管理的客体,同时统治和被统治。每一个人都在他所占范围之外被社会统治着。而且,由于人们处于一定的集体之中,所以每个人又被该集体统治着。也就是说,每个人都被一个管理主体统治着。但个人又是社会财产的共有者之一。这里的人们同其他社会制度下的人们一样,推动着管理主体和客体前进。这是社会主义结构的基本所在,是所有关系的中心联系,处于所有生产关系之前。但是,人们的行动不局限于生产领域,也涉及其他诸如社会、政治、精神和家庭生活领域。所以说社会就像球形结构,有一系列结构组成一个统一的系统,例如经济结构、社会政治结构、精神生活结构和家庭生活结构。其中的每一个结构都有各自的特殊之处,并因之给了社会质的特点。社会性质主要是由占主导地位的所有权形式决定的。这些关系以及其他日常生活关系与社会资料持续地相互作用。在社会主义社会中,是和周边其他社会主义国家中的个体,甚至资本主义国家互动。此时它的基本互动原则是互助合作。而同资本主义国家,这一原则是和平共处。

社会主义社会管理的总任务是最明智的使用社会主义公正的律法,直至其发展进入共产主义社会。在此管理和指导的概念是类似的,两者都是指有意识地影响社会,并且都是基于社会主义社会内在的公正律法。尽管如此,它们在于主体的关系上、具体的内容和对客体发挥影响的形式上仍是不同的。管理属于所有的社会类型,而指导只属于阶级社会。在无阶级社会,政党指导不再存在,管理也不再具有阶级政党属性,社会管理成为自主的管理。

管理社会就是统治人们,社会团体以及其他事物,但首先是统治科学技术及其发展过程、社会本质的发展过程、社会关系以及社会观念。这种管理最重要的是指导该社会中的个人和集体。这一观点并不是否认人的自由作为共产主义发展的衡量标准。所以,管理例如科学技术等其他事物的重要性也随之而来。在寻求将这种类型社会的对立性减少到最小时,社会契约便产生了:个人、集体和社会最根本的利益是一致的,因而个人寻求在社会的成功中实现自己的才能。从这个意义上来讲,社会的科学指导需要一个较好的管理主体来支持系统发展的最佳运行。

毫无疑问,随着社会主义制度的发展,会出现一系列的问题,这些问题可能与生产、青年人、家庭和生活相关。因为在这一阶段,基于以前生产方式的上层建筑仍然占主导并以资本主义生产方式运行。因而有必要在经济、政治和社会生活的各个方面进行改革来保证社会的公平公正。管理的一个核心任务是组织人力资源、劳动力和主要的社会生产力。这种管理可以导致一种最大限度满足社会需要和个人潜力发展需要的专业指导系统的产生。所以,社会主义社会各方面的科学管理,就可以从它总体上使用的方法以及急切渴望将一切社会关系纳入互动上与其他管理区别开来。我们将会提及的苏联共产党第二十四届大会记录中所写的一个决定,便是这样一个例子。管理的主要目标是合理组织和支持生产以及科学技术的有效运行和发展。其中最主要的是指导交往方式,最先进的科学技术体现于此,并会在适当的时候扩展到生产领域。首先需要强调的是,必须完善计划理论,提高计划实践。因为在社会主义社会中,计划是最中心的联系,是国家经济管理的精髓所在。

在认同上一节所说的基础之上,我们发现计划对这一类型社会至关重要,不管是在经济、政治还是在社会生活等领域的计划。它可能对社会上发生的不同事件,甚至人们间的交往都有深远的影响。这就是为什么我们在"为将来所作的社会管理计划"及"管理计划和合理性"中让这一观点继续发展。两个理论中都没有提及委内瑞拉计划体系的具体措施将会失去社会整体性的特点,因为具体化就不容许整体性了。最基本的前提是,计划作为改变规章制度的过程,必须考虑经济、政治、社会和家庭结构之间的每一个联系,保障公平公正的社会。我们不知道,那时的社会主义形式(苏联社会主义形式)是否足以保证我们想要创建的 21 世纪社会主义或玻利瓦尔社会主义,也不知道吸收"委内瑞拉玻利瓦尔共和国和理想玻利瓦尔宪法"中模糊阐述的社会组织和新的学习过程中的一些基本因素是否能使我们成功实现以上的理论阐述,并开足马力寻找已丢失的联系。但我们清楚地知道必须去计划社会管理,因为正是在这些计划中我们才能找到那些会带来期望中公正公平社会的变化。

五、社会主义社会管理的主体

　　社会主义社会管理的主体是由政府和非政府组织构成的复杂系统。这个系统是由社会的经济体制和基于此的阶级结构决定的。科学管理的任务在于最精确地在管理主体身上复制出管理客体，因为如果不这样就没办法支撑社会系统的运行和最优化发展。

　　国家社会主义者在这一管理系统中占有重要位置，就像是社会过程的调控者。列宁认为，国家是一个动态系统，由行政、立法和司法三方面的国家机关组成。这些机关分为许多层次，与社会组织的层次相一致。社会组织向两个方向发展：竖向（根据服务大众的活动内容）和横向（根据地域分布）。所有社会过程的科学管理都要同国家的竞争，尽管国家管理是建立在社会组织（包括社区组织、青年组织、科学组织和一些联合会等）管理的基础之上。这些组织产生了社会关系。社会主义有一些指导关系。它们产生于社会运行过程、政府指导过程、经济基础、管理基本原则等。它们根据管理客体不同，有了不同的经济、政治或意识形态的导向，尽管不是每一个这种关系都要有这种导向。这种关系最终表现为从属关系，一方决策部署，另一方贯彻执行。政治和意识形态关系由历史进程决定，转瞬即逝。其他关系以功能形式存在，是资本主义社会逻辑特点的表现。它们促使人们发现存在着适用于两种制度（至少是在组织工作中）的一些原则，他们的不同之处在于使用的方式。我认为，已解体的苏联社会使用的线性—水平混合管理原则看起来更为合理，尽管有可能因为这样的并行产生危险。

　　社会主义社会中，除了国家，政党也可以作为管理主体。这里的政党是一个特殊的类别，是社会的维护者，她的行动基于从马克思主义中学到的对社会的科学认识。政党是唯一的责任组织。只有她能够结合科学、技术和管理系统。她的指令能够确保社会主义者始终坚持先进生产力的观念。推动生产力的发展是政党的最终目标。共产主义社会是生产力最大化发展和生产关系最优化发展的表现形式，将保证人们在一个有管理的社会中最大化的发挥自己的潜力。在这些方面，国家和政党是无所不能的，尽管他们的目的只是形成社会主义意识形态来巩固社会主义。在这一前提下，政党的产生只有在她能够协调趋势和努力，在社会管理实践中发扬新思想的情况下才合理。很明显的，如果计划是明显社会主义性质的，要等待所有力量结合就会耽误时间。在他们执行社会律法时，就应明确要求他们不要再空等。只有拥有智慧的头脑才能在最佳时间做出决定。要想使政党、小资本主义和政治团体内部相互妥协，就必须让仍存在于上层建筑的旧的社会阶层继续存在，并不断打击官僚主义和腐败现象。

阿法纳斯尔福提出在三种基本情况下必须重新结合管理方法。起初,他把管理方法定义为直接贯彻政策、管理社会生活各领域的工具。这三种情况是:

(1)竞争和实践精神——要想要统治,首先要知道统治的相关事宜。如果不去竞争,不知道统治的科学,就不能够统治。竞争是基础,在科技发展的情况下更是如此。要想赢得竞争就需要科学组织工作,培养领先行业的技术人员(工程师、行政人员和科学家等)和各生产领域的专业工人。有必要指出的是,必须采用不同的与传统相区别的环形结构方案来培养人们,不管是在普通教育还是在高等教育领域。玻利瓦尔社会主义需要新的人们,因此教育系统必须适应这种社会需求。社会需要的是懂得竞争和团结,奉行自由精神,坚定不移拥护新社会主义价值的人们。社会主义实践精神指的是合理的更高效的使用已有资源,为社会、集体和个人谋求利益的能力。批判地说,资本主义制度的工具合理性理论和这里的实践精神是一样的,因为它们除了意识形态外衣表述上有所不同外,其他表述没有大的不同。

(2)协调行政的和科学的方法:两种方法在指导和管理上都是不可或缺的,不管是在经济关系领域还是在社会政治领域。作者认为,在社会建设中教育有着决定性作用,能真正的引导人们去追求建立在科学之上的社会。阿法纳斯尔福在这一点上指出:“没有真正的科学方法,就没有真正的共产主义教育。教育的科学性原则在于它要求教育工作必须和生活、实际工作以及共产主义建设中产生的任务相结合。这个结合非常重要,教育系统中的每一个相关部门(家庭、学校、专业的和高级的培训中心、报社、广播、电视和其他组织等)都要努力推动这个结合和它们之间的互动。”

(3)系统:管理方法中有必要存在着某个系统。管理的系统化本质需要精确地和细致地分工,需要严格明确每一个部门的领导者并对此获得共识,需要在功能缺席的情况下同步并列功能,需要排除不必要的中间环节。

以上事项的实现需要能满足社会主义社会期望的领导。他们立足于社会主义社会的基本原则,是管理的主体,并通过行使民事权来承担管理主体角色。人们所说的直接管理工作也是这一领域中专业人员的责任。在任何情况下,领导必须具备意识形态气候,对政治有成熟把握,对马克思列宁理论有深刻了解,有极强的责任感和全面的统治科学。因此,领导的受教育程度和生活经验都值得考虑。这就是为什么在委内瑞拉发展社会主义,一个基本考虑是实行新老领导混合的政策。要培养将经验和一种丰富的、系统化的、具体目标导向的教育结合在一起的领导。这只有通过合理培养潜在的领导才能实现。这种培养必须是高要求的,与社区中社会实践生活相结合的,并且不可以限制阶级背景。

六、管理的基本功能

管理的运行具有循环的特点,从确定任务开始,到完成任务,也就是基于明确的信息(主动获得的或是自发产生的)获得预期结果,再到提出新任务,整个循环再次开始。任务可以是多种多样的,在相应时间内表现为短期、中期和长期任务。每个循环之间相互联系,并在结构和功能上相互协调,他们互相作用,共同促进指导整个社会的任务的完成。

管理主体的操作和行动构成了管理的功能。这些功能有准备和采取管理的决策,管理组织的规章财务和控制信息处理。所有这些功能都相互联系并运用到社会生活、经济和社会部门等具体领域。

七、科学管理的一般原则

这些原则被理解为系统活动的基本规则。它们指示人们去管理经济和社会运行。这些原则表现在客观规律的性质、社会主义社会的政治结构和政党的精神发展水平上。列宁为了在苏联建设社会主义而撰写了这些原则。

民主集中制:经济、技术、社会政治和精神领域都有这个特点。它们将事物集中到中央来决策和计划,但同时社会制度运行和发展中保留了主动权和民主性。它表现了社会发展过程中各个群体的意见,包括统治决策群体和相对独立的群体。民主集中制的特点表现在它完成了以上提到的管理的功能。

客观性原则:客观性特点表现在决定社会生活和社会发展的客观规律的存在。客观性原则考虑社会的发展可能和现状,是科学管理的重要原则之一。

具体性原则:客观性原则要求对过程研究必须基于实际内容,规律的表达也必须实际具体,要超越当时社会生活的具体矛盾。这也就是说指导要基于可信的和科学排序的信息。这些具体数据相当重要,能使社会凌乱的现象系统化,从而可以从中得出因果关系和客观规律,预测发展前景。

优化高效原则:这一原则的本质就是在最短时间内完成任务,并尽可能消耗最少的人力、物力和财力。这一原则,据我们的理解,支持韦伯的工具合理性原则。工具合理性原则似乎是内在矛盾的,因为它提出不能由社会某一个部门完全操控社会的原则,除非该部门是社会主义社会中的管理主体,即国家本身及其各个机构。这一合理性原则在理论上是不成立的,至少在社会主义制度中如此。该作者撇开权力,谈到:"社会的进程(计划和管理)是一个相当复杂的现象。从社会的角度出发,高效的进程一方面推动社会主义的运行和发展,促进社会经济和意识形态问题的解决,有利于社会的发展;但另一方面,又压迫了共产主义社会中所说的个人的社会发展,即人类的全面自由的发展。"具体的现实中,在不受阻碍时,计划和管理似乎能作为工具手段互利前进,理由也就是韦伯所讲的工具性理由。但不同之处在于,社会主义制度中的合理性是表现为哈伯马斯所讲的社会和交流方式,但这并不是说这两种在实际情况中不是工具形式。区别主要在于此时计划和管理的目的是为了一个公正和谐的社会,在这个社会里个人的成功也是社会的重要基础。

基本环节:通过社会规律来决定每一个阶段的基本面和社会环节。这些环节将所有力量凝聚在一起来握住所有的链条,使其稳固的过渡到下一个环节。比如已解体的苏联社会,商业的发展,工业化和集体化就是其基本环节。要找出社会的基本环节并不容易,因为必须知道特定历史条件下社会的运行规律才能集中力量和注意力。

人本原则:人类是社会过程的基本因素。他们感觉到当下需要满足的物质和精神需求,但这种实时需要有时候得不到满足,因为他们在很大程度上必须首先响应社会建设的需要。但是作为人类就肯定会有感觉和需要。社会主义制度中把这种个人需求作为社会的急切需求,所以个人真正意义上感觉到参加生产过程的满足感,也愿意为社会发展贡献个人力量。因此,管理的一个重要任务就是有效激发劳动力和人类社会活动,主要是调节好工作中的物质和精神激励。在这里,我们还需加入诸如自由、平等和公正之类的更为宏大的激励。这些激励可以通过社会计划和管理付诸生产实践,以使人们不再感觉像牲口般处在物质化的时期和受限的空间里。这是他们精神发展的需求。

地方和部门管理:这一原则基于一个客观事实,那就是社会主义社会存在着地方行政单位和社会生活、经济和文化等不同领域。地方和部门管理会表现出一些对立的结合,管理主体的任务就是协调这些对立,主要通过消灭官僚主义,提高公众参与和巩固社会民主来重申社会主义。

八、现代管理的科学技术方法

在这一部分,阿法纳斯尔福提出依靠科学技术方法来进行社会科学管理的必要性,并将之表述为一门真正的科学。作为一门真正的科学就需要使用数学,模拟实验,组织的一般技术,电脑和电脑技术,还需要合理研究人类和管理过程中的技术。但是我们必须保证的是,不管在什么时候都不能将机器和这些管理方法至于人之上。恰恰相反,所有这些科学技术方法都是为了社会利益服务。如果不是这样,就会失去作为人类的本质,也谈不上什么管理系统了,我们将会处于社会组织有定义以来最大的社会滑坡。最后,我们认为每个社会系统都必须计划和管理,以便产生一个内部的社会互动,保障人的全面自由。至于使用什么样的具体的管理方法,组织类型,统治的基本原则和意识形态基础等是人们必须回答的问题。这些答案必须和社会的历史发展现状相协调,更确切的说,必须辩证地协调。

九、运用理论来支持玻利瓦尔社会主义和21世纪社会主义建设

在探寻能够解释玻利瓦尔社会主义建设中社会管理计划的方法时,我们发现社会的科学指导理论似乎是值得考虑的理论依据。在这里,我们希望翻遍理论工具箱,从历史唯物主义角度重新分析委内瑞拉社会。其中我们考虑了阿法纳斯尔福的理论假设,这些假设也是解体的苏联社会的理论支持。我们认为这些理论非常有用,因为它们揭示了许多复杂模糊的事物。除此以外,马克思列宁主义也使用了这些理论。马克思列宁主义有一段时间石沉大海,但现在又重新兴起并且随处可见。

为了使用方便,我们创造了以下一些表达方式:

(1)分析层面:这一理论分为个人层面,组织机构层面和整个社会层面。在分析委内瑞拉社会系统时,这三个层面非常有用。更重要的是,它们使我们可以集中使用历史唯物主义来分析委内瑞拉历史进程,并且采用辩证的方法。辩证方法可以通过分析委内瑞拉社会经济进程中的一些具体范畴来客观分析或是证实提出的假设。阿法纳斯尔福通过这些方法确实发现了一个完全不同的事实。

(2)方法:社会的科学管理理论是在马克思列宁主义的基本理论上发展起来的。它的基本理论和声明都必须通过研究马克思、恩格斯和最主要的列宁的理论。列宁通过苏联发展的事实丰富了前两个人的理论。社会的科学管理理论是用传统的方法,集中分析整体(即整个系统)中的矛盾关系,并将社会机构作为统治阶级的代表来分析。具体到委内瑞拉社会,人们承认其复杂系统的特点,也就接受了该计划和管理目标。社会系统中存在着矛盾的进程。在社会上层建筑中,国家通过例如意识形态工具来保证一个部门对另一个部门的控制,而拥有资本的部门就是控制部门。因此在国家决定计划的情况下,工具合理性原则占主导。但是这个前提还没有被核实。

(3)社会过程:这些社会过程有合理化统治方式的过程,资本主义社会资本积累的过程和社会主义社会通过发现特定历史时期的社会规律来解放社会生产力的过程。对我们而言,作为一个不发达国家和石油大国,又处在全球资本主义占主导的环境下,我们有必要研究这一历史时期的社会发展规律。在这一时期,科学技术发展呈现信息化和全球化的特点,知识成了生产中一个重要的因素。我们也希望社会管理计划能在21世纪社会主义建设中扮演一个重要角色。

(4)国家和社会的关系:在管理理论中,这一关系似乎就是管理主体和客体的关系。但是,人们必须承认这两者之间有着许多不同的联系。这些联系

通过不同的社会经济、政治和家庭等子系统的多个面表现出来。但明显的是在这个复杂系统的诸多联系中，社会管理计划是管理的主体部分。

另一方面，这一理论的发展也涉及神经机械学理论。这就是为什么理论解释是从功能结构角度出发，为什么用定性和定量工具，还有为什么最常使用逻辑实证方法。

需要澄清的是，该理论中的很多原则都与前苏联的一些科学概念相呼应。很明显的是，在分析 21 世纪社会主义时，不确定性的或定量的涉及委内瑞拉社会是不可能的。这样，同理类推就必然会产生一些基于分析委内瑞拉实际运行规律的假设。另一方面，苏联解体而一些其他社会主义国家却仍存在于单级资本主义统治的情况使我们再次审视马克思主义范式。这种回审将在委内瑞拉新的社会现实情况下考虑辩证唯物主义的假设，这也将保证我们用新的现实来进一步发展该理论。作者为此再次发言，但现在要在新事实的基础上总结出任何的论断都还为时过早。反对马克思主义的理论（如重新回到市场经济，回到所有权被剥夺的某种组织形式中，让其他人参加政党的政治生活和一些总结国家政治生活的新组织形式和新观点等）似乎在一系列原则前显得很有必要。这些原则基于社会事实，由国家提出，在发展社会过程中起决定作用。尽管如此，社会的科学理论中最基本的要求还是呼吁整个社会将人们放到真实的环境中考虑，追求个人的自我实现。这一点部分地解释了这一理论的重要性。尽管在讨论决定苏联解体的原因时，该理论没有提出有深度的意见，受到了人们的批评。但我们必须知道岩石在空气中也会风化。欧几里得定律逐步带出了其他理论，其中就有爱因斯坦的相对论。我们也有理由期待基于同样的人类和社会的发展一些社会理论也会产生。有可能我们提及的理论是完全有争议的，但是同样有可能这些理论假设就像现代社会的社会策略一样是确定无疑的，是受到尊重的，特别是受到一些同我们一样立志走一条不同于资本主义帝国的转型国家的尊重。

（华东政法大学外语学院　童珊译）

马里亚特吉、拉美社会主义及亚洲

【西】爱德瓦尔多·苏比拉

纽约大学

"在人类历史孕育的关键时刻,东方之魂似乎已经影响到西方……"
　　　　——何塞·卡洛斯·马里亚特吉(Juan Carlos Mariátegui)

一、导　言

　　何塞·卡洛斯·马里亚特吉(1894~1930)无疑是拉丁美洲 20 世纪最杰出的马克思主义思想家。他的著作《关于秘鲁现实的七篇论文》直至今日仍被奉为经典,是了解秘鲁乃至整个拉丁美洲后殖民时代的政治经济格局不可或缺的参考。马里亚特吉兴趣广泛,诗歌、新闻报道、哲学论文、政治经济分析均有所涉猎。作为一名杰出的政治家和社会活动家,他加入了美洲人民革命联盟(简称 ARPA)。1926 年,他创办了社会主义杂志《阿毛塔(Amauta)》。1928 年,他发起建立了秘鲁社会党(秘鲁共产党的前身)并担任总书记。至今,他的个人魅力及政治影响仍遍及整个拉美地区。

　　本文中,我将集中关注他工作的三个基本方面。第一是他构建出坚实的现代社会主义运动的理论背景。这一分析基于对西班牙殖民主义和北美帝国主义的理解,基于对资本主义发展的经济分析,财产的封建结构以及发生在他的祖国秘鲁这样一个以日益贫困的无产阶级和农民阶级为代表的国度里不断增加的社会和文化冲突。然而,在他看来,社会主义革命还有另一方面,即:"印第安人"问题。

　　我想强调的第二个方面是他的理论和政治建议,即:实现秘鲁印第安人与"土著"的文化传统融合,演变成现代社会主义运动。在他看来,更广泛的现代社会主义运动应该从公有土地用途、传统农业知识、宇宙学、宗教、社会价值观等出发。马里亚特吉在这两方面的工作众所周知。从他的著作中也可窥见欧

收稿日期:2010—5—30

作者简介:爱德瓦尔多·苏比拉(Eduardo Dubirats),纽约大学西班牙和葡萄牙语系教授,擅长现代哲学、美学、批判理论和殖民理论。曾任教于普林斯顿大学以及圣保罗、墨西哥、加拉加斯和马德里的各大学。目前,他为西班牙和拉美日报撰写文化政治方面的文章。

洲著名的共产主义知识分子对他的影响,如:安东尼奥·葛兰西(Antonio Gramsci)。然而,马里亚特吉在这方面的观点更加激进,用他自己的话来说:"我们本能地从印加帝国中继承了社会主义思想……"[①]

二、现代拉美社会主义运动的理论背景

马里亚特吉将安第斯运动定义为在根植于印加"共产主义"的社会经济制度,随后经历了安第斯共同体的殖民销毁,再演化成现代化的独立共和主义,最终将实现社会主义秩序,并将恢复印加为基础的土著传统。在这一点上,他写道:"革命维护我们最古老的传统。"[②]

相对 20 世纪中叶,这种社会经济分析在今天的安第斯地区,乃至是整个拉丁美洲都更加重要。从马里亚特吉定义的"土著社会主义"概念出发,人们可以更好地理解正发生在玻利维亚、巴拉圭和厄瓜多尔等地的政治经济变革。

另一种定义为马里亚特吉看待秘鲁乃至整个拉美社会主义的方法是:他将社会主义的斗争根植于"国家传统"之中。需要强调的是,这里的"民族主义"绝不能等同或与 19～20 世纪欧洲北美的民族主义和爱国主义扯上关系。因为后者实质上与全球霸权和/或帝国主义紧紧相连。而马里亚特吉所倡导的民族主义则与文化沉淀、学识智慧、道德价值观念、古安第斯文明生活方式及反殖民主义息息相关。

这样一种历史文化观下的现代社会主义绝不意味着我们应对现代科学和工业革命嗤之以鼻。马里亚特吉再三强调,社会主义运动应基于社会主义的文化沉淀和古老传统,这种传统可以追溯到前殖民时代的生活方式。对它的态度不是排斥,而是在民族主义的框架中重新诠释定义"现代人类的进步"[③]。基于马里亚特吉理论提出的现代社会主义又导致了另一个截然不同且更具挑战性的结果:不拒绝进步,但排斥西方单边主义提出的单一世界秩序观及单一历史目标。

马里亚特吉提出的社会主义计划与欧洲中心论倡导的单一"文明进程"大相径庭。这种理想的先决条件是线性类别的人类进步,正如法国启蒙运动的哲学家、自由主义政治哲学家霍布斯和洛克以及黑格尔及黑格尔主义的知识分子的教育理想所阐述的那样。单一的"文明进程"将西方的扩张视为理所当然,将在资本主义名义下打着基督教的旗号使世界其他文化土崩瓦解视为正当。

这种"文明的进程"以对印加文明进行殖民统治为开端,既而建立西方殖民势力,先是西班牙,再是英美帝国主义。马里亚特吉倡导的社会主义扭转了

　①　"La nueva cruzada pro-indigena," en: *Ediciones Populares de las Obras Completas de José Carlos Mariátegui* (Lima: Empresa Editora Amauta, 1959) t. 13, pp. 167.

　②　"La tradición nacional," in: Ibid., t. 11, pp. 121.

　③　"La nueva cruzada pro-indigena," in: Ibid., t. 13, pp. 167.

这种进程。他倡导人们团结一致,从殖民统治中获取独立,建立社会主义制度。这种制度可以追溯到古印加帝国的政治社会传统,当然也不排斥现代科学及工业化。

马里亚特吉社会主义理论的第三个主题要说到拉美与亚洲的关系,但也可以作为探讨社会主义新世界秩序下文化和政治多边主义的出发点。

20 世纪 20 年代,马里亚特吉在一系列的文章中阐述了他关于拉美相对亚洲人民和文化的地缘政治局势观。虽然这与标志着 21 世纪的新全球政治平衡十分相关,人们却很少关注马里亚特吉的观点。在他看来,自殖民时代以来,亚洲移民,特别是中国移民已经在美洲太平洋海岸产生了重大的影响,他们的影响从利马一直延续到阿卡普尔科。在 19 世纪和 20 世纪以来,他们的影响更为巨大,已经波及整个美洲地区。尽管这些永久移民与我们的社会和文化密切相关,他们却很少成为公开政治和社会学的讨论分析话题。此外,还必须强调的是,在马里亚特吉看来,安第斯文化和亚洲文化之间的关系要更为深刻,绝不仅仅止于一般社会学认为的持续移民流及其文化对美国文化发展的影响。

通过 1910~1922 年在利马日报《世纪报(El Tiempo)》上发表的一系列文章,1923~1924 年萨雷斯·普拉连(Gonzalez Prada)在通俗大学所作的一系列讲座,以及这些年里在他自己创办的社会主义杂志《阿毛塔》中发表论文,马里亚特吉重建了世界全貌,一个经历了苏联革命和墨西哥革命的纷杂世界。他将这个世界与政治军事力量日益增长的美利坚合众国联系起来,与以 1900 ~1901 年间所谓的义和团运动为起点的帝国主义战争联系起来。其中不乏对抗俄罗斯、法国、德国、奥地利、意大利、北美的,也有在中国横行的日本帝国主义。从这些文章和演讲中,他首先透露的是国际主义的承诺,但他也强调了更加重要的问题。在他看来,以第一国际为起点以俄国革命为顶峰的欧洲社会主义运动及第二第三国际并不是最根本的历史现象。他从拉美观点出发,认为殖民世界的社会主义运动和革命远比欧洲的要重要得多。当然,这里的欧洲包括苏联解体后的俄罗斯和德国。苏联革命对中国革命进程的影响,对印度独立的影响及随后的非洲反殖民运动的影响:这是问题! 他于 1920 年写道:"第三国际激励、支持了亚洲人民的反抗……"在随后的 1925~1927 年间,他在书面分析中更加重视亚洲的反殖民斗争和社会主义运动。[①]

马里亚特吉在亚洲方面的政治见解和立场可以归纳为两方面。他于 1924 年写道:"东方之魂似乎已经影响到西方"[②]这样一句不同寻常的话到底

---

① 何塞·马里亚特吉(Juan Mariátegui), *José Carlos Mariátegui y el continente asiático* (Lima: Clenala, 1997), pp. 12—14.

② "La escena contemporánea" in: *Ediciones Populares de las Obras Completas de José Carlos Mariátegui*, op. cit. , t. 13, pp. 168.

是什么意思呢？为什么在他的社会主义杂志《阿毛塔》中,他坚持认为苏联革命是向东而非向西延伸呢？为什么中国的独立斗争和社会主义运动在他的思想中占有如此重要的一席之地？

从马里亚特吉的政治文章,我们可以看出他认为相对于1917年的俄国革命及其对西欧(包括西班牙)的影响,秘鲁的社会主义运动更接近亚洲各国诸如中国和印度(以及非洲各国)为独立和民主而进行的社会主义斗争。他准确地预见到,亚洲与日俱增的政治文化影响将通过它的反殖民斗争和社会主义运动而取得的社会文化政治变革传递给拉丁美洲。这样一来,20世纪下半叶发生的印度独立和中国的共产主义革命在世界范围内的影响都不容小觑。

马里亚特吉的秘鲁社会主义项目十分关注古老的民间传统及生活方式所独有的积极文化社会因素,可能因为安第斯文化及亚洲传统文化在历史、文化、心理上有着不少相似点。他是为数不多的肯定并强调古今、美洲和亚洲、文化及人民之间联系的拉美知识分子。他于1924年写道:"相对于西方人,我们秘鲁人民的心理其实更接近亚洲人民……无论是精神层面上还是物质层面上,中国比欧洲更接近我们。"[1]

对于古代美洲文化及拉美传统生活方式中的"东方"特色,马里亚特吉并没有从人类学的角度详加阐述。相反,是从文学、文化和政治方面加以分析。更确切地说,他是从"土著"的角度予以捍卫。他所说的"土著主义"是一个广泛而模糊的文化进程,包括不同的社会群体和阶级,还包括政治进程。它可以被定义为一个20世纪遍布全拉美的政治文化运动,参与其中的有杰出的社会活动家、作家和艺术家。他们用美洲土著人的语言、宗教和社会传统为起点捍卫着后殖民时代的拉美文化。不少著有文学经典的20世纪的拉美作家,从巴西的马里奥·安德拉德(Mario de Andrade)到若昂·吉马朗埃斯·罗萨(João Guimarães Rosa),墨西哥的胡安·鲁尔福(Juan Rulfo),甚至是危地马拉的诺贝尔奖得主米格尔·安赫尔·阿斯图里亚斯(Miguel Angel Asturias)都因为这种双重性格(美学和反殖民)而被冠以或指控为"土著化"。特别指出的是,秘鲁诗人和小说家何塞·玛利亚·阿尔格达斯(José María Arguedas)应被认为这一运动的领军人物。

在拉美,"土著化"一直是个富有争议的智力及社会运动。其明显的反殖民特征已激起了保守知识分子的挑战,且事出有因。其根源可以追溯到印第安抵抗运动,在克丘亚语中叫 Taqui Onkoy[2],旨在重建存在于16、17世纪的古印加社会和秩序。它也与18世纪由图帕克·阿马鲁(Tupak Amaru)领导的,位于安第斯地区的反西班牙殖民统治战争有关。19世纪,由西雅图酋长

① "La revolución china," in: Ibid. , t. 12, pp. 133.
② Luís Millones (comp.), *El Retorno de las huacas: estudios y documentos sobre el taki onqoy* (Lima: IEP, Instituto de Estudios Peruanos: SPP, Sociedad Peruana de Psicoanaálisis, 1990.)

写给美国总统的信件也被标榜为带有土著主义的哲学思维和政治承诺。"土著化"运动及其有关的社会或文学表现形式绝非维护人权的运动,也不是现代意义上的社会主义运动。然而,他们将斗争理解为争取古代生活方式的权利,其中就包括马里亚特吉再三强调的社会主义方面。

保守主义人士一直攻击"土著化"或"土著主义"不是文明进步的价值观,而是种倒退的运动。不用说,马里亚特吉对此批评绝不赞同,他从始至终捍卫着土著主义以及他的"社会主义思想"他就此的著名论断为:"我们本能地从早已消亡的印加文明中继承(社会主义理念)"①。同时,他那社会主义的"土著化"也与现代科技进步以及所谓的西方文明进步的方面结合起来。持有这种"土著化"观点的还有其他著名拉美作家,如巴西的奥斯瓦尔德·安德拉德(Oswald de Andrade)以及巴拉圭的奥古斯托·罗亚·巴斯托斯(Augusto Roa Bastos)。

然而,"土著化"其实有它更深的根源,是其宇宙学哲学和形而上学的本质。两者都如此引人入胜:我深信,正如马里亚特吉阐述的那样,正是美洲土著化这个问题,其历史同欧洲在美洲的殖民统治同样悠久,解释了亚洲和美洲人民深层次的文化联系。美洲古老的宗教及宇宙哲学积累的文化沉淀、传统农业、天文、药学智慧以及"共产主义"旧的经济土地分配方式都在殖民时代被连根拔起。相对西方资本主义和基督教神话传说,它们与东方宇宙观和价值观更为接近。

我想通过几个拉美现代文学的例子简要地扩展美洲文化及其反殖民及社会主义运动根源的"东方特征"。马里亚特吉强调"我们古老的传统"涵盖了人类生命、健康、教育、精神发展以及人与自然的关系,这在现代拉美经典文学中也占有一席之地。从《奥义书(Upanishads)》和《博伽梵歌(Bhagavadgita)》的哲学和宇宙论立场,可以更好地理解《广阔的腹地:条条小路(Grande sertāo:veredas)》,这部 20 世纪巴西文学无可辩驳的杰作,而其他任何西方古典文学或哲学传统都无法达到这样的效果。即使当代诠释使尽浑身解数想将若昂·吉马朗埃斯·罗萨(João Guimarães Rosa)的史诗小说纳入西方文化或欧洲文化的框架,而且由著名作家或是哲学家,如歌德(Goethe)、克尔凯郭尔(Kierkegaard)等亲自出面,都被要求考虑非线性的时间循环观念,而这相对于传统的基督教和西方的世界观,与古印度和中国的宇宙论更为接近②。《广阔的腹地:条条小路(Grande sertāo:veredas)》发展了人类存在和宇宙的非二元论概念,这与基督教和西方哲学宗教的二元论截然对立。然而,这样一个非二元

---

① "La nueva cruzada pro-indígena," in: Ediciones Populares de las Obras Completas de José Carlos Mariátegui, op. cit. , t. 13, pp. 167.

② Stefan Kutzenberger, *Europa in* Grande Sertão: Veredas. Grande Sertão: Veredas *in Europa* (Amsterdam, New York: Rodopi, 2005), pp. 156 y ss. Fani Schiffer Durães, Riobaldo und Faust. Untersuchung zum Faust-Mythos bei João Guimarães Rosa (Bonn: Romanistischer Verlga, 1996), pp. 82 y ss. ; 156 y ss.

论并非巴西作家若昂·吉马朗埃斯·罗萨(João Guimarães Rosa)的个人发明。其实,它是从传统语言和巴西的文化沉淀抽离出来的,是从南美和非洲文化中继承而来。20 世纪秘鲁最重要的作家当属何塞·玛利亚·阿尔格达斯(José María Arguedas),他是这种"东方"①范例的另一个典型。他的小说和诗歌无不体现着人与自然融洽的趋势。然而,与罗亚·巴斯多斯(Roa Bastos)和其他拉美作家不同的是,阿尔格达斯从本土流行的传统及安第斯文化的价值观出发,诗化地"魔术般地"对待自然。他从萨满教式的,或者说"魔术般地"借用哲学的形而上学理解动植物、河流、岩石的生命和灵魂。换句话说,要理解他对宇宙的诗意视野,人们不得不借助古老的东方唯物主义,如阿维森纳(Avicenna),或者是求助于与犹太神秘哲学(Kabala)密切相关的新柏拉图主义的发散论(Theory of Emanation)。其中,中国哲人张载提出的太和或者是道的概念更加符合阿尔格达斯对自然的态度。在此,张载的观点比任何西方哲学都更合适。当然,19 世纪的思想家叔本华(Schopenhauer)和 20 世纪的恩斯特·布洛赫(Ernst Bloch)要排除在外,因为他们系统地将东方哲学传统纳入了自己的思想体系之中。其他文学艺术经典也应该从这个更大的视野用多元的方法加以分析。如:胡安·鲁尔福(Juan Rulfo)的循环宇宙时间概念、米格尔·安赫尔·阿斯图里亚斯(Miguel Angel Asturias)的神话故事、亚马逊的宇宙论。当我们从南北美洲这种最古老的语言、神话、艺术、建筑和前殖民时代的传统出发时,这种相似性更为明显。

三、开创社会主义文化与反对单边主义

　　本文的第二部分将从一个完全不同的角度来讨论拉美文化、文学及艺术,即:"西半球"对拉美国家、文化、人民的定位。无疑,这种半球的文化政治地域或地区带有强烈的殖民主义和帝国主义色彩。在其反诠释原则的指导下,根本不承认美洲土著人民实实在在的历史、文化、种族或语言。而这些美洲土著恰恰共享着宇宙观、文学传统、宗教信仰、语系,多多少少与整个美洲的存在和繁衍都有关。如此一来,这样一个"半球"秩序的构建是基于抽象专断的测地线、国界和空间,实际上是经济、政治、文化秩序的叠加。

　　然而,这个盛行的美洲地缘政治军事半球论,有其不可否认的历史出发点,那就是"门罗主义"。"门罗主义"政策于 1823 年推出,就实质而言,美利坚合众国正告旧大陆上的列强,美洲不再开放给欧洲成立殖民地,而任何延伸欧洲势力至新大陆上的作为,美利坚合众国将视之为"危及我国之和平与安全"。

---

① José María Arguedas, *Señores e indios. Acerca de la cultura quechua* (Montevideo: Arca Editorial, 1976) pp. 243 y ss.

这样一来,拉美直接受制于美国的经济、行政、军事控制之下。20 多年后,墨西哥大半的领土被吞并的事实及第二次世界大战后美国支持的一系列在拉美的军事政变都显示着对待美洲文化和民族的半球概念。

很明显,这种战略也为诠释学或者说拉美文学文化的反诠释学提供了框架。我曾在一些北美大学教授西班牙和葡萄牙文学。在此,我想基于自己的个人经验,就此话题展开一定探讨。

如我所见,在北美院校中美洲文学研究最基本的出发点是完全忽视殖民进程及其带来的政治、社会、文化及语言后果。这并不意味着所谓的殖民时代和文化被全盘否定。相反,存在着一个叫"殖民研究"的特定学术领域。我想说的是完全被忽视压抑的不是殖民文化,而是殖民过程。殖民研究应涉及南北美洲的文明、文化、种族灭绝过程,涉及相类似的基本神学、经济和司法模式以及军事战略。而这样的研究在标准的拉美研究中却属于无人问津之地。不用说,若研究者忽视了起源,怎么也不可能弄明白后果和结局。在殖民进程上,这一理论也同样受用。托克维尔(*Alexis de Tocqueville*)在褒奖北美独立运动时就不忘提及印第安人问题和种族灭绝的殖民过程。就此,他的观点决不含糊:"我认为印第安人注定要灭亡。"[1]

拒绝分析这个未尽的殖民过程所带来的后果不难预料:不仅是说西班牙语和葡萄牙语的美洲国家,就连说英语的美洲各国也无法真正理解社会和种族冲突,无法深谙各种智力和艺术的表现形式。

就个人而言,我更愿意认为历史和智力隔阂造成的曲解和误解不应被视为个人智力局限的副产品或是各部门的偏见。相反,我们应将此视为一台学术设备,虽然它有些缺失、隔离或错位,使得整个神话、艺术、文学不能融为一体,使得现代拉美文化的社会、程度、政治配置都成为独立且不受干扰的专业性知识。最近,我发表了一篇饱受争议的文章,题为《拉美殖民诗学(Colonized Latin American Poetics)》。我试图阐述这种制度化的微观政治和微观分析以及隔离拉美研究领域试图采用冷战时期的政治策略,旨在剥离拉美的传统,旨在摒弃捍卫马克思主义和社会主义思想的知识分子,如秘鲁的马里亚特吉、巴西的达西·里贝罗(Darcy Ribeiro)、墨西哥的古拉莫·邦费尔斯·巴塔拉(Guillermo Bonfil Batalla)[2]。其主要方法论是内在的联系及人种学、经

---

[1]　Alexis de Toqueville, *Democracy in America* (New York: Perennial Classics, 2000), pp. 326.

[2]　Eduardo Subirats, "Colonized Latin American Poetics," *in*: *Crítica y Emancipación*, *Revista latinoamericana de ciencias sociales*, Año I N° 1 (Buenos Aires: CLACSO, June 2008).

See also: José Carlos Mariátegui, *Seven interpretive essays on Peruvian reality* (Austin: University of Texas Press, 1971); Darcy Ribeiro, *The Americas and civilization* (New York, Dutton, 1971); Guillermo Bonfil Batalla, *México profundo: reclaiming a civilization* (Austin: University of Texas Press, 1996).

济、政治等因素作为整体的互动。那些因经济社会文化各方面作为整体互动而成的动态过程恰恰不能被微观政治及其战略所理解。这还不止：这种微型政治使人类智慧和艺术终结，使人类的表达方式大为减少，从远古神话到当代社会冲突、脚本、文本、符号，还使人文学降级为语言学。即使是从文学批评的角度分析任何文学对象，在这种细分脱节的体制下，无论是诗歌还是宣言，都必然要失去其精华，成为空泛的脱节品。

半球化政策带来的第二个后果是终结了历史差异和文化个性，使拉美艺术和文化臣服于全球的单一对等模式之下。换句话说，尽管有着巨大的文化和政治分歧，甚至在历史演变中曾演绎着对立冲突，以西班牙语和葡萄牙语为母语的美洲国家被迫与美国和加拿大同质起来。

有一个重要的历史政治事实，标准的拉美主义不愿分析，也无法对抗。由于种种原因，整个19世纪拉丁美洲和加勒比国家的独立斗争一直在持续。即使到今天，斗争的很多方面仍是历史现实的组成部分，与当今同质的、半球化的、全美洲的文化蓝图格格不入。与北美洲的美国和加拿大不同，以西班牙语和葡萄牙语为母语的美洲国家人民大多有着种族文化融合的背景，而前者以白人和新教徒占主导地位；在前者保留着世俗民主的英美清教徒和加尔文传统时，中南美洲被专制殖民的天主教政治力量所统治，没有开明的知识改革，没有世俗化的进程，有的只是伊比利亚人及其文化固有的科技贫乏和工业落后。而美国和加拿大则沿袭了18世纪工业革命以来领先欧洲国家所有的民主科学的传统。这一切都表明北美洲和以西班牙语和葡萄牙语为母语的美洲国家之间存在着巨大的社会、知识、政治代沟。我想，不用我提醒读者也明白，这种历史差距创造了，而且仍在创造着得天独厚的条件，使北美比南美优越，并从而试图主宰南美。这样一来，两方都将遭受致命的后果。

主流拉美主义者并没有质疑这些历史文化现实及由此产生的不公和冲突，也没有质疑殖民化进程及美洲的后殖民主义。相反，他们建立了一系列抽象的规范和语言差异，揭示了因殖民化进程带来的美洲土著与混合文化交融而致的历史混乱和人种学混乱，旨在从认识论上或者政治上成为文化或种族意义上的少数群体，从而在多元文化的种族隔离政策下寻找一把行政庇护伞。标准半球拉美主义通过操纵共生的性别冲突来取代阶级和种族冲突，系统地降低了对该地区长期以来的西方军事干预和西方独裁统治，演变为非政治化的人权问题讨论。标准半球拉美主义还将文学艺术、社会冲突等电子化学术化。他们还用新的社会、宗教和艺术表达形式将拉美独特的历史社会文化描述成全球话语和文化形态的地方组成部分。

请允许我再回到本文之初：马里亚特吉关于拉美生活方式及亚洲文化之间的关系愿景，他开创地理解亚洲政治在拉美反殖民斗争和解放运动中发挥的作用。马里亚特吉写道："相对于西方人，我们秘鲁人民的心理其实更接近亚洲人民……无论是精神层面上还是物质层面上,中国比欧洲更接近我们。"
这几句表达了部分代表整体的思维过程,与主流拉美主义的标准语言程序截
然相反,因为后者只是将拉美民族和地区文化加以修正从而纳入半球化的范
围内。

马里亚特吉就美洲和亚洲间的文化纽带洞察细致,这与他对古远古社会主
义生产和分配形式的深刻认识以及它们在现代社会主义运动中发挥的创始功
能分不开。这样一个历史角度成就了他最富盛名的著作之一,《关于秘鲁现实的
七篇论文》,也被当代人类学研究专家予以肯定,如:纳唐·华德(Nathan Wacht-
el)[1]。这也是西方其他接受图皮—瓜拉尼(Tupí-Guaraní)和其他前殖民地的美
洲文化的立场,如 16 世纪意大利人文主义者和旅行家亚美利戈·维斯浦奇
(Amerigo Vespucci)和 20 世纪巴西的人类学家达西·里贝罗(Darcy Ribeiro)。

作为本文的总结,我们可以基于马里亚特吉和拉美社会主义提出至少三
个假设和影响。第一是马里亚特吉看待就古美洲文化和现代社会解放和社会
主义斗争的方式以及他对拉美与东西方联系的见解可以重新界定文化、种族
和社会多元主义。第二,马里亚特吉那耐人寻味的一句"中国比欧洲更接近我
们"也重新定义了政治文化多元主义。第三,我们可以推论当代各民族和各国
家都希望建立一个全新公正的世界秩序,减少暴力冲突,非单极主宰。如前所
述,马里亚特吉就拉美和 20 世纪亚洲密切联系的见解表达了另一个政治选
择,从而解决 20 世纪拉美的社会贫困、经济技术依赖、政治腐败等问题。

今天的多元文化,不同于威廉·詹姆斯(William James)和桑塔亚那
(George Santayana)等哲学家定义的 18 世纪末和 20 世纪初的文化多元性,
也不同于达西·里贝罗(Darcy Ribeiro)、安东尼奥(Antonio Risério)等人类
学家和文化历史学家定义的拉美多元文化。他们主要关注少数族裔人士,其
本地身份以及社会和语言的界限[2]。它也侧重于这些少数族裔文化的同化战
略,将其纳入市场秩序和消费文化,不再是文化、种族和语言层面上的国家建
设进程。19 世纪北美的"大熔炉"理论或是巴西人类学家发明的种族通婚理
论就是如此。

和巴西人类学一样,马里亚特吉同时将东西方文化联系起来,将古老的和
现代的生活方式结合起来,致力国家建设和社会主义发展。他看待中印两国
反殖民革命的观点也与土著社会主义息息相关。

---

　　①　Nathan Wachtel, *The Vision of the Vanquished: the Spanish Conquest of Peru through Indian Eyes*, 1530—1570 (New York: Barnes and Noble, 1977).

　　②　Antonio Risério, *A utopia brasileira e os movimentos negros* (São Paulo: Editora 34, 2007), pp. 207 y ss.

四、"中国比欧洲更接近我们"

　　马里亚特吉那耐人寻味的一句"中国比欧洲更接近我们"也重新定义了政治文化多元主义。现在,我们更倾向于将多边主义理解为多元化制度下的国际合作。很明显,大规模杀伤性武器扩散、国际地区不稳定、对人权的种种规定、清洁空气和水、对地球的合理利用、减缓全球变暖、阻挠有组织犯罪、应对大规模移民流动、大规模灾难等一系列的国际问题都需要各国采取多边途径。多边主义不仅是解决这些全球性问题最高效最平等的手段,多边主义也意味着在这个日益复杂和充满冲突的世界中唯一可行的方法,来实现不同民族、文化和国家间的对话。当然,它还能使国家间更加平衡和平地相处。

　　然而,同样明显的是:自第二次世界大战以来,北美的美国已经无可争辩的成长为全球超级大国。在此期间,美国也不断在重要事项实行霸权单边主义,比如:国际法院、儿童权利、全球变暖等。最突出的莫过于单方面发起战争。这样看来,单边主义的定义似乎是从超级大国的角度考虑的,因为它的各项实力都使得其他国家不得不敬畏它三分。这其实是打着多边主义旗号的单边主义。

　　马里亚特吉那句"中国比欧洲更接近我们"的声明直至今天仍有震撼的效果。"西"半球单边主义数次理所当然地将拉美各国纳入"西方世界"的版图之中,无视美洲本土人口有着亚裔祖先的人类学、考古学和历史依据,无视非洲奴隶贩卖及其文化传播美洲的事实,无视最近从其他亚洲地区的移民流。将拉美贴上"西方世界"或"西半球"的标签,任意将其归类的做法直接与生活在美洲的亚洲人、非洲人和土著人相违背。

　　和 20 世纪拉美其他杰出的知识分子一样,如上文提到的达西·里贝罗(Darcy Ribeiro)和作家奥古斯托·罗亚·巴斯托斯(Augusto Roa Bastos),马里亚特吉也承认美洲人民和美洲文化的多种根源,不仅认为半球地缘政治是其他"西方"单边主义的表现形式之一[①],还质疑美洲的殖民化进程,特别是西班牙和葡萄牙殖民统治的封建结构,随后又被英国和北美帝国主义大肆发展。马里亚特吉《关于秘鲁现实的七篇论文》阐述了他那文化积淀下的多元主义观,试图通过系统构建社会主义多边主义、"土著"社会主义及社会主义多元文化的定义寻求一条道路,从而改变西方封建主义帝国主义在其祖国秘鲁留下的社会政治体制。

(华东政法大学外语学院　童珊译)

---

　　① Augusto Roa Bastos (compilador), *Las culturas condenadas* (México: Siglo XXI, 1978), pp. 19 y s.

非物质生产概念及马克思理论

【法】让·克罗德·迪劳内

本文分为五部分。介绍完题目我想知道马克思的理论是否与非物质生产概念相符。本题目与我们会议的联系如下：如果非物质生产是我们时代的主要特征，那么 21 世纪的社会主义将会促进其发展。

一、导　言

直到 20 世纪，社会才有了商品生产的主要任务。与今天相比，物质生产有所降低。然而，它占据着主导和支配地位。

在工业资本主义时期，由于产品的使用大为增加，最发达的国家尝试着提高劳动生产率和更高水平的物质享受。

今天，在这些国家，商品生产仍然是必须的。工农业生产至关重要。但是另外一些像知识、文化、思想、娱乐、信息、社会关系、社会管理、企业管理等事物产生了。发达国家进入了非物质生产的时代。这种生产占主导和支配地位。非物质生产不仅仅可以帮助商品生产，它还帮助诸如满足健康的需要、文化的需要，或者老年人的护理。马克思主义者曾以怀疑的眼光理解这一演变。实际上，马克思的《资本论》中分析了资本主义工业社会。在资本主义工业社会中，物质资料是由劳动阶级生产的。

让我们快速浏览一下这一演变：首先，马克思重建了古典经济学的主要概念，所写作品是以机器工业化的工业生产为背景。

在此理论基础上，产生了两个重大发现。

一方面，20 世纪的马克思主义对国家的革命条件有了改进。现在国家的革命条件与马克思和恩格斯时代欧洲和南美洲的一般情况有所不同。对于这一点，如马克思主义全国化的基本要求。但是，我们也应该讨论一下马克思主义印度化、非洲化等的基本要求。另一方面，在马克思了解和注意的国家将马克思主义与现代社会的新特征相统一是必要的。

收稿日期：2010—5—30

作者简介：让·克罗德·迪劳内(Jean-Claude Delaunay)，法国加百利·配里基金会成员，马恩河谷大学经济学教授，法国弗朗索瓦·佩鲁(Francois Perroux)理论研究中心主任。

在我看来,非物质生产概念是一种学习这种演变的很好的途径,如果有必要的话,这也是决定马克思主义研究者更新马克思主义理论及决定研究什么的重要途径。

二、非物质生产(PNM)的定义

马克思理论很明确的定义了物质生产。按照他的说法就是改造自然的社会活动,满足需要。在资本主义社会关系下依照物质生产理论,清楚地定义了他那个时代的政治经济概念。

古典经济学家(马克思是一个典型)主要研究物质资料的生产。一方面他们通过批判重农学派来扩充这一概念。但是另一方面,他们倾向于反驳被称为服务的生产活动。19世纪,服务是否属于生产和产品一部分的观点之争爆发了。

关于这一点,这两个对立方的辩护如下。一方面亚当·斯密(Adam Smith)支持物态的狭隘观点。另一方面,认为服务是无形产品的让·巴蒂斯特·萨伊(Jean-Baptiste Say)支持这一观点:如果服务可以出卖和购买,那么我们就有足够的理由认为服务是经济商品。

马克思理论可以认为是关于这两种概念的批判。一方面马克思指出亚当·斯密观点正确的部分,也强调了这一观点的局限性。另一方面,批评了萨伊。他认为萨伊错误的将某些社会关系(如交易和银行业务)归类于经济物品。

在概述完这一理论的解决方案之后,马克思回到了他的主要工作中,即资本主义生产的科学研究,也就是物质生产。

事实上,对于他,这里我不重述的原因,是因为资本主义生产具有其物质实体。因此,马克思主要将服务的理论方案搁置一边,是因为对于他来说,那是没有必要的。

20世纪,马克思主义思想是以下两个观点为基础的(包括法国):(1)生产只能是物质的;(2)服务不是真正的产品,而应视其为假冒产品。因此,马克思主义思想背景下,非物质生产概念的引入,在这个国家任何情况下,都是与古典马克思主义划清了界限。

与物质资料生产不同(改造自然),非物质生产的概念是改造社会。所转换的不是物质的东西,而是社会的东西。当然,PNM需要劳动力、生产资料和原材料,但是参与物质生产的劳动生产率的规律不再适用了。

当今社会是一个丰富而复杂的社会。当然,它需要产品制造,有时候是高技术水平的(如飞机,核设施,航天飞机,医药产品)。但是今天,技术水平和非物质生产结构(尤其是科学知识,创新和人的培训)决定物质生产(PM),而不是相反方。

劳动者必须跟上这一演变。即使是在资本主义的推动下,这个生产系统的寄生形式也会有所发展。同时欠发达的国家也要采取这种生产方式,虽然其主要任务是在它们的领土上推行 PM 计划。

三、马克思理论、非物质生产和资本主义的全球化

非物质生产作为生产的主导类型而存在产生于 20 世纪 70 年代。这种生产的本质特征与资本主义经济全球化和一个本质上新的金融市场的扩张有关。同时,一个新的全球化的劳动力的分工在全球范围内形成了。

虽然 PNM 还没有迅速的进入经济领域,但是其强劲的发展势头也才是最近的事。在这之前,各种服务的长足发展遍布 21 世纪。我们称这一阶段为第三次革命。如何以马克思理论为背景解释这一演变呢?又是如何将其与资本主义全球化联系起来呢?

20 世纪 70 年代发生了双重危机:一般资金回笼的经济危机和资本主义合法性的政治危机。实际上,我们有非物质生产的概念表述就是这一深刻危机是 18 世纪西欧引进的工业资本主义危机。

经济上,20 世纪 70 年代所有发达国家的宏观经济率下降的很严重。通货膨胀和失业同时爆发。无论美国还是欧洲,在工厂、政府机构甚至是社会,一场大规模的反对资本主义体系的运动全面爆发。当时,古典殖民化结束。

资产阶级对于这场危机的反应是,在即将到来的 20 世纪 80 年代的前几年,将会面临着一场工人阶级赢得利益的深刻挑战。

在发达国家,传统的物质资料生产大大放缓。大公司已经全球化。当劳动力仍然固守本土的时候,固定资本已然流动化。发达国家资本利润率的下降和欠发达国家工业开发研究的加强说明了全球生产资本新阶段的成果。

以此而论,以复杂性增加过程的特点,信息和通信变得更加必要。1995年左右,网络协议允许世界各地所有信息库以及所有拥有计算机并被适当基础设施环绕的用户相连通。全球化进程变得更加强大。

在对位和补充中,发展中国家因此趋向于成为物质资料的庇荫处。目前,它们拥有很大一部分的制造业。正如我们所相信的那样,资本主义制度非常适合生产商品。基于这一点,我们可以说,它已完成其历史使命。

今天,资本主义制度是全球性的,并在寻求支配非物质生产的过程中在发展中国家植入了物质生产。

资本全球扩张发生在金融市场外围的事实是正常的。资本,作为社会关系的全球构架,并不是一个国家的附属品。它并不需要遵从全球规划。它的扩张模式是自发的市场,仅仅是市场。并且期望金融市场向资本参与者提供他们需要用来评估其业务的盈利能力,确定劳动剥削水平的信息。

但是,资本主义结构整顿也带来了高涨的科研运动。在过去几十年里,人类拥有比以前跟多的发现是有可能的。我们还可以注意到商业服务蓬勃发展,甚至商业和金融活动也不断扩大。总之,资本家尽可能避免向他们建立公司的国家传播他们的知识和专长。

PM 和 PNM 之间的关系倾向于发生在空中,同时伴随着在他们利益基础上的 MP 向发展中国家的转让和在发达国家俘获 MNP 的尝试。从 PM 到 PNM 的过渡产生了资本、贸易和运输业的扩大。马克思理论可以完美的描述这一现象。这一理论的稳健性恰恰是它允许了解一个与马克思知道的环境所不同的环境。当然,同时我们要关心与凯恩斯在经济学以及韦伯在社会学的贡献具有同样重要地位的人民的科学贡献。

四、非物质生产中的劳动力和资本主义剥削理论

学术型经济学家常说,在最后的半个世纪里,生产正如他们所说的那样丧失了其物质形态。由此他们得出结论:物质世界的马克思主义理论与新兴社会没有任何联系。

如果我们注意一下劳动——这是马克思主义社会理论的核心,倘若重新回顾和考虑一下,我们就能够发现这一改变并没有降低理论的效率。

1. PNM 产品和 PM 产品不具有相同的特征

实际上,这些结果很难评估和规范化。它们无法储存。在其生产过程中,它们往往涉及用户的参与。

PM 和 PNM 之间结果的不同主要在资本主义制度下通过劳动生产率的水平得以证实。当代资本主义的生产范例与工业资本主义是不同的。例如,对在对 PNM 设备投资时,资本家还必须投资组织,并承认在生产过程中具有新的角色。投资机构拥有优先权。资本主义剥削仍然存在,但是它所扮演的角色完全不同于工业时代了。

2. 在这两种情况下,商品拜物主义不会以同样的方式出现

在 MP 和 PNM 前提下商品拜物主义(就是说商品如何掩藏劳动)是不相同的。实际上,在工业市场社会,PNM 所掩藏的不是劳动,而是资本主义生产关系本身。服务的消费者和购买者看到的是工作和劳动者,看不到受雇者。

3. PNM 领域的雇佣劳动者的利用不同于相应的工业资本主义

PNM 的工作不生产可以按照 PM 的方法能使其产生剩余价值的生产资料和技术。马克思主义者一向认为 NIP 的工作不是工作,或者说还不及 PM 的工作。开发是这样一个概念:不去描述劳动表面显而易见的东西,而描述劳动生产剩余财富的能力和盈余的最终使用。PNM 雇佣者的劳动是可控的。但是,它开发利用的形式是与 PM 不同的,因为劳动生产率工作的方式不同。

提高运用率最有效的方法是降低劳动成本。也就是说,工资的增长速度低于产品的单位价格。在资本主义制度下由 PNM 控制的社会里,工资的压迫要比先前由 PM 控制的时代大得多。资本主义全球化是完成这种压迫非常强有力的方式。因为它创造了全球劳动力市场。在开发过程中,当今社会劳工的灵活性和有立法权雇员的服从也有所增加。用户本身向员工施加压力公然受到这一制度的奖励。由于服务的特征,包括生产和最终消费的同时,用户可以选择错误的目标,并有助于开发过程。

4. 现实中劳动者的新角色

根据 MP,分为劳动者一方和资本另一方。这是生产的两个因素。他们在理论上至少在学术理论上是平等的。工人是劳动力的拥有者,而资本家是生产过程原材料以及建筑物和机器的拥有者。这一对称性很明显。但它应该仍然反映现实情况。今天,这一对称性被打破了。因为活劳动组成了生产过程的主导因素。例如,信息——非物质材料生产的一个主要组成部分——从来没有结束过。劳动者要不断地更新信息。从技术角度来看,劳动力变得比资本更加重要。当然,资本并没有失去其主宰劳动者的能力。但是,非物质生产的技术现实趋向于活劳动占有主要地位。

这些观点的考察使得我们得出这样一个结论:马克思理论对于理解劳动力在非物质生产中的运作仍旧是有效的。其他观点也是值得去考虑的。例如,因为它与文化的明显联系,我认为非物质生产的劳动力和产品与文化和社会历史遗产联系更加紧密。在这个社会中,它所占据的位置超过了在物质劳动和生产的情况下的位置。

五、非物质生产和社会阶级

客观上 PNM 的雇员正越来越多的占领了 PM 传统工人的位置。由此我们可以推断出工人阶级将失去其作用和角色是完全不可能的。现在工人阶级从 19 世纪开始就在不同性质的大型社会斗争中占据一定地位。在目前的斗争中,当代工人阶级带来了他的传统,它的经验和在斗争中所取得的成就(同时仍然受到质疑)。它带来了它自己的历史和在国家历史中参与的历史。除了这些主要标志性贡献外,它还带来或能够带来其目前重要性的力量和其联盟的经验。这一力量是不容忽视的(在法国拥有 25% 的资产)。

然而,PNM 的雇员现在是主要的和最有活力的社会群体。在那里我们可以找到女性工人。主要来自于这一群体的人们或者将会成为我们这个社会革命变革的动力。我们这个时代最好斗的人都在研究、教育、健康、管理、运输和文化领域工作。当然,劳动者的社会群体是非常多样的,但是并不是所有的工人阶级都处在最佳时机。离开其工作岗位的劳动者的现状会说服我们这个时代现实的怀疑论者。

PM 和 PNM 的观念让我们意识到,工人阶级将继续存在,但是这种社会团体的重要性趋于降低(PNM 雇员发展更快)。这一分析具有明显的政治含义。它并不违背马克思的理论。她和我们的时代相一致。

六、结论要点

过去我显然远离了对 WAPE 会议的关注,并没有明确将我的陈述放在 21 世纪社会主义的旗帜下。但是,一个人在没有描述和解释我们这个时代的主要特征的情况下如何体现 21 世纪的社会主义呢?如果 PNM 是一个正在进行中的结构性变化的组成部分,而没有考虑这方面的就不会在 21 世纪有社会主义。

对于这一体现来说,马克思的理论仍旧是一个强有力的智力工具。最后,我要简要的强调能使我们提高的四点建议。

(1)因为像中国、印度、俄罗斯、巴西这样的主要发展中国家,正处于对 PM 的模仿和实施过程中。这并不意味着这些国家应该被限制在这种生产类型上。即使它们不得不控制和发展物质资料的生产,它们也需要发展知识生产和更多的一般非物质生产。

(2)PNM 是思想、文化、知识、社会关系的生产。但是这些特殊产品处在资本主义制度下发展。这就意味着它们的发展需要依照大众的需要进行调整,需要有比物质资料更加紧密的社会控制。物质产品的生产可以分散,市场本身可以引导这种分散生产。非物质产品的生产有可能是基于一个更集中的社会行动,因为它涉及社会关系、文化和社会的未来。

(3)来自 19 世纪的社会主义观点(自由主义的个人主义)是从社会生产是物质生产继承而来的。当代非物质生产中的作用能够改变这种遗产。

因为非物质生产的进程依赖于一个国家的文化历史和文化遗产。这也许意味着马克思主义不得不考虑这一不同之处。如果这一言论是正确的话,"马克思主义中国化"、"马克思主义非洲化"、"马克思主义西班牙化"等概念会越来越必要。

(4)最后,在以发展中的 PNM 为背景的情况下,通过马克思主义了解社会不仅需要经济学理论还需要社会学理论。

(上海财经大学马克思主义研究院 丁晓钦译)

重温共产党人与工会：英国 1964 年到 1979 年案例

【英】罗杰·塞夫特　汤姆·西布利

内容提要　1880 年，住在伦敦的马克思和在曼彻斯特工作的恩格斯正在写关于在英国进行一场社会主义革命的可能性一书。他们大部分的数据收集与此后的分析都是以维多利亚帝国，以及在发达工业国家的资本主义运作中产生的社会等级制度和等级倾轧为基础。自此，英国共产党人已解读了他们的预测，并将其转变成具体的革命行动和组织，以列宁主义的方法来表明权利和革命。这就意味着要非常依靠作为工人阶级团结和斗争的大众表达渠道的工会，并且要与工党，这个掌控着大多数工人的思想与行动的右翼民主主义者之间展开持续斗争。本文探讨了现代历史时期中，大不列颠共产党通过对在官方层面以及在工会或其他地方的基层群众中工人阶级积极分子与劳工运动中的左翼势力的联合最大程度地意识到他自身的革命潜力和革命方案。

关键词　大不列颠共产党　英国左翼工会　社会民主主义和工党

引　言

到 2009 年底，英国劳工运动（工会、工党、共产党和其他各类左翼集团的组合）的前景似乎在可预见的未来将变得暗淡无望。自 20 世纪 30 年代以来，工会成员达到了最低点，而集体协议涵盖下的工人数量每年都在下降，如今在私营部门已经降到了 20％ 以下。在政治前线上，工党政府似乎正面临着大选中的败北以及成员的大量流失。和之前每一届工党政府一样，布莱尔—布朗政府更大程度地在国内外采取亲商，新自由主义和反工人阶级政策。共产主义运动范围虽然小而分散，却通过唯一一份在劳工运动积极分子中有些许读者的社会主义报——《晨星报》，持续产生着影响。

收稿日期：2010—5—30

作者简介：罗杰·塞夫特（Roger Seifert），英国伍尔弗汉普顿大学劳资关系教授，著书《团结就是胜利：2002—2004 英国消防员纠纷》（与 Tom Sibley 合著，2005），《面对撒切尔主义》（与 Mike Ironside，合著，2001），关于医疗和教育服务的劳资关系系列书的作者。

汤姆·西布利（Tom Sibley），博士，文学学士学位（奥克森）博士学位（基尔）是一位总部设在伦敦的特约研究员。

　　对于英国社会主义者而言,其近期前景极其不乐观。但这并非一直如此。在从 1960～1980 年的 20 年中,虽然成员较少,英国共产党提出一个富于战斗性的反资本主义策略,这一策略影响甚广,以至于在这一时期中英国统治阶级真正地担忧起其在资产阶级民主主义规范下的统治能力。20 世纪 60 年代末 70 年代初,工会力量击垮了民选政府,同时限制雇主自由经营,阻止其实现利益最大化。这一举措在统治阶级中引起了严重不安。1974 年,英国煤矿工人挑战政府薪资控制政策而进行罢工抗议,由爱德华西斯领导的保守党政府为此举行了一次大选,提出"是谁在统治这个国家,政府还是矿工?"的问题。英国人民的回复则是投票罢免保守党政府。因此这一时期共产主义对英国工业政策产生了相当有效的影响。(Hyman 1973,1979,1990). 它与国际性的有利局势相符,由民族解放运动胜利取得的阶级力量的平衡已经倾向反帝国主义和反对美国和英国。本文分析了英国共产党人是如何根据其写在《英国通往社会主义之路》一书中的革命战略来影响这些大事件(1977)。

一、工会问题

　　20 世纪 60 年代中到 70 年代末,工会问题已位居当权派政治议程之首。70 年代中期,政客、时代周刊首席作者、军队和情报界人事公开质问,如果在工会力量有所谓的增长,英国资本主义处于长期危机的情况下,英国是否还能被统治。杰克琼斯(英国运输总工会领导,TGWU),休斯坎隆(工程工人联合会领导,AUEW)和选举产生的工业记者如杰佛理古德曼 ,这些人是组织了一些军事政变的黑暗势力。当然,由劳工部长和高级公务员提交给他们的议案似乎已经影响了一些工会领导欲帮助他们支持薪资限制和削减公共部门的想法。特别值得一提的是,古德曼详述了前 SAS 老板上校大卫斯特林如何成立了一家私人保安公司以建立一支准军队来暗中削弱以及如果可能的话来组织打压罢工活动,这其中包括用武力来保护资本主义不受其左翼敌人的侵害。后来他在自己的书中引用了一位非常资深的公务员康拉德赫伦,他在由爱德华西斯政府回应 1974 年矿工罢工时推行的一周三天工作制的前期表现得如此警觉,因此他说"这个国家可能正处在革命的边缘。"(古德曼 2003:145～146)很明显的,许多工会联盟总评议会成员担心此次危机会导致社会动荡,进而右翼当权派掌握政权。正如一位精明的评论员所说:"几乎每位工会联盟总评议会成员开始相信英国的经济情况如此危险以致我们别无选择只能支持政府的经济政策……他们主要出于害怕而谨小慎微。"(多夫曼 1979:12)。

　　这是自 1926 年以来的 10 年,工会工业实力第一次被用来挑战和颠覆那些被国家视为对其利益至关重要的政策。这是一个建立真正国家等级的员佐级人员运动的时期,是一次能成功动员有效的,能强有力地影响官方工会政策以及迫使政府和法院退让的工业行动。这是一个成千上万的工作场所被搞运动的工人所占领的时期，他们以此来抵抗失业，提升工资以及改善工作条件。有一条普遍事实蕴含其中，那就是：共产党的角色。这是基于一项共产党倡议，即成立保护工会联络委员会（麦克罗伊和坎贝尔1999）来保护工会，抵御国家薪资削减和合法打压。这主要是一个员佐级人员组织，寻求影响和改变官方工会运动政策和战略的方法，而不是作为工会权利替代中心设立的。

代理，工厂占领是在由吉米艾尔利、萨姆巴尔、吉米里德以及所有主要共产党成员领导的上克莱德船厂的鼓舞下引进的，而且开展了如潮水般汹涌的活动，在工会这些年努力提高就业率和工业民主的斗争中起了主要作用。比如飞行纠察队战略，成为了约克郡矿场20世纪50年代末的工业经验，被共产党员作为新需求，新斗争形势，员佐级人员水平的新结构的实例加以推广。

二、大不列颠共产党工业战略

虽然客观的经济和劳动力市场条件对激进的工团主义发展有利，但人们普遍认识到，共产党工业部门提出的战略和论点不论是对于员佐级人员运动还是对于广泛在官方工会框架下运作的左翼在指明方向，政治透明度和信心方面都很重要（安德鲁斯2004；卡拉汉2003，2004；戈伦1975）。从劳工运动来看，正是共产党在工业斗争中采取了战略性的方法。而且也主要是共产党把这些斗争同现实的倡导左翼先进和社会主义变化的政治目标联系了起来。

不像其他左翼改革部门条件反射性地把官方员佐级人员运动以敌对的相反双方对立起来，共产党辩证地表明，激进斗争的一个主要目的是影响和改变劳工运动的政策，而政府和国家的压力只有在把官方运动涉及在内时才有效。选举左翼工会官员以及因此上升的改变工党政策的可能性不是建立工作场所斗争和活动的选择，而是互补的。

大量文章和书籍已经讨论并分析了共产党的工业政绩（麦克罗伊 et al. 1999）。其中只有麦克罗伊（1999）看到了组织的要点以及它与战略之间的联系。他提出了一些重要观点，但他过分乐观地看待员佐级人员运动，并且未能理解这一运动只有在它作为其中一个更为重要的目标且把官方工会运动转到左翼去时才最有效。因此，他的整体分析被这一观点所玷污了。20世纪六七十年代的经验表明如果左翼将其自身联系到强有力的员佐级人员运动以及一个有影响力的马克思主义政党中时，将会在工会中大获成功。

极端左派分子，先进原教旨主义者解释共产党所谓的失败（达灵顿和莱登2001；林多普2001；科恩2008）源于一个普遍的主题：共产党太专注于选举策略，这被他们错误地称为"通往社会主义的议会制度之路。"因此，工业工作被忽视了。为了反驳这一说法，在1956~1976年期间担任共产党总书记的约翰戈伦辩驳道:"处在我们这一阶层的英国人民在决策时所扮演的角色主要是通过矛盾和斗争来体现,而不是通过正式地参与。我们寻求通过民主政治斗争来实现向社会主义的转变。"(戈伦 1976:21)另一则不那么极端的选举主义批评说共产党的主要关注点是确保选举和广大有附属全职联盟官员的任命。在共产党看来,这是在工会和工党中改进左翼政策的最好方法。因此,共产党不仅忽视而且轻视了员佐级人员工作来奉承国家级的工会领导人。评论家们表明,当官方运动出错时要调整社会契约论,因为它必定显示了工会官僚机构的本性以及全职官员和员佐级人员之间的不同利益。那么在过去几十年里发展起来的激进斗争的动力就消失了。

其他更为老于世故的批评(卡拉汉 2003,2004)则关注广大左翼和共产党之间的关系,以及此内琼斯和斯坎隆这两大在他们这一代最具影响力的工党领导人所作的特殊贡献。在此评论家表明共产党调整其政策和方法以发展大众对左翼领导人的支持,而不是提升激进的甚至社会主义的目标。这些将在联系社会契约的前提与下文中进行讨论。

三、金钱战斗和革命转变

《英国通往社会主义之路》一书中共产党的革命战略:

全面赢得工会运动——从个体成员,工人代表委员会到国家执行官以及英国总工会——因为关于及时问题的大型行动,以及支持社会和政治变化是至关重要的。这在最近一段时期内已经被证实,工业战斗是不够的,必须与视就经济问题进行的工会斗争为足够的经济展望作斗争(1977:23)。

值得注意的是,负责指导修改方案通过共产党政策制定大会的党员领导是贝尔·拉梅尔森,他是 BRS 委员会的主席,处理成百上千份由共产党分支提出的修正案与 EC 的原始草案。拉梅尔森是一个杰出人物。他出生在乌克兰,但却是一位加拿大籍知识产权律师。他的政治能力与战术是在西班牙内战以及在托布鲁克的英国军队中磨砺出来的。复原后他先是成为利兹地区的秘书,后来于 1953 年成为约克郡地区共产党秘书。正是在那里他运用了共产党工业战略。因此在 1953~1964 年间他发展了一套标志着他成为新型杰出领导的工作模式。

本着共产党已有的工业战略,拉梅尔森与左翼工会领导会员合作,通过发展广泛左翼结构来加强运动,以此他们能赢得主要工会的控制,并且在基本经济议题和更广泛的政治问题上领导大型活动。他说服全国工会内的共产党,约克郡地区的全国矿工联盟,这个曾经是最大的向来由右翼控制的政治中心掌握着关键。如果广泛左翼能赢得约克郡,那么全国矿工联盟的政治将被转变,而且这一点将会有利地反映在英国总工会和工党层面的力量均衡变化方面。因此,以全职党员形式的额外资源将被投入到约克郡的矿场。到 20 世纪 60 年代,约克郡全国矿工联盟的左翼占有主导地位,预示着军队领导人米克麦加西,彼得西斯菲尔德和阿瑟斯卡基尔等人将会选举成为 20 世纪七八十年代的民族领袖。更重要的是左翼把工会转变成经济和社会先进性的战斗力,同时也是国家限制自由集体谈判权和罢工权的一个强有力的对手(艾伦 1981;泰勒 1984)。拉梅尔森也与当地工会领导和强大的谢菲尔德工程工业共产党员密切合作,了解了很多员佐级人员组织与官方工会结构的关系。当 1965 年拉梅尔森来到伦敦担任共产党民族工业组织者一职时,他已拥有大量的工业经验。在他的职业生涯中,拉梅尔森以他的共产党领导地位发动了几次运动,如为了转变英国国家社会主义而引发的运动,为了左翼势力联合的运动,以及为了要加强进步力量,尤其是在有组织的工人阶级中树立社会主义意识的必要性的议会外斗争运动。正如一些评论家所言,共产党的工业战略重视薪资斗争,视其为一支移动力量,改善生活标准和工会组织方式。而在工党党员传统里,往往误解和无视共产党的地位(安德鲁斯 2004;汤普森 1993)。

约翰萨维尔把工会主义描绘成是使用工会活动的传统形式结合议会斗争形势,在从未挑战资本主义资产关系或国外资本主义利益的前提下来推进工人阶级的利益(萨维尔 1988)。共产党一次又一次地警告,光靠战斗加一个工党政府是不够的,取得的任何暂时性进步都是脆弱的,除非有组织的工人阶级准备使用其大众力量来捍卫他已经赢得的胜利,来推进左翼和社会主义政策挑战资本主义垄断。但是共产党时刻意识到,一个不捍卫工会基本需求和自由的工人阶级永远不会成为为社会主义而战的先锋。在 20 世纪六七十年代,工会卷入大规模抵抗薪资控制和罢工权利的进一步限制斗争中,正是在那时他们最容易接受围绕工业民主,工作权利,工作和社会平等以及工业团结问题展开的连续需求(阿尼森 1970,1973;贝克 1974;莱恩和罗伯茨 1971;马修斯 1972;皮特 1979)。

四、多年的进展

正如我们所见,20 世纪六七十年代是英国工会蓬勃发展的时期。对于工会激进分子而言这是令人振奋的时代,且许多人会说这是运动的黄金期。他们和共产党一样,对工会战术,战略以及工党的政策(如果不是当时的工党政府的话)有很大影响力。虽然国际资本主义的长期第二次世界大战后繁荣在 20 世纪 50 年代末走向终结,大量事实使得英国统治阶级很难回应诸如严重通货紧缩和高失业率这些与日俱增的传统形式的危机。拥有一个高就业率以及高福利的国家这一战后共识根深蒂固,主要议会党双方都认为偏离经济管理这一举措具有高度的政治和选举风险。在回应与日俱增的价格通胀和英国制造业衰减的国际竞争力方面,这一时期所有政府都倾向于通过控制薪资,进一步限制工会自由以及工人的权利来解决他们的危机。

　　工会问题在英国政界一段时期内成为中心议题,那时工会成员不断增加并向新地区辐射,尤其是在新国有化制造业(航空工业与造船业)与越来越多的女性中出现了白领职业。同时工人代表运动迅速成长。在摆脱了迪金主义和工会势力范围(或至少它最恶劣的暴行)的桎梏后,这一运动,在得到越来越多的秘书长以及弗兰克曾斯和杰克琼斯(both TGWU)的鼓舞后开始以更快的速度发展。员佐级人员结构诸如厂级工会代表委员会以及公司级联合委员会。这些联合工会机构,在回应生产方式变化和公司结构方面变得越来越重要,因而使那些国家级工会领导层更难与政府和那些为了薪资限制政策发动其员工的雇主有合作的倾向。正如多诺万(1968)所预料的,劳资谈判变得更分散,这一点在主要出口工业显得尤为突出。

　　这些发展发生在政治不稳定和持续变动期间。在威尔逊(1971)看来,随着工党作为政府的自然政党崭露头角,执政 13 年的保守党政府(1951~1964)被新一轮的政治力量平衡所取代,但比艾德礼政府时期更甚的是工党执政却不当权。在从 1964~1979 年的其中 4 年时间里有过工党政府,但是大部分时间里威尔逊和之后的 James 卡拉汉(卡拉汉 1987;Morgan 1997)与小部分获得议会多数席位或依靠少数政党的支持来领导管理部门。西斯政府 1970~1974 年以撒切尔议程为蓝本开始,在矿工挫败了公共部门非正式薪资政策时被迫重新考虑(多夫曼 1979)之后西斯努力与英国总工会领导基于薪资限制换取能推进社会消费和防止大规模失业的需求管理政策,希望协商出一条社会契约,但这些协商被另一轮要求提升工资到三级薪资政策限制以上的矿工罢工事件所打断。大选被迫举行,西斯落选。

　　在以上的情况下,工会力量以及欲使用其力量的意愿在很多方面影响了政治进程。当第一届威尔逊政府(1964~1970)未能成功地在英国总工会理事会的支持下维持自愿薪资政策时,它进一步通过 Bevanite 部长芭芭拉卡素尔(1980)制止工会权利,结果导致贯穿整个劳工运动的更激烈的抵抗。这在由卡拉汉领导的内阁里也有所反映——作为首相(1976~1979),他之后后悔没能尽力克服工会问题。随之而来的是令人不堪的下坡路,为了与英国总工会达成自愿协议,议会议案被抛弃,而这协议几乎没有涵盖引发最初立法提案的关注点。缺乏坚定的政府外加对熟练技工的薪资限制政策所带来的影响导致 1970 年选举失败,而且从某方面来说,在 1979 年再进行选举的预兆迎来了撒切尔主义。

五、员佐级人员对于官方运动的影响

　　有一个重点必须要明白的是这一连串的事件不仅仅是议会事件和总工会理事会的介入,而首先是工会动员,员佐级人员主要由共产党领导的 LCDTU 组织,这使英国总工会有信心采取公然的政治立场挑战政府,并且知道如果有必要的话,这将会得到大型活动的支持。反过来这给反叛内阁部长亮起绿灯以支持他们的反对意见,不管这意见是出于原则原因或个人图谋。LCDTU 是一个成功打败反工会法和薪资限制政策的组织,是在共产党指导下基于工作场所的工会组织(它的主要力量在工程、建筑和印刷方面),动员大型活动抵制反工会措施。在其众多更重要的目标中,影响官方工会运动,使大工会阵营投入积极斗争。

　　在许多工业领域共产党建立了一张具有影响力的广泛左翼员佐级人员代表网,并与某些重要联盟以及区县,地区和国家级专职官员有联系。正是此次运动,得知了由共产党提供的关于资本主义关系和政治可能性的清晰分析后,有信心和动力为最大可能反对国家政策服务。社会契约论是工党政府为了压缩因此增长的左翼影响力而设的。这也是我们现在求助的对象。

六、社会契约论

　　20 世纪 60 年代,英国工会开始代表其成员敦促广泛的社会和经济需求(泰勒 2004)。这包括价格控制,延长公有制,更多社会住房可供出租,工作保障以及更好的国家养老金。1971 年后工会试图废除由保守党政府颁布的攻击工人权利和工会自由的反工会条例。于 1974~1979 年间成立政府的工党领导层急于控制工资通胀。为此它与工会领导达成全国协议,以承诺达到工人们的愿望作为交换条件,从而抑制薪资需求。此条件包括改善福利,工作保障,工会权利,获得可负担住房以及价格控制。这则协议在 1974 年大选前达成,因此被称为"社会契约"。直到 1977 年,大多数工会成员才清楚的看到工党政府对保障薪资限制更感兴趣,而不是像之前那样通过收入再分配提高社会正义。

　　共产党的立场是,改善社会薪资在他们自己的权利以及在国家能支付的情况下是必须的。而且,共产党表明薪资上涨不是导致经济通胀压力的主要或基本原因;薪资限制对广大工人阶级不利,它会阻碍工会在会员和组织方面的先进性,对工党选举前景也有害(拉梅尔森 1966,1969,1970,1974,1977)。

　　拉梅尔森表明,政府的反通胀政策既是误导的也是反工人阶级的。他分析了由政府和一批他自己党内的高层反对者提出的论点,揭示了通胀是由许多原因造成的,相比武器开支,货币贬值和缺乏投资所造成的巨大影响,提高工资只是其中一个不太重要的因素。

对一些评论家而言,1974 年社会契约论的成立是一件举足轻重的大事(卡拉汉 2004)。在此之前的整个 20 世纪 60 年代和 70 年代初,在广泛左翼里共产党是向工业战斗前进的先锋,为了广大工人阶级的利益促进更替性经济和政治途径以解决英国长期危机(戈伦 1975)。大多数工会领导人狂热支持社会契约论,而共产党则强烈反对,它的采用标志着一个转折点。如今,据一些共产党批评家而言,正在崛起的正是广泛左翼工会领导人。但是社会契约论寿命不长,而且正如拉梅尔森所预料的不久便在员佐级工会主义者的压力下崩溃了。当此契约的社会部分变得模糊而真实的工资却在下降时,反对迅速崛起。政府的行动又给了反对活动们进一步动力。随着通胀超过了10%,5%的工资上涨限制被采纳。这有效表明工会成员的实际工资大幅缩减,并证明了对于大部分工会工人来说这是不能接受的,这使工会领导人,即使是德高望重的琼斯也不可能保持薪资限制(HMSO 指挥文件 1975,1976,1977,1978)。

随之而来的是 1978 年末的多次工人罢工,来保护他们的生活标准,其中包括油罐车司机、福特汽车工人和当地权威手册。这其中许多争端是由工人代表而不是国家工会领导带头的。他们公开首相卡拉汉的主张,工党可以和工会合作控制通胀。在 1978～1979 年的"不满的十月",很明显社会契约不再有效,工党回应经济危机的政策已经崩溃(海 1996;罗杰斯 1984;史密斯1999)。

一方面,至少对于工党政府而言社会契约发挥了功效,另一方面却很难视其为除了愤世嫉俗的策略来控制薪资而不是促进再分配和扩张社会正义。有了后见之明的好处,共产党作为"社会欺骗诡计"的特性展露无疑,失业率上升,实际工资在 5 年内刚刚能维持,公共部门被削减以满足国际货币基金组织实施的货币目标(阿蒂斯和科波姆 1991)。但对一些左翼人士,包括一组经济学家和欧洲共产党员《马克思主义的今天》(普莱尔和珀迪 1979)。受共产党影响的广泛左翼因未能为了给予社会主义内容而在社会契约的制约内工作而错过了几个把戏。如果这是个跑步者,这将意味着官方工会运动会成为国家计划机构的一部分,并且会被迫把所有工人阶级,包括老年人和社会经济方面的失业者的利益考虑在内。换言之,工会会从一个行动和需求经常与广大人民的利益相对的部门利益集团转变成带头更广泛的那些曾是资本主义优先权下的受害者的社会力量的联盟。欧洲共产党评论随即由约翰·卡拉汉着手。在他的书和文章里这么写道,共产党拒绝面对提升工资是使价格通胀上升的重要原因这一事实意味着包含左翼更替性经济战略在内的总经济战略缺乏公信力(卡拉汉 2004)。他得出一个似乎刚愎自用的结论:左翼进步的前景在执政工党政府下的社会契约薪资限制进程下才最有效。如此的结论公然违抗这一事实:艾德礼政府的每一项安排都以眼泪和选举失败告终。

对于拉梅尔森而言,这个新葛兰西主义方法既不现实也不可实现。它太过早熟与顽固。当然在真正的左翼政府当权的情况下,这种方法也许会得到认可,只要工会自主权能得到保护,员佐级人员机构能保持提升其会员的需求和愿望的权利。共产党在向社会主义过渡时的分割线很清楚"一个实施如此先进的经济政策的政府相信,工会会在构想他们的薪资需求时把这个考虑在内。"拉梅尔森辩驳道,薪资斗争是即时需求的发动机,来保护和改进生活标准,从此刻起便产生了为了社会正义和民主先进而进行更广泛的运动的力量和信心。并且,在未受关于传统工会议题的激进斗争的挑战下,工党政府没有政治动机来听取该运动的更广日程。没有薪资斗争,工会运动不能为其更广泛的不断进步的日程引发必要的大众政治支持,尤其是在其会员之中。为了从工党会议上所接受的更替性经济战略那得到需求是一回事,而赢得工会成员的理解,让他们知道我们需要根本上不同的方式来解决英国经济问题又是另一回事。在这之前,必须要击败社会契约和这些巩固它的争论。只有这样才能在即时工会需求和必要的彻底改革之间建起桥梁,从而挑战资本主义国家的霸权。当拉梅尔森展开这些争论时,他归还了时间,并再次提到以下基本要素:战斗本身并不足够,如果要保证进步,劳工运动必须超越其强大的趋势,走向经济主义。只有通过一个国家向社会主义转变的政治变化,才能保障工会进步,而这需要一个强大的以劳工运动为基础的马克思主义政党。

七、致命弱点

无论共产党取得何种胜利,其缺点证明了胜利的暂时无效。毕竟共产党没能成功创造一代共产党工业积极分子。但正如麦克罗伊在文中所言这不是为了尝试(1999:225)。共产党承认这一问题并遵照行事。在这方面它的努力失败了,没有证据表明共产党的单脚作战(以员佐级人员为中心)而不是双脚作战(与官方运动相关的员佐级人员外加共党内部增长)的战略导致其没能更新自己以面对即将来临的冲击。

这一致命弱点(未能进一步推进战斗,甚至未能保护 20 世纪六七十年代的成果)不能归咎于共产党的战略。Kelly 总结说:"它没能在工会基础上保持其组织。与一些断言相反的是,这不是广泛左翼战略的不可避免的副产品,这是共产党没能吸收年轻工人,补充其积极分子核心的结果"(2004:159)。吸收新成员的失败部分源于冷战的影响。这一时期初期,在 20 世纪 40 年代训练有素的工业积极分子处于颇具影响力的地位。到了 70 年代中,其中的许多人有的退休了,有的过了他们的黄金期,有的则成为工会全职官员。50 年代的年轻工人是冷战的一代,他们在共产党被孤立,被右翼诽谤的时候参与了运动。正是这"垮掉的一代"在 70 年代中处于车间领导层地位。他们的经历和态度传给了年轻的积极分子,其中一些被新左翼力量吸引以及被东欧与中欧的一些发展所排斥。这被国际社会主义者巧妙利用,他们认为共产党已经过时,并且依赖着苏联。一定程度上,当共产党里一小组自称为新葛兰西学派的人不断地挑战共产党的战略时,当几年后他们处于领导地位而清算共产党时,这就反映出来了。

八、结　论

本文探讨的时期是一个世界性的激进战斗时期,而其无疑是越南人民赢得独立的成果和布拉格之春的例子,尤其是 1968 年法国学生起义,虽然间接,但对英国工会主义者的觉悟,鼓励更多战斗性方法来推进工人权利的需求带来很大影响。但这一时期的工会发展主要不是由员佐级人员力量所驱动。其动力来自主要广泛左翼运动,共产党领导和组织的联合非官方和官方的元素。这一动力足够强大以挑战很多区域的对与维护资本主义霸权至关重要的政治建设。

左翼的胜利包括打败被提议的实际立法,控制工会力量,平衡薪资控制。伴随这一胜利的是全新的战斗方法,保护 UCS 工作斗争(福斯特和伍尔夫森 1986)示例的工作,拓宽传统工会政治日程来促进更替性经济战略(Aaronovitch 1981);国际团结以及妇女和少数群体的权利。在成员增长,使用工业措施促进政治目标,与工会权利的威胁而战方面,超越了以往任何成果(克劳奇 1979;泰勒 1978,1993,1994)。

在拉梅尔森的领导下,共产党的工业部门在改变劳工运动政策和实施的重要方面既具影响力又具实效性。拉梅尔森懂辩证法,也知道要想改变劳工运动的领导层,就必须动员与加强基层群众,这样能有助于离开领导层并在上层施加影响力。前进的关键在于建立统一的行动。正如麦克罗伊声称的,共产党非但不为其对工会更高阶层的影响付出代价,而且在近十年来鼓励员佐级人员组织的成功发展,鼓励新战斗形式,鼓励对国家政策提出新的更广泛的挑战,并鼓励在更广泛劳工运动中采取总行动。

对于一个少于三万成员的小型政党来说,这是一个令人印象深刻的记录,揭示了只要具备正确的条件,现实的有灵活策略的战略,革命左翼就有可能在英国劳工运动中既具影响力又具实效性,哪怕它有改革主义者和工党党员传统。

参考文献

[1] Aaronovitch, S. (1981) *The Road from Thatcherism: The Alternative Economic Strategy*. London: Lawrence & Wishart.

[2] Allen, V. (1954)Power in Trade Unions. London: Longman.

——(1981)*The Militancy of British Miners*. Shipley: The Moor Press.

[3] Andrews, G. (2004)*Endgames and New Times: The Final Years of British Communism 1964—1991*. London: Lawrence & Wishart.

[4] Arnison, J. (1970) *The Million Pound Strike*. London: Lawrence & Wishart, with foreword by Hugh Scanlon.

——(1974) *The Shrewsbury Three: Strikes, Pickets and "Conspiracy."* London: Lawrence & Wishart, with foreword by Bert Ramelson.

[5] Artis, M., and D. Cobham, eds. (1991)*Labour's Economic Policies 1974—1979*. Manchester: Manchester University Press.

[6] Beck, T. (1974)*The Fine Tubes Strike*. London: Stage1.

[7] Callaghan, James(1987)*Time and Chance*. London: Collins.

[8] Callaghan, John(2003)*Cold War, Crisis and Conflict: A History of the CPGB 1951 —1968*. London: Lawrence & Wishart.

——(2004)"Industrial Militancy, 1948—1979: The Failure of the British Road to Socialism?" *Twentieth Century British History* 15, 4: 388—409.

[9] Castle, B. (1980)*The Castle Diaries 1974—1976*. London: Weidenfeld and Nicolson. Cohen, S. (2008)"The 1968—1974 Labour Upsurge in Britain and America: A critical history, and a look at what might have been," Labour History 49, 4: 395—416.

[10] Communist Party of Great Britain(CPGB)(1977) *British Road to Socialism*.

[11] Crouch, C. (1979) *The Politics of Industrial Relations*. Glasgow: Fontana.

[12] Darlington, R., and D. Lyddon(2001)*Glorious Summer: Class Struggle in Britain 1972*. London: Bookmarks.

[13] Donovan(1968)*Report of the Royal Commission on Trade Unions and Employers' Associations 1965—8(Chairman: Lord Donovan)*. London: HMSO, Cmnd 3623.

[14] Dorfman, G. (1979)*Government Versus Trade Unionism in British Politics since 1968*. London: Macmillan.

[15] Foster, J., and C. Woolfson(1986)*The Politics of the UCS Work-in*. London: Lawrence & Wishart.

——(1999)"How Workers on the Clyde Gained the Capacity for Class Struggle: The Upper Clyde Shipbuilders' Work-in, 1971—2," in McIlroy et al. (1999), pp. 297—325.

[16] Gold, M. (2004)"Worker Mobilisation in the 1970s: Revisiting Work-ins, Co-operatives and Alternative Corporate Plans," *Historical Studies in Industrial Relations* 18: 65—106.

[17] Gollan, J. (1975)"From 'Consensus' to Confrontation(1961—1974)," in A. Hutt,

ed. , *British Trade Unionism*: *A Short History*. London: Lawrence & Wishart, pp. 216—260.

——(1976)"Socialist Democracy-Some Problems," *Marxism Today*, *January* 1976, pp. 4 —30.

[18] Goodman, G. (2003)*From Bevan to Blair*. London: Pluto Press.

[19] HMSO(1969) *In Place of Strife*. London: HMSO, Cmnd 3888.

——(1975)*The Attack on Inflation*. London: HMSO, Cmnd 6151.

——(1976)*The Attack on Inflation-The Second Year*. London: HMSO, Cmnd 6507.

——(1977)*The Attack on Inflation after* 31st *July* 1977. London: HMSO, Cmnd 6882.

——(1978)*Winning the Battle against Inflation*. London: HMSO, Cmnd 7293.

[20] Hay, C. (1996)"Narrating Crisis: The Discursive Construction of the 'Winter of Discontent,'" *Sociology* 30: 253—277.

[21] Hughes, J. (1967)"Trade Union Structure and Government," Research Paper 5, part 2, in Donovan(1968).

[22] Hyman, R. (1973)"Industrial Conflict and Political Economy," *Socialist Register*, 101—154.

——(1979)"The Politics of Workplace Trade Unionism: Recent Tendencies and Some Problems for Theory," *Capital and Class*, 8: 54—67.

——(1990)"Trade Unions, the Left and the Communist Party in Britain," *Journal of Communist Studies and Transition Politics* 6, 4: 143—161.

[23] Kelly, J. (2004)Review of Callaghan(2003), *Historical Studies in Industrial Relations* 17: 155—160.

[24] Lane, T. , and K. Roberts(1971)*Strike at Pilkingtons*. London: Fontana.

[25] Lindop, F. (2001)"Racism and the Working Class: Strikes in Support of Enoch Powell 1968," *Labour History Review* 66, 1: 79—100.

[26] Mathews, J. (1972)*Ford Strike*: *The Workers' Story*. London: Panther.

[27] McIlroy, J. (1999)"Notes on the Communist Party and Industrial Politics," in McIlroy et al. (1999), pp. 216—258.

[28] McIlroy, J. , and A. Campbell(1999)"Organizing the Militants: The Liaison Committee for the Defence of Trade Unions, 1966—79," *British Journal of Industrial Relations* 37, 1: 1—31.

[29] McIlroy, J. , N. Fishman, and A. Campbell, eds. (1999) *British Trade Unions and Industrial Politics*: *The High Tide of Trade Unionism* 1964—1979. Aldershot: Ashgate.

[30] Morgan, K. (1997)*Callaghan*: *A Life*. Oxford: Oxford University Press.

[31] Pitt, M. (1979) *The World on our Backs*: *The Kent Miners and the* 1972 *Miners' Strike*. London: Lawrence & Wishart.

[32] Prior, M. , and D. Purdy(1979)*Out of the Ghetto*. London: Spokesman. Ramelson, B. (1966)*Incomes Policy-The Great Wage Freeze Trick*. London: CPGB.

[33] (1969) *Keep the Unions Free*. London: CPGB.

——(1970) *Carr's Bill and How to Kill It*. London: CPGB.

——(1974) *Social Contract: Cure-all or Con-trick*? London: CPGB.

——(1977) *Bury the Social Contract: The Case for an Alternative Policy*. London: CPGB.

[34] Rodgers, W. (1984) "Government Under Stress: Britain's Winter of Discontent 1979," *Political Quarterly* 55, 2: 171—179.

[35] Saville, J. (1988) *The Labour* Movement in Britain. London: Faber and Faber.

[36] Seifert, R., and T. Sibley(2005) United They Stood: *The Story of the UK Firefighters' Dispute* 2002—4. London: Lawrence & Wishart.

[37] Smith, P. (1999) "'The Winter of Discontent': The Hire and Reward Road Haulage Dispute, 1979," *Historical Studies in Industrial Relations* 7: 27—56.

[38] Taylor, A. (1984) *The Politics of the Yorkshire Miners*. London: Taylor and Francis.

[39] Taylor, R. (1978) *The Fifth Estate*. London: Pan Books.

——(1993) *The Trade Union Question in British Politics: Government and the Unions Since* 1945. London: Wiley.

——(1994) *The Future of the Trade Unions*. London: Andre Deutsch.

——(1999) "'What are we here for?': George Woodcock and Trade Union Reform," in McIlroy et al. (1999), pp. 187—215.

——(2004) "The Rise and Fall of the Social Contract," in A. Seldon and K. Hickson, eds., *New Labour. Old Labour*. London: Routledge, pp. 87—103.

[40] Thompson, W. (1993) *The Long Death of British Labourism: Interpreting a Political Culture*. London: Pluto Press.

[41] Thompson, W., and F. Hart(1972) *The UCS Work-In*. London: Lawrence & Wishart, with a foreword by Jimmy Reid.

[42] Wilson, H. (1971) *The Labour Government* 1964—1970: *A Personal Record*. London: Weidenfeld and Nicolson.

（华东政法大学外语学院　童珊译）

海派经济学
2010 卷第 30 辑   Economic Study of Shanghai School   Vol. 30,2010

全体人民的国家和 21 世纪的社会主义斗争
——社会主义对澳大利亚的影响前景

【澳】大卫·麦特斯

20 世纪最后 10 年,帝国主义的代表胜利的宣告历史的终结,庆祝资本主义关系在苏联和东欧人民民主国家地区的复辟。

也门人民共和国是一幅街战和暴动的场景。巴尔干半岛南斯拉夫解体,阿尔巴尼亚被暴徒和罪犯所控制。实际上暴徒资本主义对全体人民资产实施的条款是将其扣押并在很多情况下转移出他们的国家。表面上看通宵的激烈战争首先在苏维埃共和国打响,实际上它们中的一些仍旧没有展开。

在亚洲,朝鲜民主人民共和国的分裂更加激化;古巴经历了特殊时期和牺牲,并从反革命的猛攻中幸存下来。

在德国民主共和国,对柏林墙的猛然袭击和党内争辩击垮了社会主义的防御工事,由罗斯福策划的德意志民主共和国的合并戏剧性的发生了。在苏联,公然宣布共产党的非法性,被新成立的资本主义流氓国家所获取。差不多一夜之间,所有这些地区的法西斯出现了,共产党被分裂和镇压下去。在波罗的海诸国,出现了极端民族主义,进步分子和共产党武装力量受到挤压转入地下。爱沙尼亚、立陶宛还有其他国家都沦入极端民族主义分子之手。

在捷克斯洛伐克,所谓的天鹅绒革命恢复了资本主义的统治,并在其第一次行动中将该国家划分为两个新的共和国。由于与前执政家庭有关系,哈维尔被区别在外。这些前执政家庭在人民革命之前占有大部分捷克的实业公司。通过法西斯军队的战争干预和数十年的破坏和孤立没有可能成功,这样似乎在相对较短的历史时期以相对不流血的方式完成的。

在所有这些发展中有共同的因素:共产党及其与人民关系的削弱;各大城市的示威活动;包括种族仇恨复燃在内的极端民族主义运动;无产阶级专政机制的改变;由美国主要大型公司援助的如 XEROX、宗教和其他民间组织的涌入;宗教组织的复辟和国家宗教信仰的复苏;一些经济体中的经济混乱;执政党内部的腐败;作为新兴资本主义一部分的共产党领导人的出现;迷失方向的国家机器和国家机制的瘫痪。

当那些被视为保守党派的人们为改变而战的时候,当许多政党变成多元

收稿日期:2010—5—30
作者简介:大卫·麦特斯(David Matters),澳大利亚马克思主义理论家。

论者和民主主义论者的时候,随之而来的危机进一步增强。

意识形态的解体造成了瘫痪;对世界劳动人民运动的破坏逐步加重了。伴随着这一瓦解蔓延到整个资本主义世界的共产党那里,先前强大的共产党,如意大利共产党瓦解了。在所有的大陆,共产党溶入到民主运动中,或者转移到多党派倾向的位置。曾经只有一个党的德国社会主义联合党现在宣布分成六个部分。

在澳大利亚,这种分裂和意识形态的混乱也不再新鲜。共产主义运动经历了一系列的分裂与分歧,而这一分裂还在随着当地和国际局势的不断变化而变化。分裂国际共产主义运动的事件被夸大了,并在全国范围内以斗争来解决。作为一个移民国家,伴随着国际斗争接触并影响到我们的发展,澳大利亚人注意到的是其他国家的发展,尤其是其祖籍国的发展。因此,爱尔兰期待着爱尔兰的斗争,俄国人由于要逃离沙皇的迫害爆发了早期的工会斗争,希腊人和塞浦路斯人参与了他们的劳动斗争。对意大利甘蔗种植者田园工人的影响使得在澳大利亚议会中产生了唯一的一位共产党代表——昆士兰州的弗雷德帕特森(Fred Patterson)。英国工会运动在澳大利亚也具有强大的影响力,同时英国殖民主义控制了权利,直到在工人阶级中落后才结束。在澳大利亚,国际事务变得遮遮掩掩,机会主义武装力量利用这一现实分裂政党。在欧洲和亚洲,事情产生了模仿者,并在澳大利亚形成一定形式。

由这些部门组成的政党本身受到了俄罗斯社会主义革命发展的鼓舞,因此在悉尼,共产国际说服这两拨共产主义政党联合起来,于 1920 年 10 月在澳大利亚成立共产党。因此开始了运动的暴动史。作为一个政党,有许多值得骄傲的东西;作为政党,从一开始就要英勇善战。第一个将土著人当做人类对待的政党;首个解放运动的伟大先锋;第一个为抵抗殖民余迹和为人类生存而战的先锋。并为了使澳大利亚文明产生进步的方面而进行坚决的斗争,站在巨人们凯瑟琳苏珊娜、普里查德之间。普里查德是一位作家,她在真实传说集著作 Coonardoo 中为展示人们在日常生活中的斗争和土著人受到的可耻待遇做了很多工作,并且她承诺将澳大利亚工人阶级的事情讲出来。文化财富增添了新的戏剧活动。在反对战争和法西斯主义战争中的主角,"俄罗斯羊皮"运动和为了民主政治权力和公共场合人们的话语权而举行的运动都组成了我们的运动。共产党与工会运动和工党联盟能够战胜反动派发动全民投票镇压共产党的运动。

在工会运动中,党的影响和领导能力延伸至 20 世纪 40～60 年代,并且在许多工作场所和实业公司隐藏着组织。许多工会转变成工人阶级的战斗组织。这些概念工会兰斯夏基出版物中有很好的解释。创作出数以百计的关于澳大利亚社会和国际问题的所有方面的出版物。

党是澳大利亚工人阶级和国际共产主义运动的统一力量。虽然这一运动过去和现在都是成功的无产阶级和失败的资产阶级之间阶级斗争的一部分。

第二次世界大战后持续的扩张和工业的发展带来了长期的繁荣景象,并且在这次战争中澳大利亚的社会得到了改变和发展。一种特定的政策使得工人们能够自置居所以及广阔的新郊区让人们产生了在资本主义制度下不断取得进步的幻觉。在国内,这增加了劳动贵族,并且使得工党成为了资本主义制度中的第二个政党,其主要建立在新的财富基础上。收入的增长和福利深入的影响了生活的许多方面。

最近几年的改革已经把世界帝国主义制度下的工人阶级与帝国主义的财务状况联系起来了。工人的退休养老金享受市场投资和自置居所,郊区人口和社会的各个阶层都有可能是解散组织的导火索。

正是这些趋势,影响了阶级意识的发展,并导致了澳大利亚共产主义运动中机会主义的不断上升,这些显示了左倾主义的小资产阶级的双向增长,且社会民主倾向的结算也增长了。

机会主义是一种国际趋势,像现在所说的那样,澳大利亚病害已经在所有的政党中体现出来了。这与帝国主义相联系并导致了向帝国主义的投降所致。这消弱了工人阶级的力量并淡化了先锋队的阶级意识。在 1914 年,它已成为世界人民的悲剧,这是通过第二次国际性的民族沙文主义的一系列条款反应出来的。Kautsky 和 Bernstein 充分体会了人文主义趋势的作用。

我认为,在澳洲共产主义运动情况下,这种特征是定位在前苏联的赫鲁晓夫模式和阿伦斯兄弟的模式下。这是他们曲解的根源,我们应该加以研究,这并不是因为他们自己制造了这种曲解,而是因为他们在运动中反应出了唯心主义趋势并且允许修订共产主义运动的方案。

这些曲解的实际类别和物质基础仍然是许多猜想的主题。是什么导致了思想观念的这种变化?这促使了社会主义宣言的胜利,同时资本主义关系还是在集体农场中占有优势的。这是由于简单的错误或工作中的阶级力量?实际推翻社会主义关系在随后的 30 年及期间仍有发展。

什么样的失败能够对付腐败的兴起和非法经济的崛起。都市居民走在大街上并执行有效的第一有色革命,以及安装令人陶醉的装置,叶利钦作为资产阶级大佬的代表登上了政治舞台。在反革命势力的利用和影响下,这种状态下滑了。

共产主义运动的声望的下降促成了这些力量的思想立场以及把这种流行趋势归因于斯大林的作用和"个人崇拜"。

这种狂热的崇拜被赫鲁晓夫在 20 世纪的苏维埃政党代表大会上明令禁止,尽管赫鲁晓夫在后来对经济管理管理不善,但是这好像从来不会被审查的。斯大林变成了许多变化的一个代码,而这些变化是在这个时期得到贯彻实施的,并且对国际运动造成了许多损害。一连串事件的发生导致了许多共产党内部的分裂和中苏关系的破裂,这导致了所有共产党的分裂。

反革命的浪潮看起来与社会主义团体的"去斯大林化"是一致的。赫鲁晓夫的讲话和苏维埃政党的斗争围绕着个人崇拜观念和不科学方法进行的,其中这个问题为抨击无产阶级政党开辟了一条道路。脱离苏联历史的斯大林喷雾及其妖魔化每年不断的增长导致了对马克思列宁主义运动观念的抨击。

在整个共产主义运动中,忠实的共产主义者经受了声称支持"个人崇拜"的组织的攻击,并且在澳洲的反对斯大林的共产党中,共产主义者被交付给所有的党组织。那些没有被划请界限的共产主义者被判为是斯大林主义者。苏联所谓的"秘密"演讲除了针对西方资本主义媒体外,其他什么都没有,困惑和苦恼被这样的事实变得复杂。斯大林主义遭受了支持无产阶级专政革命思想的人们的各个方面的责骂,这种曲解的思想盛行在现代无政府主义者之间。这些都增加了混乱的思想,并且几乎没有坚定的马克思列宁主义的思想基础,因为基本原则中未被发现的观点在共产主义脚下破灭。赫鲁晓夫的攻击恢复了合法性并在很大程度上借用了托洛斯基对斯大林的公开的谴责。没有分析证明这个利用革命空话伪装的方法的成就。

苏联的文学作品中删去了斯大林,用赫鲁晓夫来代替,并将其视为智慧的源泉;苏共第 20、21、和 22 次代表大会被赞誉为是对马克思列宁主义决定性的贡献。在接近无产阶级专政的问题时,其变化是微小的。以经验中学习建设社会主义为幌子,就出现了对马克思列宁主义的曲解。

在 318～320 页中的代表大会 V. Afanasyev 的影响下,从无产阶级专政的国家到整个人民的国家。

正如我们所看到的,无产阶级专政的国家存在于资本主义向社会主义的过渡时期。工人阶级需要用它来镇压剥削者的反抗、废除人对人的压迫并联合农民和社会其他工人阶级来建立社会主义。

苏联工人阶级在国家政权的援助下成功的进行了这项划时代的工作。苏联社会主义最终赢得了完全的胜利。随着这场胜利的消失,这些条件成为无产阶级专政的必要因素。"工人阶级"在 C. P. S. U. 计划中说仅仅是一个阶级,在历史中它的力量是不会永久存在的。

"随着完全的、最终的社会主义胜利的到来——共产主义的第一个阶段——和共产主义全面建设的社会过渡时期,无产阶级专政已经完成了它的历史使命,用国内发展的眼光看待苏联已不再是必须的了。而一个无产阶级专政的国家出现,在新时期的当代舞台上,称为代表全体人民利益和愿望的机构。"

无产阶级专政的国家在历史上是一个短暂的现象。当劳动人民建设社会主义的时候,它是必须出现的。当社会主义取得最终的完全胜利时,无产阶级专政也就走到了尽头。当社会主义的胜利是牢固的时候,工人阶级就会自愿放弃当前统治的社会,而将其转变为全体人民专政的国家。

作者进一步荒谬地宣称"这并不意味着工人阶级失去其领导地位",于是"仅仅在阶级消失的情况下,即共产主义的建设,将会使得工人阶级以社会领导者的身份完成使命"。

另外,"苏联社会主义和共产主义的建设经验表明,无产阶级的专政不再是一个国家灭亡之前的自然规律。但是作为全体人民的组织的国家将会一直被保留,直到共产主义完全胜利的到来。"

相对于无产阶级专政的是"民主的进一步发展",在这种背景下,马克思列宁主义被修改了。

在列宁 1949 年的关于《国家与革命》著作的 20～80 页,列宁说道:国家是一种剥削阶级压迫被剥削阶级的工具。

他指出,"没有武装革命,无产阶级国家取代资产阶级国家是不可能的。无产阶级国家的废止,肯定会通过一个"消亡"的过程。

断言无产阶级通过放弃国家政权来废止一个国家是一种唯心主义的说法,在权力转移之后谈论社会主义民主的建立实际上是对无产阶级专政的一种抨击,作为一个国家的最后形式,实际上并不是传统意义上的国家。这种抨击源于对这个时期社会主义社会所做的努力的不道德攻击。

对无产阶级专政的抨击仅能造成一个以上的国家必须发展其不利条件为再度出现的阶级的发展工具,但是从残余的资本主义关系及其腐败和偷盗案例来看,这并没有完全击败资产阶级。这就导致了中坚分子取代无产阶级作用,并开始向帝国主义演变,这并不是一个国家的灭亡,而是如上所说的一个巩固的国家的阶级(所有阶级)取得的革命的胜利。

废除国家对经济的控制后,加强了农民经济,并使其对商品经济实行对外开放。在这种形势下从中央控制的分离到一个商品市场的建立演绎了经济学的发展过程。通过集体的农场财产转移其所有关系拖拉机站完成了从企业所有到农民所有的私有化过程。黑色经济的出现及其忍耐力未能处理与帝国主义者之间交易的问题。这些帝国主义者是有能力通过律法的组合和不平衡发展的手段与社会主义国家交换有用性的。这些是较早显露的关于出现新的领导阶层的征兆,然而其无疑已经有了特权的发展,但这些都不是决定性的,是一种已经采取的以及还未采取的物质行为的积累导致了这种变化。

有人这样问道:苏联社会的发展中究竟夹杂了什么,以致让苏维埃的领导阶层看到了他们的工作是对斯大林地位的否定。这样的话谁会得到好处,并且会带来什么样的变化呢?

对个人崇拜的抨击导致了对党的作用的否定以及无产阶级在斗争来建立社会主义。它将个人列入阶级和历史时期之外。将所有消极的发展置于某人的脚下是唯心主义的,这与马克思列宁主义没有任何关系。在斯大林领导的

30 年里,社会主义社会是巩固的、法西斯主义者被战败了并实现了农业集体
化。对斯大林的贡献作出全盘否定是因为他阻碍了整整一代革命者对运动的
物质基础的正确认识,并导致了一系列的反革命活动,对这些活动的必要的镇
压导致了民主国家人民的爱国主义热情的高涨,那些国家的社会主义认识和
实践的弱化暗中破坏了社会主义的发展并带来了修订基本概念的运动。在其
他实践中,这种主观做法是很明显的,并逐渐切断了党和人民之间的关系以及
社会主义革命的真正物质来源。

在欧洲政党中,无产阶级专政的设想是不被接受的,因此许多无产阶级政
党从彻底革命的理念中抽身出来,转而执着于对资产阶级国家进行改造。

因此,列宁在《国家与革命》第 51 页中说到:

为了继续下去,马克思对于一个国家引导的实质仅仅被那些懂得一个阶
级的专政是必要的人们所掌握,它不仅仅是为了一般的每一个阶级社会,以及
推翻资产阶级的无产阶级,也是为了从共产主义或"无阶级社会"中分离出资
本主义的整个历史时期。

在后文中,出版于 1974 年的关于"马克思列宁主义哲学基本原理"的政治
经济学的 423~429 页继续写到。

其中许多正确的和经常重复的关于专政的性质的声明是对社会主义国家
的形式的描述,社会主义国家的政治形式可能是多种多样的(苏联形式,无产
阶级专政形式已经立足于东欧的社会主义国家,例如亚洲和古巴;社会主义国
家的其他形式也是有可能出现的,包括议会制共和国)。但是这些形式的实质
是完全一样的,即,"工人阶级专政的社会主义国家"。

这种做法没有降低无产阶级的领导作用,而是又一次废除了无产阶级专
政的国家形式;这不是一个阶级的统治。其还倒退回了议会制共和国的资产
阶级民主形式,并且再次引入了追求利用资产阶级国家的想法,或者说用其部
分职能做了解释说明。

此外,"当大多数人变成一种工具将矛头指向剥削者的时候,国家就变成
了所有社会成员的工具;这已经不再是镇压剥削者反抗的一种手段了,剥削者
的消失,体现了人们的一种团结形式。"

社会主义并不是一个无阶级社会,如果仅在生产关系上来说,还存在着资
本主义的残余思想,民主时期的到来和无产阶级专政的联盟仅仅是一个社会
主义的一个阶段,且无产阶级专政的镇压职能是限于暴力的,照现在这样的国
家观念,任何和平时期都是会到来的,这是在对全体人民实行以上的阶级统治
的条件下。这是对马克思列宁主义修订的核心,使得无产阶级革命者的运动
背离了马克思列宁主义,这导致了当前混乱局面的发生。全体人民对国家行
政机构造成的困扰是导致国家灭亡的一部分原因,国家的阶级性并没有因此
而改变,并且在帝国主义存在的同时,社会主义国家的基本原则仍然为资本主

义的复辟保留着议程。这回慢慢地使一个国家走向灭亡,在社会主义社会中,资产阶级的合法存在会导致资本主义复辟,这并不是要取代另一种国家形式(按能力分配劳动)。

苏联国家政权的转移是由从苏联转移到杜马(议会共和国)的戈尔巴乔夫派完成的。在这么长的时期内,重建苏联国家是有可能的,这需要共产主义者主动鼓动无产阶级专政重建无产阶级的阶级统治。这是安德罗波夫在担任总书记时试图要做的事。这是来自于美国的军事和政治压力,这影响了苏联的其他阶级,并导致无产阶级远离国家权力,引进的观念和思想最终导致新思想的形成,并削弱了苏联的国力。非法经济的内部动态和其他形式的腐败削弱了无产阶级的士气。这种无能在反革命斗争中是显而易见的,并来源于国家形式的革命斗争的终止。

这些修订对澳大利亚共产党造成影响。

如前所述,这场国际共产主义运动的持久的风暴和分歧被转移到澳大利亚共产党内部了,特德希尔领导的力量在由苏联共产党和中国共产党引起的纠纷中,他们站到了中国共产党这边。这种复杂化的发展是澳大利亚政党的"去斯大林化"模式。中国政党的发展也对已经成形的澳大利亚共产党(ML)有一定的影响。社会主义社会分裂的不同变化是国际地位发生变化的结果。对于"文革"的深思使得其他时期的中国政党找到了具有中国特色的方式开展运动。

这种分歧造成了工人阶级内部共产党人之间的矛盾。当在现实斗争中澳大利亚能够站出来的时候,这是能够克服的,大团结到来的标志是,落后于澳大利亚共产党的工人阶级领导电车联盟和总罢工,这被叫做是 1968 年反梦席斯政府的刑罚权利的运动和科拉里奥谢的牢狱之苦。

在这场斗争中,工人阶级的团结和战斗模式带来了大规模的胜利。这种力量的团结只是暂时的,并且澳大利亚共产党内部的分裂已经显现出来了。一部分领导阶层正在向正确的方向迈进,并且采用正确的方法向发展中的青年、周边环境以及妇女运动迈进。20 世纪 60 年代和 70 年代早期,在越南战争的影响下,青年激进运动的爆发对当代社会的所有方面产生了质疑,这反映了这样的事实:社会青年的队伍得到了不断的壮大,受科技革命的影响,在发达的资本主义国家更多的大学都在实行扩招政策。这就形成了脑力劳动和体力劳动之间的较量。把个人主义和无产阶级在数十年的斗争中形成的集体主义精神进行对比,可以发现,他们把劳动过程和技术与无产阶级紧密的结合在了一起,这是他们智慧的结晶。

这涉及新的阶层加入共产党和一些老阶层与工人阶级之间没有直接的联系的问题。在梦席斯继续试图铲除共产党的情况下,对斯大林和个人崇拜的抨击伴随着反共产主义运动。在工人运动中,托洛茨基分子和右倾分子在天

主教会开始有组织的破坏共产主义事业以及工人运动带来的任何进步。在
20～30 年间,共产党人被判入狱,包括党的兰斯夏基总书记。在波梅茵尼克
Origlass 中,第四届国际的 Pabloite 的成功之处在于为推翻的铁厂工人联盟
实行了选举活动,并且使得共产主义者陷入牢狱。在有托洛茨基分子的协助
下,天主教会鼓励人们夺取铁厂工人联盟。这种事件的发生也与欧盟联邦职
员工会和店员工会有关;在现代社会中,这种组织是仍然存在的,并且被视为
工党的正派的一部分。

　　1948 年,奇夫利的工党政府在煤矿矿工联盟中发动了一场全面的反共产
主义影响的运动,军队是用来装载煤的,并且共产党领导的联盟失败了。天主
教成员支持工党,但最终遭到了抵制以及产生了分裂,许多反共产主义者退出
共产党并形成民主党派,他们的目标是站在保守派这边阻碍政府工党的发展,
同时破坏共产主义和进步的劳动人民之间的团结。这就形成了左倾分子的全
面攻击以及联盟运动中的进步力量和许多共产主义劳动者的联盟的领导遭到
了挑战。

　　在此期间,第四届国际的 Pabloite 采取了打入共产主义者和共产党内部
的策略。这将带来警方间谍并最终使得最高法院的法官约翰克尔成为共产党
的一份子。这种趋势的一个动因是:丹尼斯开始和澳大利亚 L 阿伦斯共产党
的国家总书记商讨加入共产党和形成一个派系的有关事宜。他们被反斯大林
的雄辩言辞和对苏联的不断批评所吸引。在小资产阶级的实际生活方式中加
入新的学生激进思想和政党中一些阶层的转变,使得这些度量标准渗透到政
党的各个阶层中去。党的工人阶级的事业受到了阻碍。

　　阿伦斯领导下的共产主义政党开始开除老一辈的共产党人并且由于一些
小的领导意见的不合,就解散了诸如航运分公司一类的产业部门。这种领导
哲学后来在劳里亚伦的弟弟埃里克的书中的"爆炸世界的哲学"的影响下变得
根深蒂固。同时,这本书不是导致分裂的基本原因,它证实了唯心主义的政治
并且说明这背离了马克思主义。

　　在这本书中,埃里克需求一种"价值革命"并且向马克思主义的根本基础
发起了进攻。阿伦斯用新兴青年和学生运动代替工人阶级作为改革的骨干,
并且采用了来自于个人变化的唯心主义思想。

　　对于爆炸性的世界,埃里克阿伦斯在他的哲学观上揭示了他的立场(见布
罗格书籍的 pp. 8)。

　　"在本世纪的混乱和变化的影响下,已经对革命的态度和思想形成了一种
新的思想风潮,这就伴随并促进了每一个社会的历史变化。所有国家的人民
都被同时牵扯进来了,不管是社会主义国家还是资本主义国家、东方还是西
方、工业发达的国家还是欠发达的国家……因此,各国的思想家们不得不考虑
最根本的概念……"

此外,"自然'价值'正在被审议。"他们是纯粹的男子行为模式,还是一种世界精神的体现?

在这些并列的概念之后还有:

"我希望我们今天所面对的变化能够认真的确定历史事实,但是一些东西值得我们保持积极交流的关系:不仅仅是这些条件给我们提出了新的思路,而是利用这些思想,通过干预历史并根据我们的需要和愿望努力塑造理想的历史形态。"

这本书概述了共产党走向其最终解散以及澳大利亚共产党分裂的观点,因为他用唯心主义的观点取代了马克思列宁主义。一些攻击社会主义的叛徒现在又在我曾经作为资本主义媒体共产党员的地方开始了重新经营。

虽然这对于学习什么是新以及是正在形成的新很重要,而且思想是基于物质世界的并具有物质现实的出发点,甚至有一定的物质基础。可这种对已经证明了的历史事实的攻击是到底是什么让共产党的领导人脱离工人阶级并且对实际存在的社会主义进行攻击而不是取代现实的幻想。

在他的虚假哲学里爆出 Bill Brown 让新成立的社会主义政党来解释如下的烂摊子:

既然是作为思想领域确定的物质现实受到挑战,这显然是一个远离马克思主义哲学立场的转变。什么是另类? 这个转变只能站在把思想摆在首位的立场上。

提到那些作者对马克思的攻击"更严重的是,这个小册子意味着马克思在没有认识到思想方面的作用而返回到实践和物质世界中时通过了错误的位置。这仅仅是诉诸于陈腐的"稻草人"装置。这归因于那些并没有能力却要面对挑战的人们。"

正是这种已经在澳大利亚共产党内部发展的趋势带来了澳大利亚社会党的成立,其中这些成员有的是被驱逐出共产党的,还有些人是因为其他原因离开的。

社会党通过了主张将由攻破共产党的武装力量最终肃清共产党。这一观点在 1992 年被确认当时为了履行其分裂运动的使命这些肃清者们完成了对共产党的解散,并且建立了搜索基础作为一个组织来管理旧党相当可观的资产。

在与共产党有关联的联盟积极分子对资本家给予更多有用的地位,并且在联盟中获得更多的领导权,就像澳大利亚金属工人联盟一样开始采用阶级合作的方法不久之前。澳大利亚重建的议案以及源于一个民族主义和保护主义立场的澳大利亚的很多的出版物。对社会主义的斗争被贬到了一个次要地位。

临时苏维埃社会党在建筑、海运和运输行业有很大数量的联盟积极分子从 1971 年直到 80 年代早期都在继续活动着,当时围绕着价格和收入符合以及党的纪律问题产生了分裂的发展。党主席 Pat Clancy 和建筑领导 Tom McDonald,部分海运和运输分行对工人党在交换社会工资上的工资约束协议采取支持政策。思想家 Bill Brown 也来称赞劳动协议。该协议终于导致了工人阶级在战斗性上的缺失。

在社会主义政党中团结一切可以团结的力量主要关系到工业联盟中不同的领导人。共产党员的战斗性以及左翼工党领导人和第二次世界大战后的长期繁荣导致了这些团体的工人过上了比其他团体的工人更好的生活,统一战线的概念被扭曲为为经济斗争服务而不是为工人的政治斗争服务的。

这导致了党内部分人在 ACTU 随着右翼社会民主党来到了一个缓和的政治立场,并且对阶级和平和实际工资的减少做出保证。因为社会工资意味着确保工党政府的持续性。

Clancy 使用资本主义的报纸"澳大利亚人"向资本主义发起了攻击;他同时还保持着同苏维埃国际联盟的联系,后来还在汤姆和奥黛丽的麦当劳传记中发现了向他投注的战略。他被开除了党籍并且以此掀起了反党运动而且从党中分裂了许多 rank and file 的工人。愤怒如此强烈以至于 Clancy 的部队对其给予了拳打脚踢和恐吓。两个组织成立了,一个是短暂的名不副实的共产党团结协会,另一个是社会主义联盟海事协会,该协会在一些港口依然存在着。这些组织的大多数人都在解散后加入了澳大利亚工党,其他人一生从事于同一项活动。

在 10 年间欧盟的成员进入了一个下降阶段,从澳大利亚工人阶级贸易组织中近 60% 的成员地位下降了 15%～25%。工业活动的锐减,以及参加反资本主义活动的联盟是不予注册的,在其他时间内,当一个联盟失去威信时,就会发现他们的成员会被国家招募到其他联盟中去。

这里有一个涵盖所有让特定行业的雅阁时代结束的工人的奖励制度,而且工党政府看到了这项每个公司或工作场所都有自己的协议的新制度,在整个行业内讨价还价被认为是非法的,并且新的自由党政府有能力引进与工人签订独立合同的步骤并在 1 个政府 10 年内将其进一步扩大。

工党政府有能力广泛推行政府资产的私有化,并且把工人们安排到他们的退休储蓄被冻结并变成部分资本主义股市的地方。起初所增加的社会薪酬被私有化所侵蚀,工人的就业条件日益个性化。

这将花费很长的时间,但是社会主义政党已经从这些分裂中复苏过来,并且作为当时的澳大利亚共产党的改革 1996 年已经制定了自己的宪法。

在此期间,党正确地拒绝了戈尔巴乔夫时代的新思维并且与国际共产主义运动保持联系,已经造成的损害是工人阶级远离反帝国主义的政治斗争的转变以及左倾势力从工人阶级运动中的日益分散。

　　澳大利亚共产党的新改革不会拒绝接受历史的教训也不会攻击现有的社会主义。我们看到关于共产主义运动的分歧可以通过统一理论和实践的开放应用而统一起来。

　　作为这篇论文的作者,我提供了关于 21 世纪社会主义问题的看法,这不能被建立除非我们准备接受在我们之前建立社会主义的人们经验以及我们的历史是一个连续斗争的历史。提出 21 世纪社会主义理念的人可以会由于没有接受和发展这种连续性而犯错误。

　　马克思主义的基本理论依然是只有用工人阶级的统治替换资产阶级的统治才能改变社会主义。为了达到这个目标仍然需要我们共产党作为工人阶级先锋队的作用。

　　重要的是我们源于生活的理论和实践是统一的。通向社会主义的道路是清晰的但其并不是直线道路,它需要马列主义原理明确和谨慎的指导。这些原理包括在社会主义向共产主义过渡时期的无产阶级的阶级统治。

　　在澳大利亚这些信念的扭曲导致工人阶级迈进了一个死胡同,并导致了他们阶级意识的弱化,这让澳洲社会主义的斗争遇到挫折。

参考文献

[1]W. J. Brown. 澳大利亚共产党发生了什么事[M]. 1971—11.

[2]L. Aarons. 关键时刻的工人运动[M]. 1963.

[3]W. J. Brown. 虚假的爆炸哲学[M]. 1973—7.

[4]民主,人类价值,新思维这些又是什么意思呢,澳大利亚 CC 执行社会党在 1988 年 7 月声明。

[5]为了团结共产党人掀起反帝国主义斗争新的更大的高潮,Brezhnev CPSU 代表团 1969 年 7 月第七次国际会议关于共产主义者和工人政党的新闻,莫斯科内务局出版。

[6]澳大利亚社会主义政党代表大会五号文件关于核心委员的政治表态的报告,1984 年 9 月 28、29、30 日、10 月 1 日.

[7]托洛茨基主义及其颠覆活动[M]. 摘自苏联共产主义出版社,1969—7.

[8]机会主义与第二国际的破产[M]. 第六卷. 列宁 Progress 出版社,1978.

[9]列宁. 国家与革命[M]. 第六卷. 1952.

[10]Afanasayev. 马克思主义哲学[M]. 1960.

后　记

　　我要感谢澳大利亚的马克思主义者评刊的编辑 Eddie Clynes 对我的帮助,他从各个角度关于起草中报刊的慷慨评论体现了其作为一名作家的高度责任感。

　　我也要感谢澳大利亚中国友好协会的秘书官 Don Wilson 对于我论文提出的建设性意见。

2010 卷第 30 辑　　　海派经济学　　　Vol. 30,2010
Economic Study of Shanghai School

论 21 世纪社会主义国家经济
改革的"中国模式"

李炳炎

　　内容提要　30 多年来的中国经济改革获得了举世瞩目的成功。成功的原因是通过坚持走中国特色社会主义道路而形成了经济改革的"中国模式"。这一改革模式包括中国经济改革理论支柱、改革的行为准则、改革的本质特征等。
　　关键词　社会主义经济改革　中国改革模式　理论分析

　　中国经济体制改革能够取得举世瞩目的伟大成就,一个很重要的原因在于,中国在改革中始终坚持了中共提出的科学的经济改革观,坚持用马克思主义为指导,从中国实际出发解决改革中的各种矛盾和问题。在改革中,我们十分注意反对和抵制市场原教旨主义等西方新自由主义的错误影响,坚持改革的社会主义方向。中国改革取得的成就,就是科学的经济改革观的胜利。中国改革中出现的某些失误,完全是由新自由主义改革观的影响所造成的。中国的改革是世界上社会主义国家经济体制改革的一个成功典型,我们称之为"中国模式"。"中国模式"有着深刻的内涵和显著的本质特征和丰富的内容。

一、改革的理论支柱

　　中国经济改革的理论支柱,是社会主义市场经济理论。它与西方新自由主义经济学是根本对立的。
　　所谓新自由主义经济学是相对于老自由主义即资产阶级古典经济学的经济自由主义讲的。它是当代右翼资产阶级的意识形态,是适应当代国家垄断资本主义向国际垄断资本主义转变的要求而形成的一种理论思潮和一套政策主张。
　　尽管新自由主义经济学是一个庞杂的体系,但就其主流学派的观点而言,可以将新自由主义经济学的核心观点归纳为三个"化"。即一是"市场化",二是"自由化"或"非调控化",三是"私有化"。也可以说,新自由主义经济学的内

　　收稿日期:2010—5—30
　　作者简介:李炳炎(1945—),男,江苏无锡人,经济学博士,中共江苏省委党校特岗教授,中央财经大学博士生导师。

涵具有市场化、自由化、私有化这样三层涵义。

所谓"市场化"，即完全市场化，是认为市场是万能的，市场经济是一部能自动运转的配置社会资源的机器。"市场化"，就是生产要素、产品、劳务、产权、声誉、品牌都全部、彻底商品化，经济运行全部依靠市场机制自发调节。

所谓"自由化"，就是反对一切政府干预和宏观调控，让市场放任自由发展。认为充分的经济自由是提高经济效率的前提。在认为市场机制作用能形成一种"自然秩序"的同时，还认为个人自由是市场制度的保证和市场机制发挥作用的基础，只有保证个人的自由选择权利，才能使经济效率达到最高。新自由主义将市场规律的作用和个人自由主义奉为至高无上的信条。因此，新自由主义反对任何形式的国家干预，反对任何形式的计划，推行无政府主义经济模式。

所谓"私有化"，就是极力主张全面的私有制，把资本主义私有制视为唯一合理的永恒的经济制度。新自由主义经济学家全都极力主张和推销彻底的私有化。他们认为，只要实行生产资料私人所有制，就不能对私人的经济行为加以限制，从而可以使个人的潜能得以充分发挥，极大地提高经济效率。而且实行私有制能够自动实现经济的均衡发展。他们视公有制为万恶之源。他们的目标，始终是要使资本主义制度全球化、永恒化。

一些人主张采用新自由主义的一套来指导中国经济体制改革与产权改革的观点，一时很时尚。他们无视中国经济体制改革中形成的社会主义市场经济理论的存在，不了解其核心观点的科学内涵。我们的回答非常明确：新自由主义经济学绝不能用来指导中国的改革。只有社会主义市场经济理论才是中国经济改革的理论基石。

那么，什么是社会主义市场经济的科学内涵？笔者认为，社会主义市场经济这一崭新的命题或范畴，包括以下三层涵义。一是现代市场经济；二是有宏观调控的市场经济或计划市场经济；三是以社会主义公有制为主体的市场经济。这样三层涵义的综合就是社会主义市场经济的本质规定性。

从第一层涵义看，中国社会主义市场经济必然选择现代市场经济这一类型，而不能选择古代市场经济或近代市场经济类型。这是时代的要求和中国社会主义现代化建设的必然要求。现代市场经济是一个中性范畴，当代资本主义市场经济也属于现代市场经济这一类型。通常把中国的经济改革称为"市场化改革"，就是指要建立现代市场经济体制。例如，关于让市场机制配置资源，发挥市场对资源配置的基础性作用，由市场来决定价格，等等。

从第二层涵义看，在处理政府干预与市场机制的作用，处理计划与市场的关系上，我们的观点是与新自由主义直接对立的。新自由主义主张的是"自由化"和"非调控化"，不要任何政府的调控，不要任何计划。改革以来，我们始终清醒地坚持在国家宏观调控下更好地发挥市场在资源配置中的基础性作用。

政府的宏观调控是现代市场经济的内在要求,对其不是要削弱而是要改善。取消政府的宏观调控,等于走向无政府状态的自由市场经济,使改革走入歧途。

从第三层涵义看,十分清楚,中国的社会主义经济体制改革必须坚持社会主义方向,坚持以公有制为主体,决不能搞私有化。新自由主义的导向,是引导中国走向资本主义私有制。社会主义制度是人类历史上迄今为止最先进、最为优越的社会经济制度,这是历史已证明了的公理。社会主义市场经济的运行将不断再生产出更多的物质财富和不断再生产出社会主义生产关系,保证社会主义的持续发展。

任何市场经济的运行,都是在历史上、经济上特定的生产关系中进行的。这种特殊的生产关系的性质,决定了市场经济的社会性质。这就是市场经济的特殊性。马克思指出:"社会生产过程既是人类生活的物质生存条件的生产过程,又是一个在历史上经济上独特的生产关系中进行的过程,是生产和再生产着这些生产关系本身,因而生产和再生产着这个过程的承担者、他们的物质生存条件和他们的相互关系即他们的一定的社会经济形式的过程。"①众所周知,任何社会生产过程都必须在一定的生产关系即人们之间在经济方面的社会关系中运行。市场经济的社会性质,就是指市场经济借以运行的特定生产关系的性质。在不同社会性质的生产关系下,市场经济就必然具有不同的社会性质。例如,资本主义市场经济和社会主义市场经济两者的社会性质正好是对立的。生产资料所有制不同,市场经济的社会性质也就不同。生产资料所有制决定着市场经济的社会性质。资本主义市场经济实行生产资料私有制,其市场经济就是资本主义性质的市场经济。社会主义国家在主体上实行生产资料公有制,其市场经济就是社会主义性质的市场经济。生产资料所有制规定着市场经济的社会性质,并由此规定着其发展方向。

由以上对应的分析可以看出,新自由主义经济学与社会主义市场经济理论在社会性质上是对立的,在改革导向上是背道而驰的。

二、改革的行为准则

中国在 30 多年改革过程中,我们逐步确立了以下五项改革的行为准则,保证了改革的正确走向。

(一)促进人的全面而自由发展是社会主义经济改革的基本原则

马克思关于人的全面发展的理论,是马克思主义基本原理的重要组成部

---

① 马克思、恩格斯. 马克思恩格斯全集[M]. 第 25 卷. 北京:人民出版社,1975,925.

分。今天结合我国社会主义改革开放实践深入研究马克思的这一重要理论，不仅具有重大的理论意义，而且具有重大的实践意义。

马克思早在其主要著作《资本论》第一卷第二十二章分析剩余价值转化为资本时，就已明确指出：人的全面而自由的发展，是社会主义社会的基本原则。今天我们重新学习马克思的这一观点和论述，有着极其迫切和重要的现实意义。马克思认为，资本家作为人格化的资本，他的动机，不是使用价值和享受，而是追求更多的交换价值和交换价值的不断增殖。这在客观上为社会主义社会创造了物质条件。马克思说："他（资本家——作者注）狂热地追求价值的增殖，肆无忌惮地迫使人类去为生产而生产，从而去发展社会生产力，去创造生产的物质条件；而只有这样的条件，才能为一个更高级的、以每一个人的全面而自由的发展为基本原则的社会形式创造现实基础。"[①]可见，马克思心目中的未来高级社会——社会主义社会，必须实现每个人的全面而自由发展。这一点，可以从马克思原著的许多论述中得到证明。马克思将这一观点提高到"基本原则"的高度，其用意十分深远。马克思提出人的全面发展的理论，目的在于指导人类社会从必然王国迈向自由王国，造就共产主义新人，即"完整的人"。这就是全面发展了的个人。共产主义社会正是由全面发展了的个人所组成的高度文明的富裕的幸福的高级社会形态。

马克思关于人的全面发展的理论的实质，就在于要求我们在建设社会主义过程中，要树立一种以人为本的指导思想。这就是一切为了人、为了劳动者、为了人民群众，摆脱物对人的统治，自觉运用自然和社会发展的客观规律，实现自主联合劳动，为人民谋取最大福利，确立劳动者的主人翁地位，让自主联合劳动成为普照之光。

（二）坚持公有制为主体是中国经济改革的根本原则

在中国社会主义经济体制改革中，要不要坚持公有制为主体是一个根本原则性问题。邓小平早在 1985 年就明确指出："在改革中，我们始终坚持两条根本原则，一是社会主义公有制为主体，一是共同富裕。"[②]2007 年 6 月 25 日，胡锦涛在中央党校的重要讲话中强调指出："要坚持和完善公有制为主体、多种所有制经济共同发展的基本经济制度。"[③]公有制为主体、多种所有制经济共同发展，是我国社会主义初级阶段的基本经济制度，是构建社会主义和谐社会的经济基础，决不能被削弱或动摇。

在这里，非公有制生产关系包括个体经济、私营经济、外资经济等多种非

---

① 马克思、恩格斯. 马克思恩格斯全集[M]. 第 23 卷. 北京:人民出版社,1972,649.
② 邓小平. 邓小平文选[M]. 第 3 卷. 北京:人民出版社,1993,142.
③ 胡锦涛. 坚定不移走中国特色社会主义伟大道路 为夺取全面建设小康社会新胜利而奋斗[N]. 人民日报,2007—06—26。

公有制经济中的生产关系,但是由于它们的总和在全社会的生产关系总体中必须处于非主体地位,所以,全部的非公有制生产关系的总和,必须处于辅体地位。也就是说,在整个社会主义初级阶段,由公有制生产关系总和作为主体生产关系所组成的经济基础,是必须始终保护和壮大的,任何时候都不能被削弱和动摇。它决定了社会主义和谐社会的上层建筑,构成了作为经济基础与上层建筑的统一的社会主义和谐社会。

从理论和实践上看,中国社会主义公有制经济表现出了比私有制具有更大的优越性。大规模私有化,严重危及社会主义公有制的主体地位,不符合基本经济制度的要求。我们应该在坚持社会主义公有制主体地位的前提下深化改革,促进经济社会和谐发展,为更好地实现社会主义公有制的高效率创造客观条件,进一步发展壮大公有制经济和整个国民经济。

我国宪法第六条规定:中华人民共和国的社会主义经济制度的基础是生产资料的社会主义公有制,即全民所有制和劳动群众集体所有制;国家在社会主义初级阶段,坚持公有制为主体、多种所有制经济共同发展的基本经济制度。但是,相关数据表明,中国公有制的主体地位的变化值得引起关注。据国家统计局网站于 2009 年 12 月 25 日发布的第二次经济普查数据第 1～3 号公报显示:"2008 年二、三产业企业单位公有制与非公有制经济比重情况为:企业资产方面,公有制经济企业资产为 68.1 万亿元,比重为 32.8%,非公有制经济企业资产为 139.7 万亿元,比重为 67.2%;企业实收资本方面,公有制经济企业实收资本为 12.4 万亿元,比重为 36.4%,非公有制经济企业实收资本为 21.7 万亿元,比重为 63.6%;工业从业人员方面,公有制经济工业从业人员为 1 443.2 万人,比重为 12.3%;非公有制经济工业从业人员为 10 295.1 万人,比重为 87.7%。"为了使维护和巩固社会主义公有制的主体地位成为人们的共识和自觉行动,建议一要大力宣传坚持公有制主体地位与国有经济主导地位的重要意义;二要大力批判和澄清新自由主义、民主社会主义等错误思潮。

首先,要着力转变国有企业改革的工作思路。

1. 巩固与壮大国有经济的主导地位。为了保持和发挥国有经济的主导作用,它占 GDP 的 40% 左右为宜。关于国有企业的进一步改革问题,第一种思路是建立国有独资公司,无论如何改,它们仍是国有企业。第二种思路则是成立国有资本绝对控股的企业,虽然引进民间资本,但仍保持国有企业的性质。在国有资本需要退出的国企中,可以考虑将其改造成工人所有制的股份制公司。"工人股份制"是在实行自主联合劳动的基础上,工人在生产中居于主体地位,是工人支配资本,而不是资本雇佣劳动。同时,它的企业形式是股份公司,是现代市场经济的主体。工人阶级通过集体持大股而占有资本,成为既是劳动者又是资产所有者的公民,取得劳动收入和资产收入,提高收入水平。

2. 清算和回收流失的国有资产。对于已经"改制"过的国有企业,要依法划清公私财产界限,清查并收回非法流失的国有资产。

3. 慎重对待垄断国有企业的改革。警惕借此推行国有企业私有化。当前应采取的措施是:一要规范垄断行业的收入分配秩序,绝不允许出现乱分企业利润的情况出现,以防止出现行业收入差距过大的现象;二要将垄断国企所获得的垄断利润全部上交国库,只允许保留适当的比例作为企业发展基金。

其次,要加快深化国有资产管理体制改革。

1. 将国有资产管理部门隶属于全国和各地人民代表大会。当国资委隶属于全国人大以后,各级地方国资委在管理体制上就可以采取由同级人民代表大会归口管理,同时按照上级国资委管理的模式进行管理。

2. 加强广大职工在国有企业管理与监督中的作用。国有企业职工拥有参与对企业资产的所有、占有、使用、处分的权利,有权直接干预企业的生产经营活动,对于国有资产的有效运营有着重要的意义。职工应该更多地参与企业的日常经营管理活动,这样才能更好地发挥他们作为主人翁的巨大作用。因此,必须完善现行的《公司法》,从经济、法律制度上确保企业职工参与国有企业的管理与监督活动。

3. 建立科学合理的国有资产经营效益考核标准,培育一支高素质的国有资产经营者队伍。今后国有企业应向社会招募更多的优秀专业人才,并有计划地培育思想道德素质高、精通业务、视野开阔的管理层接班人。

再次,要加快实现农村集体经济的"第二个飞跃"。

中国农村的长远发展还是要依靠壮大农村集体经济来实现,实行农业的集约化经营。这就是要实现"第二个飞跃"。邓小平早就指出:"中国社会主义农业的改革和发展,从长远的观点看,要有两个飞跃。第一个飞跃,是废除人民公社,实行家庭联产承包为主的责任制。这是一个很大的前进,要长期坚持不变。第二个飞跃,是适应科学种田和生产社会化的需要,发展适度规模经营,发展集体经济。"[①]

加快实现大力发展农村集体经济的"第二个飞跃",可以先从两个方面着手。一是把分散的农民集合和组织起来,壮大农村集体经济。二是要大力提倡将股份合作制作为农村集体经济的主要实现形式。

(三)倡导共同富裕、反对两极分化的原则

共同富裕理论即"共富论"的形成和提出,是邓小平同志晚年经济思想的核心内容,是邓小平同志对建设中国特色社会主义的杰出贡献。我们应当大

① 邓小平. 邓小平文选[M]. 第 3 卷. 北京:人民出版社,1993,355.

力宣传这一"共富论"。

邓小平说："走社会主义道路，就是要逐步实现共同富裕。如果富的愈来愈富，穷的愈来愈穷，两极分化就会产生，而社会主义制度就应该而且能够避免两极分化。"①

"中国发展到一定的程度后，一定要考虑分配的问题。也就是说，要考虑落后地区和发达地区的差距问题。不同地区总会有一定的差距。这种差距太小不行，太大也不行。如果仅仅是少数人富有，那就会落到资本主义去了。要研究提出分配这个问题和它的意义。到本世纪末就应该考虑这个问题了。我们的政策应该是不能鼓励懒汉，又不能造成打'内战'。"②

"十二亿人口怎样实现富裕，富裕起来以后财富怎样分配，这都是大问题。题目已经出来了，解决这个问题比解决发展起来的问题还困难，分配的问题大的很。我们讲要防止两极分化，实际上两极分化自然出来，要利用各种手段、各种方法、各种方案来解决这些问题。少部分人获得那么多的财富，大多数人没有，这样发展下去总有一天会出问题。分配不公，会导致两极分化，到一定时候问题就会出来。这个问题要解决。过去我们讲先发展起来。现在看，发展起来以后的问题不比不发展时少。"③

邓小平同志早在 20 世纪末已经指出，按照前一段时间的"先富论"走下去，肯定会出现社会不公平，收入差距扩大和出现两极分化，明确要求用大力气解决防止两极分化问题。只不过我们对邓小平的这一重要思想宣传不够，执行不力，致使收入分配差距扩大趋势愈来愈严重。必须下决心花大力气解决这个问题。

（四）公平与效率并重、更加注重社会公平的原则

中共十六届五中全会《中共中央关于制定国民经济和社会发展第十一个五年规划的建议》为何要将原先的"效率优先，兼顾公平"的提法改为"更加注重社会公平"这一新的提法，作为我国今后改革与发展的指导方针？这里涉及到深刻的理论问题。

社会经济发展的目标是多维的，如果把诸多的目标进行抽象的考察，最终可以归结为两个目标，效率和公平。中共十六届五中全会的《建议》有许多新的精神，其中一项是强调更加注重社会公平。"效率优先、兼顾公平"意味着把经济效率放在第一位，把社会公平放在第二位，兼顾一下。这个提法只适用于社会主义初级阶段的一段时期，不适用于初级阶段整个时期。现在收入分配差距过大，社会不公平造成许多矛盾与社会不和谐现象，潜伏隐患，不时爆发。

①　邓小平. 邓小平年谱 1975—1997[M]. 北京:中央文献出版社,2004,1343.
②　邓小平. 邓小平年谱 1975—1997[M]. 北京:中央文献出版社,2004,1356~1357.
③　邓小平. 邓小平年谱 1975—1997[M]. 北京:中央文献出版社,2004,1364.

如继续把社会公平放在"兼顾"的第二位,与中共构建和谐社会的宗旨不符。笔者早就同意在收入分配领域不再提"效率优先,兼顾公平",也不要再提"初次分配注重效率,再分配注重公平",而要强调更加注重社会公平。

公平的通俗解释,无非是公正与平等的意思。又分为过程的公平和结果的公平两个层面,或者再加一个起点的公平。社会公平,归根结蒂就是把发展的成果惠及全民。从现阶段看,在一部分人先富起来后,注重社会公平,让最广大人民分享发展成果,是应当力争和能够做到的。

经济公平的主要内容和规则包括:第一,基本权利的保证,亦即保证的原则。生存权、就业权、受教育权以及社会保障权是每一个社会成员所必须拥有的。第二,机会平等,亦即事前规则。第三,按照贡献进行分配,亦即事后规则。第四,社会调剂的规则。这实际指的是结果公平。社会成员关注机会和规则的公平胜过结果公平。只要程序公平,人们能够容忍更大的收入差距;程序公平决定结果公平,当程序不公平,哪怕分配结果差距不大,人们也会感受不公平。

根据科学发展观的精神实质,必须建立起相应的公平理念。第一,必须树立起人人共享发展成果的理念。第二,必须树立公平和效率相统一的理念。第三,在社会主义初级阶段,必须确立公正具体规则的整体性和公平具体规则之间的优先次序的相互统一。第四,必须处理好市场公平和社会公平之间的关系。

(五)利益分享是经济改革与构建和谐社会的重要原则

"利益分享"的新理念,承认社会各个主体的经济权利,承认它们追求自身利益的合理性和合法性。"利益分享"是以人为本理念的具体实现形式,主张把建立全社会的利益分享机制,作为克服我国社会主义社会内部各利益主体之间的利益矛盾和推动经济社会发展的主要手段。

要坚持和完善按劳分配为主体、多种分配方式并存的分配制度,坚持各种生产要素按贡献参与分配。在经济发展的基础上,更加注重社会公平,合理调整国民收入分配格局,加大收入分配调节力度,使全体人民都能享受到改革开放和社会主义现代化建设的成果。

当企业利润不断高速增长时,劳动者的实际工资水平却长期低于劳动力价值。这就形成了我国目前收入差距偏大、并且仍然不断扩大的奇特现象。同时市场供给与由工资形成的市场需求的差距也会越来越大,最终形成总消费需求不足,导致宏观经济失衡。

利益分享的新经济观是以社会主义经济主体和经济利益的多元性为其认识基础的。它强调经济个体的差异性,承认各经济个体有其独立的经济利益,并进一步肯定它们追求这种特殊经济利益的权利。

利益分享的新经济观要求建立一种新的协调的利益分配机制。在这个新机制中,使经济个体与整体的利益分配与每一单位新增利益之间建立起新的比例变动关系。然后,通过鼓励每一个经济个体去努力追求自己的经济利益,从而保证社会整体经济利益的不断增长。

利益分享的新经济观,不仅强调各经济个体有其特殊的经济利益,还致力于在各个主体的经济利益之间建立起一种新的协调的利益分配关系。它们之间建立起一种共同消长而不是此消彼长的新关系。在这个过程中,各经济主体的任务是如何扩大总量,而政府的责任则是事先公平地确定这个分享的比率。由于这种分享不是对总量的一次性分享,而是对每一边际增量的逐次分享,它能够使经济个体在增量上看到自己的利益,从而极大地刺激其增产节约的积极性。这种分享也不只是在整体层次上的分享,它是多层次的。在社会经济活动的每一层次上,各利益主体均可实行利益分享。使每一个经济主体都能与代表国家整体利益的政府和代表局部利益的企业分享利益、共担风险。它使每一经济主体都有了自己的权利、责任和利益,每个主体的活力都得到极大的增强。

三、改革的本质特征

中国改革创造了社会主义经济体制改革的"中国模式"。这个模式具有以下的十个显著的本质特征:

1. 改革的性质:社会主义经济体制改革的性质,是社会主义生产关系的自我完善,目的是通过改善社会主义生产关系中不适应生产力发展的某些环节、部分,使社会主义生产关系适应并促进社会生产力的发展。改革不是用资本主义生产关系来取代社会主义生产关系。新自由主义崇尚私有化、自由化的改革,是一种鲜明的具有资本主义私有制意识形态性质的经济思想。新自由主义在前苏联、东欧以及拉丁美洲的一些发展中国家付诸实施,造成了严重恶果。

2. 改革的理论基础:马克思主义基本原理和社会主义市场经济理论,是我国经济体制改革的理论基础。新自由主义经济学者不仅无视中国经济体制改革中形成的社会主义市场经济理论的存在,不了解其核心观点和科学内涵,而且有意识地用自由市场经济体制来取代计划市场经济体制。新自由主义市场经济理论断然不能用来指导我们的改革。只有马克思主义基本原理和社会主义市场经济理论才是我国经济体制改革的指导理论。

3. 改革的目标:建立完善的社会主义市场经济体制,实现富民强国、共同富裕。社会主义市场经济体制就是把市场经济和社会主义基本经济制度结合起来,就是在充分发挥市场经济在效率上优越性的同时,在公有制为主体的基本经济制度上着力体现"人的全面自由发展"的社会主义基本价值观,从而实现人民共同富裕和社会公平正义。建立和完善社会主义市场经济体制,就是要在现存的历史条件下,充分利用公有制和市场经济两种制度的优点,促进形成既不同于计划产品经济体制下那种具有主观性的公有制产权制度,又不同于资本主义私有制的产权制度,并促使这种崭新的产权关系人格化。

4. 改革的对象:是要改掉旧的经济管理体制,即自然经济体制和计划产品经济体制,而不是要改掉社会主义经济制度即公有制;不是要改掉公有制,相反,而是要完善公有制及其实现形式。中国实行社会主义市场经济改革,就是要在坚持公有制为主体的前提下完善社会主义生产关系。

5. 改革的依靠力量:改革遵循党的群众路线,充分依靠工人、农民和知识分子等广大劳动者,充分调动他们在改革中的主动性、积极性和创造性,将改革作为一场伟大的群众性社会实践。

6. 改革的方式:遵循从群众中来,到群众中去,尊重人民群众的首创精神,一切经过试验,加以总结提高,然后由点到面,逐步推广。人民群众是历史的创造者,是推动历史前进的决定性力量,因此我们的改革必须依靠人民群众。实践表明,在具体改革上,凡是能尊重人民群众的首创精神,坚持"从群众中来,到群众中去"的工作方式和方法的,就能比较顺利地达到目的。反之,就会受到挫折。例如,农村联产承包制改革,首先在安徽凤阳作试点,再向全国推广。同时,对于像华西村、南街村那样集体经济较发达的地方,也允许不搞联产承包制。实事求是,具体情况具体分析,不搞一刀切。但是在城市,国有企业的改革却走了弯路。一些地区没有遵循全心全意依靠工人阶级的方针,而是照搬照套在国外理论界也存有争议的"管理层收购"的做法。在实际操作中,依靠的是少数地方政府官员和企业的管理层,结果把全体人民共有的财产,变成了少数企业管理层的私人财产。由此导致劳资对立,国有资产大量流失,职工大批下岗失业,引起广大群众的强烈不满。

7. 改革的宗旨:以人为本,促进人的全面自由发展,使广大群众共享改革发展的成果,让群众得到看得见的实惠。要实现现代化归根结底是要实现人的现代化。只有当我们国家的人民都具有现代化的思想、行为和价值观念的时候,才能称得上实现真正的现代化。

8. 改革的路径:我国的改革采用渐进式推进的方式来实施,先易后难、先浅后深、分阶段地稳步推进。改革始终都充分考虑人民群众的承受能力,保持社会稳定。改革开放 30 年来,中国已经发生了翻天覆地的变化。这场改革的意义和成效可以用"革命"来形容。而在这场"革命"中,中国保持了社会的稳定,保持了国家政权基本运作的正常化,并且长期保持了经济的高速增长,这是中国渐进式改革的所得。渐进式改革的本质就在于很好地处理了改革、稳定与发展的关系。中国对保持社会稳定的重要性有着清醒的认识,只有政权的稳定发挥作用,才能保证改革的延续性,改革的有效延续也才能保证国民经济的发展。

9. 改革的效果:改革的效果必是注重社会公平,走向共同富裕,社会和谐发展。邓小平同志曾经强调:"一个公有制占主体,一个共同富裕,这是我们所必须坚持的社会主义的两条根本原则。"[①]"我们坚持走社会主义道路,根本目标是实现共同富裕。"[②]"社会主义最大的优越性就是共同富裕,这是体现社会主义本质的一个东西。"[③]共同富裕,这不仅是体现社会主义本质的一个东西,而且是社会主义本质的归结点。社会和谐,这是中国特色社会主义的本质属性,是国家富强、民族振兴、人民幸福的重要保证。

10. 改革的前途:在科学改革观指导下的改革前途,是通过建立完善的社会主义市场经济体制,充分发挥社会主义制度优越性和市场经济的优点,从而促进社会生产力的不断提高,完善社会主义经济制度,实现富民强国。

这一中国改革模式,是 30 年改革经验的概括。作出这种总结和概括,不仅有利于科学地推进我国下一步经济体制改革。作为中国特色社会主义经济体制改革经验概括的"中国模式"所包含的普遍意义,在于给世界社会主义事业带来新的希望。这就是"中国模式"近年来备受国际社会关注的原因所在。

参考文献

[1]马克思、恩格斯. 马克思恩格斯全集[M]. 第 25 卷. 北京:人民出版社,1975.
[2]马克思、恩格斯. 马克思恩格斯全集[M]. 第 23 卷. 北京:人民出版社,1972.
[3]邓小平. 邓小平文选[M]. 第 3 卷. 北京:人民出版社,1993.
[4]胡锦涛. 坚定不移走中国特色社会主义伟大道路 为夺取全面建设小康社会新胜利而奋斗[N]. 人民日报,2007—06—26.
[5] 邓小平. 邓小平年谱 1975—1997[M]. 北京:中央文献出版社,2004.

---

① 邓小平. 邓小平文选[M]. 第 3 卷. 北京:人民出版社,1993,111.
② 邓小平. 邓小平文选[M]. 第 3 卷. 北京:人民出版社,1993,155.
③ 邓小平. 邓小平文选[M]. 第 3 卷. 北京:人民出版社,1993,364.

资本主义危机与出路：21 世纪社会主义
——世界政治经济学学会第 5 届论坛综述

【中】丁晓钦

　　由世界政治经济学学会、中国社科院马克思主义研究学部和中国人民大学国际学院联合主办的"资本主义危机与出路：21 世纪社会主义——世界政治经济学学会第 5 届论坛"于 2010 年 5 月 29—30 日在苏州隆重举行，来自中国、美国、德国、英国、法国、日本、韩国、加拿大、澳大利亚、奥地利、爱尔兰、比利时、瑞典、挪威、西班牙、巴西、墨西哥、希腊、保加利亚、秘鲁、越南、中国台湾 22 个国家和地区的 150 多位学者出席了此次论坛。

　　论坛开幕式由世界政治经济学学会副会长、京都大学大西广教授主持，中国社会科学院李慎明副院长致贺词，中国人民大学副校长王利明教授致欢迎词，世界政治经济学学会会长、中国社科院马克思主义研究学部主任、马克思主义研究院院长程恩富教授致开幕词，英国柏拉图出版社社长罗杰·范·查旺伯格接着宣布《世界政治经济学评论》（英文版）创刊号在伦敦发行。随后，世界政治经济学学会颁发了第二届"21 世纪世界政治经济学杰出成果奖"，刘国光（中国社科院特邀顾问、学部主席团成员、原副院长）、大卫·科茨（美国麻省大学教授）、伊藤诚（东京大学教授、日本学士院院士）、卫兴华（中国人民大学荣誉一级教授、全国《资本论》研究会顾问）、大卫·莱伯曼（美国《科学与社会》杂志主编，纽约市立大学教授）、张熏华（复旦大学教授，上海市经济学会名誉会长）、迈克尔·佩雷尔曼（美国加州大学奇科分校教授）、科伊乔·裴多洛夫（澳大利亚悉尼大学保加利亚籍研究员）获此殊荣并分别发表获奖演说。

　　本届论坛共举行两次全体会议和十六个分会研讨，围绕"资本主义危机与出路：21 世纪社会主义"这一主题，对资本主义的经济和生态危机、危机的应对和根本出路、社会主义的理论创新和实践评价等进行了深入的探讨。

一、当前经济危机的原因与对策

　　首先，本次论坛解析了资本主义的经济理论危机、经济危机原因及各国的

收稿日期：2010—5—30

作者简介：丁晓钦（1977—），上海财经大学马克思主义研究院副研究员，哈佛大学法学院访问学者，世界政治经济学学会副秘书长，经济学博士。

应对。与会学者对新古典经济学的实证主义危机理论、"利润挤压理论"等进行批判,并从资本过度积累、全球化失衡、金融化等角度解释当前经济危机和提出应对策略。

罗莎·卢森堡基金会理事、前东德副总理克里斯托·卢夫特教授认为,金融资产长期过度的积累和国际化已经开始改变金融与生产部门间量的比例,由此也造成了资本主义发展过程中驱动因素和瓶颈之间的关系向着更受金融驱使的模式发展,破坏经济和社会稳定,最终导致当前危机。解决危机的直接方法就是减少金融资本的过度积累。

中国社会科学院副院长李慎明教授认为,危机可能迫使美国继续采取各种新老手段维护全球霸权,如果世界上其他大国强国应对正确,美国式资本主义模式和美国世界霸主地位将从根本上得到动摇,也必然会引发全球经济秩序的深刻变化和全球政治格局的深刻变动。否则,不能排除美国式的资本主义模式经过调整获得新的生机与活力,霸权主义和强权政治继续会在世界范围内得到巩固和加强。

中国社会科学院马克思主义研究学部主任程恩富教授认为,当今世界资本主义经济的基本矛盾通过以下四种具体矛盾和中间环节导致金融和经济危机:(1)从微观基础分析,私有制及其企业管理模式容易形成高级管理层为追求个人巨额收入极大化而追求利润极大化,日益采用风险较大的金融工具以及次贷方式,从而酿成各种危机;(2)从经济结构分析,私有制结合市场经济容易形成生产相对过剩、实体经济与虚拟经济的比例失衡,从而酿成各种危机;(3)从经济调节分析,私有制垄断集团和金融寡头容易反对国家监管和调控,而资产阶级国家又为私有制经济基础服务,导致市场调节、国家调节和伦理调节三失灵,从而酿成各种危机;(4)从分配消费分析,私有制结合市场经济容易形成社会财富和收入分配的贫富分化,导致生产和供给的无限扩大与群众有支付能力需求相对缩小的矛盾,群众被迫进行维持生计的含次贷在内的过度消费信贷,从而酿成各种危机。上述经济迹象和走势表明,危机凸显出金融体系及其"有毒资产"难以根治,私有制公司治理弊端深重、贫富分化继续加剧、资本主义国家调节低效。上述经济迹象和走势表明,西方资本主义经济可能陷入长期动荡甚至生存危机。

英国中兰开夏大学珍妮弗·克莱格教授用马克思主义比例失调理论对中美贸易不平衡问题进行了解释,认为危机的根源是以发达资本主义经济体为基础的第一生产部门的投资过剩,而帝国主义的内部竞争和资本主义竞争正是维持美元霸权地位和资本主义和社会主义之间矛盾的驱动力。随着发展中国家和地区的国际作用不断增强,一个更加多极的世界将会抑制垄断经济积累剩余价值的能力。但是,国际经济最终只能通过世界各地不同产业增长率间更广范围的全球调整和平衡才能实现稳定。

爱尔兰国立大学特伦斯·麦克唐纳教授分析了爱尔兰受国际金融危机的影响,指出全球新自由主义虽然为当地广泛的体制结构留有空间,但被当地环境所抵制是不可能的。爱尔兰近 30 年来基本上接受了美国新自由主义思想,金融机构大量从事高风险的金融衍生品交易,与华尔街紧密联系在一起,结果在 90 年代"高增长"的背后积累了巨大的泡沫,最终导致危机。

美国麻省大学大卫·科茨教授从资本积累的社会结构的角度分析认为,新自由主义造成危机严重有弊也有利。第二次世界大战后一段时间发达国家国家干预主义下的积累型危机相对缓和,进一步降低了向社会主义过渡的可能性。新自由主义时期虽然削弱了工人力量,却可能引发严重经济危机,激化工人运动。如果危机持续一段时间,新自由主义的反动员效应可能会被长期严重经济危机带来的激进效应取代。

中国人民大学卫兴华教授也对中国应对国际金融危机的对策提出自己的看法,认为中国率先走出危机漩涡并重新走上快速发展轨道,是得益于社会主义制度能集中力量办大事的优越性、强有力的宏观调控政策和我国国有经济的中坚作用,因此要继续加强马克思主义经济理论的指导地位,重视壮大和发展国有经济,确保公有制经济的主体地位和国有经济的主导地位。这些观点得到了绝大多数与会者的认同。

与会者讨论后一致认为,这场国际金融和经济危机的直接原因,是 20 世纪 80 年代末 90 年代初东欧剧变、苏联解体后,以美国为首的西方世界为主导的以新自由主义为主要推力的新一轮经济全球化;危机的根本原因在于生产全球化与生产资料私人占有之间的矛盾、生产无限扩张与全球需求有限之间的矛盾。如何将泛左翼思潮和运动发展为世界社会主义运动的复兴和高潮,将成为摆在一切进步人士和全世界人民面前的重大严肃问题。

二、生态危机的制度根源

在分析资本主义经济危机的同时,本次论坛从不同角度分析了资本主义的生态和环境危机,对生态公害问题和当前生态挑战进行了讨论,尤其对生态危机的制度根源进行了深入研讨。

中国社会科学院马克思主义研究学部主任程恩富教授和贵州大学经济学院王朝科教授从马克思主义经济学理论层面对低碳经济进行了总结,构建了一个解释低碳经济的理论框架,为深化低碳经济的理论研究和政策研究提供了一种可资借鉴的方法,并提出了以下命题:(1)生产的持续增长和消费水平、消费质量的持续提高,依然是人类社会文明进步的核心主题,低碳经济与这个主题具有高度的兼容性;(2)低碳经济倒逼技术创新、制度创新和观念变革,而不是反过来通过技术创新、制度创新和发展观的渐进式变革来逼近这个客观尺度(自然界所能承载的最大排放量),资本主义制度下利润驱动的技术创新往往是后者而不是前者,因而对生态构成了较大威胁。(3)"共同但有区别的责任"是国际社会合作、共同应对气候变化的基本原则,即使不算历史旧账,各国之间的经济规模、经济结构、消费水平、消费结构存在巨大的差异,所以应该有区别地承担不同的责任。如果资本主义国家单纯根据国力强弱和各自利益来分配责任,将违背这一原则,导致国际合作困难,贻误时机;(4)减排是应对气候变化的权宜之计,长久之计应是根据自然系统可承载的最大二氧化碳排放量,按年度测算全球的当年的二氧化碳排放量,并在各国之间公平分配碳排放权;(5)为了使低碳经济奠定坚实的群众基础,需要强化先进消费文化的培育,开展国家主导下的消费能力建设,而这是追求利润最大化和销量最大化的资本主义经济所不愿看到的。

日本东京农业科技大学吉田央教授认为生态公害根源于资本对利润的追求。主要的生态公害问题如环境污染、食品污染、有缺陷药品等的共同特征是:它们都是健康损害问题(而不是财产损害),新技术(如 PCB,婴儿奶粉或新药品)是引起它们的原因之一,大批量生产和大批量消费造成这些损害扩大化和严重化。这些问题的深层原因就是资本的利润追求,而经济的快速增长或快速城市化又加剧了这些问题。

墨西哥城市自治大学路易斯·乔治·阿瓦雷兹·罗查内教授则对资本主义生态危机提出了更严厉的批判。他指出,几十年来,人们一直认为经济发展的主要内容就是增长,只有经济(国内生产总值)持续稳步的增长,人类的物质需求才能得到满足。但是,资本主义市场经济既没有稳步或持续的增长,增长也没有给人民带来福利,增长只是资本主义发展的必要条件。几次大的经济危机告诉我们,经济的持续增长只存在于宏观经济模型和那些正统的经济学家撰写的教科书中。但追逐利益就要不断地扩大生产,产量越大投资者获取的利益就越多,资本积累也就越多。当今的地球能满足每个人的生活足需求,但无法满足个别人的贪婪。难以置信的是,当今世界上 50% 的污染物是由7% 的世界人口制造的,然而 50% 的穷人只造成了 7% 的污染。资本主义不能停止增长,因为增长是资本主义的代名词。而 21 世纪的社会主义可以放弃增长,问题在于放缓增长的计划的眼光和设计。这确实是一项巨大的挑战,这意味着向持续增长的神话发起挑战。21 世纪社会主义应坚持平等原则,消除贫困和世界上显著的不平等现象,奉行温和消费主义原则,尊重自然,支持人类实现可持续发展。

奥地利维也纳大学研究员约瑟夫·鲍姆也认为,生态危机根源于资本主义制度。他指出,哥本哈根会议上致力于全球人共同利益的全球气候政策,由于资本主义决策权的巨大分散性而变得极难推行,尽管我们知道气候危机的截止日期日益逼近。气候危机、环境危机和大范围全球贫困都根源于世界资本主义体系,根源于其短视的利润机制和资本积累的强烈动机。所以或早或晚这一利润机制需要被替代,需要增强公共产权和管制,来实现更高的资源生产率、更小的污染排放和更公平的资源分配,带来更健康的生活、更高的生活质量和更丰富的创新潜力。

与会者大多认为,资本主义发展中最具决定性的生态矛盾是它基于自然是无限且可销售的观念的结构,生态系统的功能作为一种商品日益被包括在货币的基本原理之中。这种矛盾的原理必须颠倒过来,以阻止自然资源的衰退和损失,如碳市场中与减少碳排放的追求并不一致,这就允许污染者通过购买碳信贷来造成持续污染。因此需要转变为另一种自然观和社会经济制度观,更加重视未来,关注资本主义制度中自然的货币价值和货币处理,研究经济体系对自然的消极作用的补偿和管理,直面目前视自然为服务或物品的观点,采用盖亚理论并将其作为设定社会、政治、经济变化和经济体系与自然互动的管理框架的主要参考物。

三、21世纪社会主义构想

在分析资本主义危机的基础上,**中国社会科学院马克思主义研究学部主任程恩富教授**指出,危机的根本出路不是从新自由主义政策和体制转型为凯恩斯主义政策和体制,而是用现代马克思主义经济学的政策和体制,或者说用科学的社会主义市场经济政策和体制替代陈旧落后的、弊端丛生的各种资本主义市场经济政策和体制。对此,与会者积极响应,对社会主义提出了各种不同层次的理论构想。"21世纪社会主义"理论创始人之一,汉兹·迪特里奇首先讲述了"21世纪社会主义"的科学哲学基础和基本特点,其他学者进一步阐述了"21世纪社会主义"的定义、要点、标准和范式,并阐述了其蕴含的复杂性和差异性。

墨西哥城市自治大学德籍教授汉兹·迪特里奇指出,马克思和恩格斯的辩证历史唯物主义的模型是与自16世纪(伽利略)以来形成所有现代实证科学的认识论方法论基础等价的时间空间运动模式。为了从道德必备条件推进到生活中无所不在的事实,时间已扩展其本身从三个方面定义我们的生活质量:我们生存的物质条件,我们生活的意义(超越意识)和我们的自决意识。我们正在接近一个十字路口,公正民主的社会和时间的生命道德价值的伦理标准与经济社会组织及生产模式的事实标准在此交会。由此产生了21世纪社会主义实践的决定性问题:21世纪后资本主义社会和国家应该如何组织以满足正义,民主和有意义的存在? 答案是通过物质道德意识、科学和民主参与的相互作用。存在的这三个方面,是建设21世纪社会主义新社会的子系统,三者统一于时间。由于物质需要和生活质量只能通过社会劳动得到满足,而且商品的经济价值最终由时间(劳动价值)衡量,21 世纪社会主义的普遍道德基础与其现实经济组织是一致的。因此,21 世纪社会主义的两个基本特点是参与式民主和民主规划的等价经济,参与式民主将通过联合代表,使民主和随机选择机制在人类生存的四个基本社会关系(经济,政治,文化和军事)中运行,民主规划的等价经济是民主规划经济与劳动价值理论及等价原则的结合,建立一种与牟利的资本主义市场经济有着质的不同的生产模式,经济循环完全由价值决定,而不是价格。

美国佛罗里达棕榈滩州立大学大卫·佩内教授强调了可持续发展对社会主义领先于资本主义的重要性,指出 21 世纪的社会主义不能停留在以往的荣誉和成就上,要取得对资本主义的制度优势,需要率先解决可持续发展的问题,也就需要协调好政治,经济,文化和环境四个要点之间的关系:(1)政治体制必须是人民民主制,需实行人民的政治议程。(2)经济体制必须起生产的功能,满足为实现人民政治议程各个方面所必需的基本物质需求。(3)培养恰当的国家文化特征,人民的文化必须创造一种强大的国家目标的共同感,同时要认识到与其他各族人民的共同利益。(4)环境的可持续发展不容忽视。在目前的历史关头,人类进步最大的威胁在于经济照例受制于资本主义,解决方法就是转向可持续发展的社会主义。

卢森堡基金会克里斯托·卢夫特教授认为后资本主义社会要满足五个标准:第一,对旧的贫穷问题给出一个新的答案;第二,发展一个可持续和负责任的自然资源利用模式;第三,从为获取私人利润的剩余价值生产转向满足全世界人类生命需求(身体、文化和精神)的生产活动;第四,民主不只局限在政治领域,而且普及到其他社会关系中;第五,对 GDP 重新定义,人类进步的定性因素也应被包括在内。

广西大学马克思主义经济学研究中心李欣广教授概括了 21 世纪社会主义的科学范式,认为 21 世纪社会主义在经济、政治、精神、生态各领域的科学范式分别是:社会主义市场经济、社会主义民主制度、引导与自由相结合的包含生态文明新理念的社会主义价值观、以社会主义制度优势调节市场经济与工业文明、走可持续发展道路的生态文明建设。该范式的总体特征是:劳动者的解放与人文精神的弘扬相结合、体现从工业文明迈向生态文明的方向、体现经济生态、政治生态、文化生态与人和自然关系上的平衡协调。

挪威奥斯陆大学格诺特·恩斯特教授对复杂性理论在 21 世纪社会主义理论发展中的应用进行了总结:(1)人类不是按照新自由主义的假设行为。合作战略和利他行为不只是一种理想主义梦想,而是本身存在的。合作甚至可以作为除突变和选择之外的第三个根本进化力量。(2)经过长期阶级斗争的马克思主义进步思想是由自组织临界理论支持的,马克思主义历史科学由自动组织理论和模式的结果支持。修正主义的历史诠释集中在"重要人物"的影响上,而忽视了群众的自组织能力,这与运用自组织临界理论的模型和历史分析的结果相矛盾。(3)新的数学系统理论方法如局部控制及需求和扰动管理对经济和社会管理产生重要影响。(4)存在分析社会和经济系统稳定性的新兴算法,也许可以用来协调社会和经济。总之,来自复杂性理论及其相关领域的新兴科技成果对于 21 世纪社会主义的发展非常重要。

希腊亚里士多德大学卡利亚基·丘卡拉教授从社会和哲学层面的差异性角度对资本主义和社会主义进行了比较分析,认为只有社会主义和差异性关系的重新谈判在其(社会主义的)意识形态基础构建对主体新的认识能力及其政治维度的接受框架的程度上才是可行的,而主体和权力的关系似乎不能在资本主义经济理论的元素之一——新自由主义意识形态的框架内被确定。21世纪一定是个人文明的世纪,集体自身通过合并差异性进入到一个领域,在这个领域里,经济和社会力量有能力改变剥削和落魄潦倒的形式,它们曾被早期革命认定为这个星球上生活的未来远景。我们必须解决这种僵局和困难以及在解放受压迫者的历史进程中出现的消极性和错误,摆脱以"较高"的表面团结的名义进行的排他行为。

四、拉美社会主义实践和"中国模式"

在理论构想的基础上,与会学者先分析了拉美的"21 世纪社会主义"实践,并重点探讨了中国特色的社会主义实践。来自中国台湾的学者萧衡锺首先从政治的角度对"中国模式"的特点和长处进行了辨析,国内外多位学者则进一步对中国特色社会主义改革的模式、特征、发展方向和整体辩证关系等进行了深入探讨。

日本东京帝国大学新藤通弘教授先对马克思的科学社会主义构想进行了抽象概括,然后对拉美社会主义实践进行了热情赞扬和鼓励。他指出,委内瑞拉、波利维亚和厄瓜多尔三个国家为了清除新自由主义都开始了宪政改革,建立自己的行政机构,并在经济领域通过以下措施对付新自由主义政策留下的破坏:恢复经济金融主权以及自然资源主权、恢复国家对支柱产业的控制以保障人民的福利、解决私有化带来的消极惨痛的后果、恢复工人的劳动权利、消除贫困以及民众中大多数人的极端贫困、恢复企业所得税和个人所得税的累进税制、减少增值税,等等。这三个国家致力于农业土地使用权结构的民主化以促进农村发展和社会公正,通过促进多种财产类型来与垄断资本的效率竞争并根据人们的愿望和需求来确保财产的多样性,重视保护人权,将调查官员舞弊情况的政府官员的条款也纳入了宪法,并在宪法中加入了环境保护的段落,重视可持续发展。包括古巴在内的这四个国家的社会主义政策在他们国家的社会改造进程中都是具体而务实的。政策不是用来设定什么才应该是未来的共产主义体系，也就是说，政策在理论上并没有定义成是未来社会主义的构图。它们适合作为社会主义的政策来克服资本主义现有的矛盾。这些社会主义因素存在于从资本主义到社会主义长期的改造与转型过程中的初级阶段。在 21 世纪社会主义的实践中可能会有对有错，但都将有助于科学社会主义理论的发展。

此外，**秘鲁阿普里马克卡埃拉·巴斯蒂达斯国立大学阿尔弗雷德·苏米·阿罗帕教授等学者**也对 21 世纪社会主义在拉丁美洲重建中的作用给予了高度评价，**纽约大学西班牙籍教授艾德尔多·苏必瑞茨**则讲述了拉美21 世纪社会主义思潮和东方文化思想之间的渊源。

"中国模式"是本次大会讨论的核心问题，并主要在海峡两岸学者之间进行讨论。

中国社科院特邀顾问、学部主席团成员、原副院长刘国光教授从"否定之否定"规律和历史唯物论出发，对中国模式的整体辩证关系提出了系统地马克思主义经济学见解，如计划与市场有机结合论、公平与效率并重论、所有制和分配关系统一论、解放思想与改革开放的辩证关系论等，以推进"改革在更高层次上的综合"。回顾改革开放 30 年，各项政策都经历了一个否定之否定的正、反、合过程，现在到了对一些新的矛盾进行新的反正的时候了，这样才能使改革开放和社会主义建设事业在更高层次上达到新的综合。具体来说，关于经济运行机制，要继续坚持市场改革，同时要重新强调国家宏观计划调控的作用；关于所有制结构，要坚持多种所有制共同发展，同时要重新强调"公有制为主体"，在此前提下毫不动摇地发展公私两种经济；关于分配关系，要从"让一部分人先富起来"转向"更加重视社会公平"。这正是中国模式的应有之义。

上海市经济学会名誉会长、复旦大学张熏华教授则用唯物辩证法分析指出，人文社会各个层次无不与人有关，"中国模式"的成功离不开计划生育。当然计划生育的具体法律还需进一步科学化，重视小农经济、性别歧视、少数民族生态环境承载力与人口生育的相互影响：(1)目前我国人口过剩源于小农经济，但计划生育法在执行过程中却放宽农村出生人口；(2)多生的条件是头胎如果女婴，还可以再生第二胎，这不仅造成人口过剩，而且使性比失调，使男多于女；(3)少数民族人口之所以"少"，是因为限于环境的承载力，人多就会破坏环境，成为生态难民，政府要关心与爱护少数民族，应该特别发展教育事业，使其提高素质和自发降低生育水平。

中国文化大学政治学系萧衡钟博士认为，"中国模式"除土地国有审批租赁承包以及关系国计民生的大企业国营外，共有计划经济与市场经济并重、公有制与私有制并存、国有企业与民营企业并行等三项特征。2008 年由美国次级房贷体系崩盘所引发的全球金融风暴，正体现出了中国模式存续的价值及必要，是为中国大陆在融入国际经贸体系、迎向经济全球化环境下，理念坚持与理论创新、具体国情和发展实际相结合,对于当前"社会主义现代化"建设事业"有为有守、有所作为"的重大贡献与实践。

江苏省委党校李炳炎教授对"中国模式"的十个特征进行了概述:社会主义经济体制改革的性质是社会主义生产关系的自我完善;理论基础是马克思主义基本原理和社会主义市场经济理论;改革目标是建立完善的社会主义市场经济体制,实现富民强国、共同富裕;改革对象是自然经济体制和计划经济体制,而不是公有制;改革的依靠力量是工人、农民和知识分子等广大劳动者,而不是资本家尤其是跨国资本;改革的方式是从群众中来,到群众中去,尊重人民群众的首创精神,经过试验加以总结提高,然后由点到面,逐步推广,而不是依靠少数地方政府官员和企业管理层;改革的宗旨是以人为本,促进人的全面自由发展,使广大群众共享改革发展的成果;改革的路径是渐进式推进,先易后难、先浅后深、分阶段稳步推进,始终充分考虑人民群众的承受能力,保持社会稳定;改革的效果是注重社会公平,走向共同富裕,社会和谐发展;改革的前途是促进社会生产力的不断提高,完善社会主义经济制度,实现富民强国。

云南财经大学周文教授对中国经济模式提出了自己的理解:在中国复兴图强的历史环境中,发展经济成为举国上下的共识;于是中央和地方政府推动渐进的制度创新,不断放宽对资源利用的制度约束,进而使比较优势以及内生、外引的技术进步得以实现。劳动力比较优势的充分发挥使中国的产业嵌入全球价值链之中,中国逐渐成为世界工厂;而内部生成和外部引进的技术进步又促使经济效率提升,这两点在现实中决定了中国经济奇迹产生。同时,注重短期利益而忽视长期利益的做法带来了环境问题和社会公平的问题,必须落实科学发展观,构建和谐社会,推动经济发展模式转型。当前中国的发展模式可以总结为由"资源扩展"向"技术深化"转型,这一转型必须依靠自主技术进步;而这又取决于制度的合理安排,从而要依靠制度创新,其中一个必要条件就是构建有足够现实解释力的"中国经济学",并摆脱西方主流经济学的话语权控制。

此外,**中央编译局德籍专家艾克·考普夫教授**也发言认为,中国特色社会主义是 21 世纪真正的社会主义,是属于全世界 1/4 人口的社会主义。

与会者经过讨论后一致认为,"中国模式"是社会主义制度与市场经济体制的结合典范,成功的原因在于其基本抵制了原教旨市场主义的影响,坚持了促进人的全面而自由发展、坚持公有制为主体、倡导共同富裕、公平与效率并重、更加注重社会公平、多层次利益分享等原则。

此外,本次论坛还探讨了地缘政治经济学、发展中国家战略选择、中国经济发展方式转变、知识生产等问题,分别从政治、经济或技术战略选择的角度探讨非核心国家摆脱资本主义危机和不利竞争地位的出路,并对马克思劳动价值论和失业理论的新发展进行了研讨,增强了马克思主义经典理论对当前现实的解释力。

　　论坛闭幕式由罗莎·卢森堡基金会理事、前东德副总理克里斯托·卢夫特教授主持。世界政治经济学学会副会长大卫·科茨教授宣读了《第五届世界政治经济学论坛宣言》,宣言认为,马克思主义经济学家有义务帮助建立未来社会的发展框架,为了完成这一使命,必须实现以下目标:首先,加强马克思主义者和左派内部的团结、合作与交流,通过不断地发展和创新马克思主义及其经济理论来反思并超越各种自由主义和凯恩斯主义的经济理论;其次,必须激活人类的科学和伦理资源,并将其集中应用于各个国家和地区向后资本主义社会转型的具体策略和方法上面,同时必须让人民熟悉这些转型的工具;最后,行动国际化,在世界范围内组织社会运动。世界政治经济学学会副秘书长丁晓钦博士宣布了新一届理事会名单。中国人民大学国际学院(苏州研究院)副院长杨志教授致闭幕词。最后,世界政治经济学学会第 5 届论坛在全体与会代表激昂的《国际歌》歌声中落下帷幕。

学 会 文 件

世界政治经济学学会文件

世政经会[2010]18 号

2010 年"21 世纪世界政治经济学杰出成果奖"
评选结果

　　根据"21 世纪世界政治经济学杰出成果奖"评选章程,经申请人自行申请或由其他专家推荐申请,世界政治经济学学会秘书处审查核实,评选委员会初评和学会理事会终评,2010 年"21 世纪世界政治经济学杰出成果奖"评选结果如下:

　　大卫·科茨(美),获奖论文"2008 年金融与经济危机:新自由主义的全面危机",原载《激进政治经济学评论》(2009 年夏季刊)。

　　大卫·莱伯曼(美),获奖著作《深度历史:社会演变与人类潜力研究》,纽约州立大学出版社,2007 年版。

　　刘国光(中),获奖论文"试用马克思主义哲学方法总结改革开放 30 年",原载《中国社会科学》,2008 年第 6 期。

　　伊藤诚(日),获奖著作《资本论解读》,东京:讲谈出版社,2006 年版。

　　卫兴华(中),获奖著作《卫兴华选集》,中国人民大学出版社,2007 年版。

　　迈克尔·佩雷尔曼(美),获奖著作《制造不满:公司社会中个人主义的陷阱》,柏拉图出版社,2007 年版。

　　张薰华(中),获奖著作《经济规律的探索》,复旦大学出版社,2002 年版。

　　科依克·佩德罗夫(保加利亚),获奖著作《世界意识形态危机》,索非亚出版社,2004 年版。

世界政治经济学学会

2010 年 5 月

世界政治经济学学会文件

世政经会[2010]23 号

资本主义的危机及其出路:21 世纪的社会主义
——世界政治经济学学会第 5 届论坛
宣　言

当今世界所面临的三个进程,不仅对于当代文明的所有公民的日常生活乃至生存至关重要,对于世界范围内马克思主义经济学家和相关团体的科学著作也具有决定性的影响。

关于第一个进程。从我们的专业(政治经济学)和政治的观点来看,资本主义世界的持续危机以及在欧盟、特别是在其南部和东部周边相应产生的阶级和社会斗争向我们提出了一系列的问题资产阶级的统治与剥削在结构上越来越变成一种寡头政治,在这种情况下,大众群体能否成功的迫使政府背离寡头政治的意愿、推行实质性的结构改革? 如今,有人试图将经济危机的成本转嫁到工人阶级和其它大众群体身上,他们该如何应对? 强制推行资产阶级专政,如 1967 年的希腊、2009 年的洪都拉斯、或今天的泰国,是否构成危险? 当今世界,权力、政治和国家之间的关系如何? 精英们、特别是金融和工业部门的各种功能之间的动态和权力关系如何? 资本主义在其发展到全球化阶段后控制人民和国家的能力如何? 21 世纪社会主义及其在各地(欧洲、拉美、北美、非洲、澳洲)的具体实践当中的生产方式和转型方案是什么? 流动性、多元文化、和人口排斥之间的关系是什么?

在希腊等国发生的社会经济危机有可能演化成为一场政治危机,进而引发资产阶级的极端压迫和专制。同时这一危机也因为目前的生态与环境环境危机而进一步加剧,最近的哥本哈根会谈暴露了多边组织无力克服深陷泥沼的工业界和政府的抵制,因而无法确立有效的新规则来调整技术的发展使其远离灾难。资产阶级应对世界资本主义危机和生态自然灾难的专制措施将成为当前世界经济秩序重组的推动力量。

关于第二个进程。世界经济和全球治理结构的第二个全球性趋势是中国和印度做为独立的参与者在国际事务中越来越重要的地位,在它们之后,极有可能还有巴西所领导的拉美集团。中国的崛起尚未被发达资本主义国家所接受,没有任何迹象表明它们愿意放弃曾经拥有的对世界的支配地位。相反,在奥巴马和统治美国的社会力量的推动下,美国越来越多地对中国采取冷战或热战的姿态,这一姿态使人类距离又一轮冲突更近了。但是,中国特色社会主义经济政治文化模式日益吸引世界人民的关注和赞扬,这说明替代现代各种资本主义模式的方案是多样和可行的。

关于第三个进程。就是关于一个后资本主义社会的科学知识的发展,这是马克思主义经济学家和任何努力建立可持续发展的、参与式的、民主的社会的人所需要考虑的。尽管对于当前世界危机的根源和动态的分析以及关于资本主义的发展规律的洞察可以使我们更好地理解这个体系,但是前所未有地推动马克思理论形成资本主义的结构性替代方案的,却是危机所孕育的不满和普通民众的绝望。这一替代方案已经被冠以各种名字,包括 21 世纪的社会主义、21 世纪的拉美社会主义和参与式民主制或参与经济学,等等。另外,性别歧视的问题,如马克思主义的女权主义者们指出这一问题在目前的社会秩序下很难克服,还有通过基本收入来实现所有人的真正自由的主张,也将成为这衡量一替代方案的标准。

在这次重要的国际论坛上将要宣读的许多论文中,都明显表现出了建立后资本主义文明时代的行之有效、科学合理的新的历史课题的紧迫性。这些论文的内容包括:西方金融与经济危机的现象和根源;后危机时代世界经济的发展趋势;各国政府应对危机的措施及其特征和效果;世界货币的建立及其转变模式的设计;科学社会主义的经济理论和政策制度;价值理论和价值评估的新发展;货币方面的国家财政统计向价值数据的转变;21 世纪民主社会主义的科学和哲学基础;21 世纪社会主义的政治经济转型方案在拉美的实施(Caracas, 2008);欧盟(Berlin, 2010);21 世纪科学社会主义的科学和哲学基础,等等。

面对以上挑战,马克思主义经济学家,正如每一个在道义推动下期望建立一个公正、民主、自由、和平、可持续发展的未来社会的人一样,有义务帮助建立未来社会的发展框架。

为了完成这一使命,必须实现以下目标:

首先,加强马克思主义者和左派内部的团结、合作与交流,通过不断地发展和创新马克思主义及其经济理论来反思并超越各种自由主义和凯恩斯主义的经济理论。这样才有可能在世界范围内扩大马克思主义的传播和影响。

其次,我们应当牢记:马克思向我们展示了社会矛盾的解决必须通过社会矛盾的发展来实现。在展开理论研究的同时,我们必须激活人类的科学和伦理资源,并将其集中应用于各个国家和地区向后资本主义社会转型的具体策略和方法上面。同时,既然只有依靠多数的力量才能改变历史,我们必须让人民熟悉这些转型的工具——即各个国家和地区的转型方案——以便使人民可以围绕着基本的纲领组织起来,并积蓄力量来结束资本主义制度的剥削和控制。

最后,行动国际化,在世界范围内组织社会运动。

2010 年 5 月 30 日

世界政治经济学学会文件

世政经会[2010]24 号

对资本主义危机的应对：新自由主义与超越
——世界政治经济学学会第 6 届论坛
征文函

　　世界政治经济学学会（WAPE）是开放的非营利性国际学术组织，由全球马克思主义经济学者或相关团体自愿结成。学会的常设机构有理事会、顾问委员会和秘书处。学会的宗旨是，用现代马克思主义经济学观察和研究世界经济和各国经济，揭示其发展规律和运行机制，探讨促进全球经济或各国经济和社会进步的对策，为更快、更好地提高全球人民的福祉服务。世界政治经济学学会自 2006～2010 年已相继在中国上海、日本岛根、中国北京、法国巴黎、中国苏州成功举办了 5 届国际论坛，在全球已具有较高的知名度和影响力。

　　学会英文国际刊物《世界政治经济学评论》（WORLD REVIEW OF PO-LITICAL ECONOMY）已于 2010 年 5 月由英国柏拉图出版社在伦敦正式出版，出版信息已遍布全球 2 000 千多个图书馆和学术机构。

　　学会拟于 2011 年 5 月 27～29 日与美国激进政治经济学学会在美国麻省大学联合主办"对资本主义危机的应对：新自由主义与超越——世界政治经济学学会第 6 届论坛"，并颁发 2011 年度"21 世纪世界政治经济学杰出成果奖"。

一、论坛议题

1. 对金融和经济危机应对的阶级分析
2. 经济危机后新自由主义是退出，或是续存？什么将取代新自由主义？
3. 凯恩斯主义经济学复活的优势和弱点
4. 不断攀升的国债给许多国家带来的问题
5. 对全球及各国经济的制度变革和监管改革的展望
6. 应对经济危机中右翼势力抬头的阶级分析
7. 以往资本主义危机史对当前危机的教训

8. 在资本主义危机中建立社会主义所面临的问题和机遇

9. 欧元能否走出当前的经济危机?

10. 经济危机所带来的国家之间的紧张关系可能会导致严重冲突

11. 东亚模式及其借鉴意义

12. 政治经济学中的人类发展经济学

二、日程安排

1. 2011 年 5 月 27 日报到;

2. 2011 年 5 月 28～29 日开会;

3. 2011 年 5 月 30 日～6 月 5 日美国、加拿大学术考察。

三、会议地点

美国麻省大学阿姆赫斯特分校

四、参会费用

会务费(3 000 元/人),往返交通费、住宿费由与会者自付。

五、报名事项

通过电子信箱报名。请将您提交会议的中英文论文(10000 字以内,含内容提要、参考文献)以及您的个人简历(包括姓名、职务、职称、社会兼职、电话、E-mail、曾发表论著及其他需说明的情况等)于 2011 年 3 月 31 日之前发至以下电子信箱:hpjjx@vip.163.com。信箱联系人:世界政治经济学学会丁晓钦博士。届时,我们将发出正式邀请函。优秀论文将刊发学会英文国际刊物《世界政治经济学评论》、美国《激进政治经济学评论》等。

欢迎各国马克思主义经济学者积极参与,共同努力,以扩大马克思主义经济学在全球的学术影响!

世界政治经济学学会

2010 年 10 月